雄霸天下的大謀略家

Ancient China's Greatest Strategist

曹操

Cao Cao

史林【編著】

好讀出版

前言

本書是「九九方略」叢書的第一部。與胡雪巖的叱吒商界、紀曉嵐的智巧相比，曹操則把權謀、機變的個性發揮到了至極。無論是他入仕之初的關鍵幾大步，還是他挾天子以令諸侯的魏公時期，乃至他移花接木，羽化「國中國」的晚年，曹操在他生命的每一個里程中，無不張揚著英雄兼霸王的鮮明個性。

曹操出身於爲人所不恥的宦官之家，因此他入仕之初就打出反宦官的旗幟，爲此他贏得了士人的口碑，這也是他聲望日隆、士人歸心的伏筆。與當時諸多梟雄相比，曹操幾乎沒有走「倚人而起」的步驟，王芬拉他「行廢立」，董卓薦他任州牧，袁紹邀他「共扶傾」……須知，這些人物都是響噹噹的執國柄者，謀的事也是「天下之事」，但曹操認定他們或者不足成大事，或者即將禍及身家，因此他或拒、或逃、或避。曹操同時深知，在動亂的年代裏，沒有軍隊的英雄終究要屈身的。爲此，他散盡家財，通過改編青州軍，建立了自己的起家隊伍。

對曹操一生事業有重大影響的，「迎漢獻帝都許昌」這一方略，從此曹操憑藉漢天子這塊政治招牌，開始了他縱橫捭闔的雄霸人生。

曹操「不慕虛名而招實禍」的方略，也對其一生影響甚大。當他已經三分天下有其二，以金蟬脫殼的計策，以魏代漢唾手得成的時候，他仍然不冒天下之大不韙，堅持不稱帝。甚至當孫權上表稱臣時，他仍發出「這是豎子把我放在火爐上烤」的警歎。

曹操不稱帝，但也決不後退，當許多人勸他交出兵權，回家養老時，他以「不得慕虛名而招實禍」的方略斷然拒絕。認爲如此不但身家不保，且國家必將重新陷入戰亂之中。他最後向世人發出「設使國家無有孤，不知當幾人稱帝、幾人稱王」這句霸氣十足的英雄式警告。

一位偉人說過：「最沒有爭議的人，也往往是最平庸的人。」的確，曹操是中國歷史上爭議最大的人物之一。他在世時，即有「奸雄」與「能臣」之類截然不同的評價。曹操死後的一千多年間，歷代名人都對曹操表現了極大的關注，在褒貶抑揚中進行忠奸雄霸的爭論。

史林

二〇〇〇年八月一日

第一章

起於微末 開創大局

第二章

逐鹿天下 一意擔當生前事

第三章

吾任天下之智也

第四章

波詭雲譎

腹有良謀用奇兵

第五章

執掌權柄

賞罰慎當匡天下

第六章

風雲際會 亂世稱雄

第七章

高屋建瓴

乾坤大略造英雄

第八章

吞吐天地

霸王之術十二論

第九章

霸王人生
九大過失鑒後人

【第一章】

起於微末，開創大局。

曹操起於微末，但入局有方：
他拒絕董卓之薦，袁紹之攏，
採取「困境不倚人」的方策，施展乾坤大略，終使柔弱變剛強。
尤其是他的「得計早，行動快」和「弱時退讓，後發制人」
二大方略，是走好開局的關鍵之策。

入流有方，善結天下名士

即使在今天，一個人的聲譽也在某種程度上影響著他的升遷與發展。因此，每個時代想有所發展的人，都想樹立自己的聲譽而費盡心思。俗話說，近朱者赤，近墨者黑，要名聞海內時，親近名流、名士是一個重要途徑。

漢代用人，非常重視輿論的評價，其取用的標準，主要是依據地方上的評議亦即所謂的清議，實際上就是一種輿論方面的鑒定。被輿論稱譽的士人，才有可能成爲征辟察舉的選擇。輿論的鑒定往往採用「風謠」和「題目」的形式。「風謠」有七字一句的，如「五經無雙許叔重」（評許慎）、「關西夫子楊伯起」（評楊震）。有四言兩句的，如「天下無雙，江夏黃童」（評黃香）。「題目」主要稱述人物的品德、識度、才能等。郭泰評論王允：「王生一日千里，王佐才也。」由于品評人物的風氣很盛，有些人就成了清議權威，鑒定人才的專家，被視爲天下名士，他們對人物的褒貶，在很大程度上能夠左右地方上的輿論，因而影響到士人的仕途進退。士子們爲了取得清議的讚譽，就不能不進行廣泛的社交活動，尋師訪友，以展示並提高自己的才學和聲名，博取人們的注意和好感。特別注意博取清議權威的讚譽，以致有些清議權威終日賓客盈門，甚至還出現了求名者不遠千里而至的情況。曹操對於這種形勢，有著極爲清楚的認識，因此他特別注意結交名士，竭力爭取他們的支援。

在這一方面曹操主要通過兩種途徑。一是對一些年輕的名士就與之結交爲朋友；二是對一些年長的名士就向他們求教。這樣有利於爭取名士對自己的瞭解和幫助，藉以提高自己的名聲，擴大自己的影響，他知道自己的宦官家庭出身，爲士人所蔑視，因而很注意樹立自己不與宦官腐朽勢力同流合污的形象。

曹操在少年時就與袁紹相交，但兩個人之間總有一些隔閡。及至袁紹、袁術的母親死後歸葬汝南時，曹操還是不計前嫌同他的好朋友王俊一同去參加葬禮。

王俊字子文，汝南人，和袁紹是同鄉。曾得到名士、「黨人」范滂的賞識。曹操也很欽佩王俊「外靜而內明」，很有才華。而王俊也很贊許曹操，認爲他有治世的才能。

袁家是世代做高官的名門望族。這次葬禮舉行得非常隆重，參加的人達三萬多，搞得很奢侈，耗費了大量的錢財。曹操見此情景感慨萬分。他私下對袁紹、袁術十分不滿，對王俊說：「天下將要大亂，倡亂的罪魁禍首肯定是這兩個人。要想安濟天下，爲百姓解除痛苦，不除掉這兩個人是不行的。」王俊也很有感觸地說：「我贊同你的說法，能夠安濟天下的人，除了你還有誰呢？」說罷，二人對笑起來。

潁川李瓚是「黨人」領袖李膺之子，後來做過東平國相（如同郡守）。曹操同他交往，彼此瞭解很深。李瓚非常讚賞曹操的才能，臨終時對兒子李宣說：「國家將要大亂，天下英雄沒有一個人能超過曹操的，張孟卓（張邈）是我的朋友，袁本初（袁紹）是你的外親，雖然如此，你也不要去依附他們，一定要去投靠曹操。」後來李瓚的幾個兒子遵從父命，在亂世中果然保全了性命。

南陽何顒，字伯求，年輕時遊學洛陽，與郭泰、賈彪等太學生首領交好，很有名氣。好友盧偉高父親臨終時，何顒前去問候，得知其父有仇未報，便幫助盧偉高報仇，並將仇人的頭拿來在他父親墓前祭奠，十分俠義。

何顒和大官僚士大夫「黨人」陳蕃、李膺相好。陳蕃、李膺被宦官殺害後，何顒也受了牽連，在被拘捕之列，於是他變易姓名逃到汝南躲了起來。袁紹慕其名，私下與其交往。何顒經常潛入洛陽與袁紹計議，解救「黨人」。

曹操在這期間也同何顒交往，談孔學、論百家、說《詩經》、講兵法，頭頭是道。分析評論現實的派別、黨錮之禍，很有見地。表現了學識淵博而且有濟世之才。何顒私下對別人說：「漢家將要滅亡，能夠安天下的，必定是這個人了。」曹操聽到後非常感激。

此後，曹操在士人中的名聲就更大了。

在當時的諸多名士中，許劭是一個非常有影響的人物，誰要是獲得他的好評，則對自己的仕進十分有利的影響，曹操爲了取得許劭的好評，先去拜訪在評議界享有很高聲望的大名士橋玄。

橋玄，字公祖，梁國睢陽人。歷任縣功曹、國相、太守、司徒長史、將作大匠、少府、大鴻臚、司空、司徒、尚書令等職。光和元年（西元一七八年），升任太尉。以剛毅果斷著稱，敢於打擊豪強貪官。自己則廉潔自守，雖身居要職，子弟宗親卻沒有一個憑藉關係做上大官的。清貧無產業，去世後，竟難以殯葬，當時的人們因此將他稱爲名臣。橋玄謙恭下士，善於觀察和品評人物，在清議界也享有很高的聲望。曹操慕名前往，橋玄與之接談後，感到曹操很不平常，說：「現在天下將要變亂，不是經邦濟世的人才是不可能使天下安定下來的。能夠安定天下的，大概就是你了。」

停了一下，又說：「我見過的天下名士多了，沒有一個是像你這樣的。你要好好努力。我已經老了，願意把妻子兒女託付給你。」

曹操聽了，非常感激，把這位老前輩引爲知己。橋玄覺得曹操還沒有什麼名氣，又勸他去結交許劭。

許劭，字子將，汝南平輿人。以名節自我尊崇，不肯應召出來做官。善於辨別、評述人物，當時人們推舉清議的權威，無不把他和太原郭泰作爲代表。誰要是能夠得到許劭的讚譽，誰就能夠聲價倍增。許劭常在每月的初一，把本鄉的人物重新評議一番，叫做「月旦評」。曹操由於橋玄的推薦，也由於自己對許劭慕名已久，因此不只一次帶著厚禮、陪著笑臉去拜訪許劭，請求許劭對自己稱譽一番。許劭一方面感到曹操與眾不同，另一方面大概對曹操那些飛鷹走狗的行徑有所瞭解，不大看得起他，因此拒不作答。曹操卻是決不放鬆，堅持著自己的要求，最後甚至找了個機會對許劭進行脅迫。許劭沒有辦法，只好說：

「你是一個太平時代的能臣，動亂時代的奸雄。」

曹操聽了這個評語，感到非常開心，哈哈大笑著離去了。

可見，曹操爲了達到自己的目的，有時甚至是有些不擇手段的。不過，他在尋覓「知己」的過程中，也有碰釘子的時候。南陽宗世林，十分看不起曹操的爲人。曹操二十歲時，多次登門，想同宗世林交個朋友，因賓客滿座，沒有說話的機會。後來，宗世林起身外出，曹操乘機上前將他攔住，握住他的手，表達了自己的願望。誰知宗世林一點情面也不給，毫不猶豫地拒絕了曹操的要求。後來，曹操當了司空，總攬朝政，大權在握，又把宗世林請來，得意地問道：「現在我們可以交個朋友了吧？」宗世林卻不動聲色地回答：「松柏之志猶存！」

可見，宗世林對曹操是始終抱有成見的。

曹操能夠得到許多名士的推許，並不是偶然的。漢代清議的標準，雖然以名教爲依歸，即一個人必須讀經習禮，砥礪品行，隨時注意修飾自己的言談風度。但一個人才能突出，也能得到清議的重視，特別是在經學日漸衰微的漢末，才能顯示出了越來越多的價值。曹操在品行方面是沒有太多的東西值得稱道的，但他的才能在當時非常突出。他的觀察力和隨機應變的能力，他的機警、智慧和謀略，他的幹練和果敢精神，都是一筆令人羨慕的財富，在亂世非常有用。他手不釋卷，但不讀那些於世無補的書，特別不願走成千上萬的漢儒曾經走過的那條皓首窮經的道路。他不專讀儒家的書，諸子百家的書他都要瀏覽一番，把有用的東西加以吸取。特別喜歡兵法，當時在軍事方面已經發表過不少獨到的見解。這些，都是他獲得清議好評的原因。此外，當然還跟他個人不懈的努力有關。曹操雖然出生於宦官家庭，但他清醒地認識到，宦官集團若遭到廣大士人的反對，是不可能有遠大前程的。他力圖改變自己的形象和社會地位，打進在統治集團中雖然一時還未佔據優勢但潛力卻很大的士大夫集團中去，千方百計尋求同名士交往的機會，竭力爭取他們的理解和支援。

英雄也有屈身時

以屈求伸，是身處逆境中的競勝之道。古往今來，無論取得了多大成就的人，都很少一生總能高高在上、頤指氣使，每個人都有他屈身的時候。就屈身而言，有的人只對他的榮辱成敗起決定作用的少數人屈身，有的人則可能向大眾利益屈身。從社會現實來看，確實是決定人們是否能夠有所作爲或成就的一個關鍵因素。成就一方霸業的曹操也沒有例外。

獻帝興平二年（西元一九五年），獻帝正式任命曹操爲兗州牧。這時，由於曹操沒有地盤，便只好做英雄屈身之舉。他在準備起事的過程中須爭取陳留太守張邈的幫助，起兵後在給養等方面也須仰仗張邈的接濟，因此在起兵之初曹操對張邈屈身以事之，並主動接受張邈的約束。不久，曹操隨張邈來到酸棗前線，代理奮武將軍之職。

和後來成大事的其他人一樣，曹操一方面屈身於張邈，受他的領導和約束，另一方面也在乘機積蓄自己的實力為後來開闢自己的天下創造條件。

前往酸棗的曹操途經中牟時，該縣主簿任峻率眾前來投附。曹操非常高興，任命他為騎都尉，並將自己的堂妹嫁給了他。

騎都尉鮑信和他的弟弟鮑韜也在這時起兵回應曹操。鮑信是個頗有見識的人，董卓剛到洛陽時，他就勸袁紹說：「董卓擁有強兵，心懷不軌，如不早想辦法對付，將會被他控制。應當乘他新到疲勞的機會，發兵襲擊，可一舉將其擒獲。」但袁紹畏懼董卓，不敢發兵。鮑信見袁紹不能成事，便回到家鄉泰山，招募了步兵二萬，騎兵七百，輜重五千乘。曹操剛在陳留起兵，鮑信便起兵回應，同時來到酸棗前線。曹操和袁紹推薦鮑信為破虜將軍，鮑韜為裨將軍。當時袁紹的勢力最大，不少人趨奉他，獨鮑信對曹操說：「有大謀略的人在世上找不到第二個，能統率大家撥亂反正的，只有您一個人。而那些剛愎自用的人，即使一時強大，最後也是要失敗的。」

鮑信於是同曹操傾心交往，曹操從此也把他當作知己看待。

當然，曹操對他所「屈身」的人也不是不盡心負責。當他看見各路義軍十餘萬人，每日只是宴飲作樂，不思進取，感到非常憤慨，忍不住加以指責，並就諸軍如何調動安排談了自己的建議，他說：「勃海太守袁紹率領河內的軍隊駐守孟津，酸棗諸將駐守成皋、敖倉、轘、轅、太谷，袁術率領南陽的軍隊駐守丹水和析縣，並開進武關以震懾三輔地區。大家深溝高壘，不同敵兵交戰，多虛設疑兵，以顯示天下群起而攻之的形勢。以正義之師討伐叛逆之敵，天下很快就可以平定。現在大家以討伐董卓的名義起兵，如果心懷疑慮不敢進兵，會使天下的人感到失望。我實在爲大家的舉動感到羞恥！」

孟津、成皋、敖倉、轘、轅、太谷、丹水、析縣、武關大都是形勢險要，歷來兵家必爭之地。在這些地方駐兵，不僅可以對洛陽形成半包圍的態勢，而且還可以震懾三輔，動搖駐守長安的西北軍的軍心。這是一個可以遏制敵人進而尋找戰機、打敗敵人的方略。而且，這個方略只要求故佈疑兵，在一定程度上也照顧到了關東諸軍企圖按兵不動、保守實力的心理。因此，在當時的條件下施行這個方略是切實可行的。但是，曹操雖然曉之以理，動之以情，甚至到了言辭激切、義形於色的地步，張邈等人還是我行我素，對曹操的建議置若罔聞，不予理睬。

英雄終究不能久居人下，其志向、所走之途徑也不可能完全一致，當曹操在汴水失利後，便不再返回酸棗，而是渡過黃河，趕到河內，同駐紮在那裏的聯軍盟主袁紹接觸，企圖對袁紹施加影響，使局面改觀。但結果仍令人失望，甚至完全針鋒相對。

之後同袁紹的關係則更是若即若離，到曹操迎天子於許都，袁紹由曹操的上級變爲了他的下級時，曹操鑒於自己的實力，也還沒有和袁紹鬧翻，直到建安四年（西元一九九年）的官渡之戰前，雙方才成爲兩虎相爭的對頭。

三國時代能夠有所作爲的霸主，大都能夠做到以屈求伸這一點，劉備曾依附曹操，孫權後來能夠在東吳面臨被蜀、魏兩面夾擊的危險形勢下，不顧文臣武將的阻撓，從大局著眼，不惜屈尊下就，先向劉備上表求和，並做出了一系列外交上的讓步。後又向曹丕寫表稱臣，並恭順地接受了曹丕的封爵。這一系列卑屈之舉，都對東吳靈活應變、力避兩面受敵的不利局面，使戰略態勢朝著有利於自己的方面轉化起了積極的作用。

鳳凰擇良木而棲

郭嘉原爲袁紹賓客，聰明絕頂，富於思考，袁紹非常看重他。但郭嘉在和袁紹相處數十日後，便對袁紹的謀臣辛評和大老郭圖表示：「奉獻心智替別人做事的人，最要緊的是懂得選擇主人；選對主人後，才能全力以赴，建立功名。袁公雖禮賢下士，卻不懂得用人及驅使人的要領，好使謀略卻又不懂得當機立斷，這樣的領袖在亂世中很難獲得成功，即使想雄霸一方都不太容易。我打算立刻離開這裏，去尋找眞正值得我扶助的主人。」

辛評和郭圖表示：「袁氏四世三公，有恩德於天下，早獲得北方各州鎭大小軍團擁戴，是當今首席雄主，除了他，還會有誰稱得上值得扶助的主人呢？」

郭嘉知道郭圖等無法領會他言中的深意，乃單獨離去。

後來經由荀攸介紹，在與郭嘉共論當前天下大勢後，曹操非常高興地表示：「他日幫助我成大功、立大業的，就是這個人了。」

郭嘉在見到曹操以後，也很高興地對別人說：「這才是眞正值得我扶助的主人啊！」

曹操雖爲一員武官——典軍校尉，但當天下大亂、董卓進洛陽擅權的時候，這給他帶來了重新給人生定位的新契機。

董卓在控制獻帝，權力炙手可熱的時候，想籠絡曹操，這對曹操的選擇就是一個考驗。董卓對曹操的才幹，久有所聞，他任命曹操爲驍騎校尉，並與其共商大事，想把曹操收爲心腹。但曹操對董卓的爲人是瞭解的，先前他反對召外將進京，就是看到了董卓是一個缺乏政治頭腦又有政治野心的人。董卓到洛陽後的所作所爲，曹操更是親眼所見，他料定董卓無非是逞一時之勢，終將要落得眾叛親離，歸於失敗的下場。像董卓這樣的人，不僅不能與其同流合污，而且要創造條件打敗他。於是，曹操在這年的九月，離開洛陽，走上了公開反對董卓的道路。

中平四年（西元一八七年）曹操採取以退爲進的策略，以有病爲由，辭去了朝廷任命他爲東郡太守的官職，在家閒居。然而以他的聲望、人品和才華，是難以讓他清靜的。一年以後，冀州刺史王芬就派人拿著密信找到了他，

原來，冀州刺史王芬聯合策士許攸、陳蕃的兒子陳逸、道教法師襄楷、沛國人周族等，密謀政變，打算趁漢靈帝北巡河間（今河北獻縣東南）舊宅之機，用武力挾持靈帝，誅除宦官，爲陳蕃等人報仇。然後廢掉靈帝，另立合肥侯爲帝。他們決定拉曹操入夥。因爲曹操有正義感，有號召力。所以派人給曹操送來了密信。

曹操讀罷密信後，心情很不平靜，給王芬等人回信明確表示反對。

曹操從當時主客觀條件上來分析說，王芬等人確實不具備像當年商朝掌權者伊尹放逐太甲、西漢大將軍霍光廢立昌邑王劉賀的情勢，想取得成功是不可能的。

王芬等人是由地方發動的政變，無法一開始便控制朝政，就是一時取得成功，也容易受到中央集

合力量的圍剿。像西漢景帝時的吳、楚七國之亂那樣大的規模最後都失敗了。王芬等人以一個冀州之地，想搞成這樣一件大事，當然是屬於輕舉妄動的冒險行爲。

後來事態的發展，果然如同曹操所料，王芬沒有取得成功，落了個舉家自殺的結局。

在對待王芬政變這一重大政治事件上，曹操對靈帝沒有採取「愚忠」的態度，去告發他們。王芬等人敢於去拉曹操入夥，也是對他的心態有所瞭解。曹操不是不想改善朝政，如果通過廢立皇帝能有利於國家，取得積極效果，這也是他所希望的。但是，沒有一定把握的冒險盲動，是他所不取的。

董卓、王芬是兩個都想拉攏曹操入夥的人，曹操對他二人採取了不同的對策，可見曹操的足智多謀。而曹操反對王芬等行廢立之事，也說明了他處大事斷大疑有不能徒見往者之易，而未見當今之難的獨到之見，以及做大事不能急於求成而要待條件具備，方可行非常之舉。

袁紹是繼董卓、王芬之後又一個想拉攏曹操入夥的人。

初平元年（西元一九〇年）袁紹爲了有利於發展自己的勢力，以獻帝年幼，又被董卓所困，關山阻塞，不知是否還活著爲由，同冀州牧韓馥一起謀立幽州牧劉虞爲帝，並私刻了皇帝的金印，派畢瑜去見劉虞，勸他稱帝，並說這是上天的意旨。同時前來徵求曹操的意見，企圖獲得曹操的支援。曹操問明來意，明確表示反對，說：「董卓的罪行，國人盡知。我們會合大眾，興舉義兵，遠近無不回應，這是因爲我們的行動是正義的。現在皇帝年紀幼小，被奸臣董卓控制著，還沒有像昌邑王那樣的破壞漢家制度的過錯，如果一旦加以廢除，天下有誰能夠心安呢？諸君北面，我自西面！」

古代皇帝南面而坐，臣僚面北朝見皇帝。劉虞是幽州牧，幽州又剛好在北方，因此這裏的「北面」語含雙關。「西面」，指向西討伐董卓，迎回獻帝。諸君自去向劉虞稱臣，我自去西討董卓，表現了曹操同袁紹等人分道揚鑣的決心。獻帝雖然毫無建樹，但他畢竟是國家的象徵，又被董卓挾持著。如果一旦廢掉，另行易人，必然造成更大的混亂。所以曹操的意見，不僅表現了他的膽識，也是從大局著眼的。

東漢時讖緯迷信盛行，一些人利用讖緯大造符瑞，妄測吉凶，袁紹、韓馥也玩弄了這套把戲。當時剛好有四顆星星在屬二十八宿的箕宿和尾宿之間彙聚。古代星象家把天象和地面上的一些地方相配合，叫分野，箕、尾的分野剛好是燕地，即幽州。於是韓馥說神人將在燕地產生，實際是說劉虞應當稱帝。又說濟陰有一個男子叫王定的得到一塊玉印，印上刻著「虞爲天子」四個字。一次，袁紹得到一塊玉印，因當時只有皇帝的印才能用玉製作，袁紹認爲奇貨可居，就故意拿到曹操面前炫耀，誰知曹操不以爲然，大笑著說：「我不相信你這一套！」

袁紹見曹操不聽自己擺佈，於是私下派人去見曹操，企圖說服曹操歸附自己。來人見了曹操，說：「現在袁公勢力正盛，兵力最強，兩個兒子也已經長大成人。天下英雄，有誰能夠超過袁公呢？」曹操聽了，沒有吭聲。但從此對袁紹更加心懷不滿，並產生了伺機消滅袁紹的想法。

興義兵為天下倡

東漢末年，政治黑暗。朝廷內部由於外戚和宦官勢力的激烈鬥爭，導致皇權易位的變故常在旦夕之間。

宮廷內部的鬥爭，導致手握重兵，殘暴專橫的并州牧董卓帶兵進京，經過一番瘋狂的殘殺、掠奪，董卓成爲了一個控制著皇帝，橫行於世的霸主，其淫威如日中天。這時，曹操卻毅然不受董卓之召任，逃出洛陽，在陳留招兵買馬，建立起了一支由曹操的宗族家兵爲基本力量的僅有五千人的武裝，曹操依著這支武裝爲基礎，開始走上討伐董卓以及後來的霸王之路。

中平六年（西元一八九年）十二月，曹操在陳留郡正式起兵。當時各地州牧郡守有的還在積極籌備，有的甚至還在猶豫觀望，只有陳留太守張邈與曹操互相呼應，共同籌劃，與他同時起兵。曹操雖然兵少，主觀上也不想多招兵，但他沒有被動地等待機會，沒有消極地保存自己的力量，而是首舉義兵爲天下倡，表現了非凡的膽識、氣魄和勇氣。

第二年正月，繼曹操、張邈之後，函谷關以東各州郡才紛紛起兵討伐董卓，主要有後將軍袁術、冀州牧韓馥、豫州刺史孔伷、兗州刺史劉岱、河東太守王匡、勃海太守袁紹、東郡太守橋瑁、廣陵太守張超（張邈之弟）、山陽太守袁遺及騎都尉鮑信等人。荊州刺史劉表得知消息，也聚兵屯駐襄陽，與義兵遙相呼應。長沙太守孫堅則率兵北上，準備直接投身討董運動。

由於曹操的首倡，才形成了一個全國性的天下共討董卓的高潮迅速到來。關東諸軍分駐各地，袁紹同王匡駐河內，韓馥駐鄴城，孔伷駐潁川，袁術駐南陽，曹操與劉岱、張邈、張超、橋瑁、袁遺、鮑信等人駐酸棗。於是他們開始聯合共同討「賊」。駐紮酸棗的諸軍，設壇盟誓，由張超手下的功曹臧洪登壇宣讀誓詞。臧洪聲討董卓暴行，辭氣慷慨、涕淚交流，在場的將士無不深受感動。由於袁紹是「四世三公」之後，在消滅宦官的行動中又出過大力，同董卓鬧翻後又率先逃到冀州反對董卓，因此在盟會上大家公推袁紹爲盟主。袁紹得知消息，欣然領受，自號車騎將軍，領司隸校尉。

關東諸侯雖陳兵前線，以討董救國相號召，而實際上卻同床異夢，只想保存實力，並沒有同董卓眞正交鋒的打算。對此，曹操十分失望，他氣憤地對各路將領說：「起義兵而誅暴亂，今大軍會合已齊，現在還有什麼疑慮的呢？現在董卓竟然劫持天子、焚燒宮室，舉國震動，人心惶恐、天怒人憤，這正是他自投羅網，一戰即可定天下，這時機萬萬不可錯失啊！」

諸將對曹操振振之詞無動於衷，曹操決定單獨出兵，以此帶動諸將，結果僅鮑信兄弟回應，連張邈也只派衛茲帶了少量士兵隨同作戰，自己依然按兵不動。

曹操無奈，只有靠僅有的兩路人馬奮勇出擊了。他準備先占成皋，再作良圖。但在滎陽汴水岸邊與董卓大將徐榮大軍相遇，曹操部下皆爲新兵，訓練不足，董軍卻是久經戰陣的涼州騎兵，終於激戰一天敗北。鮑信受傷，鮑韜、衛茲戰死，曹操也中箭，坐騎也受了傷，只是靠了曹洪捨命相救，曹操才倖免於難。

汴水一戰，是曹操軍政生涯的一次慘敗，也是他以血的代價換到的一次鼓舞，天下諸侯皆非救時之才，能成事者，操爾！只是他還必須從頭做起。

拒合作，巧擴充，發展勢力

各路將領由於摩擦而火拼，走上各自發展、割據一方的道路。

在這樣的局面下，曹操想進攻董卓已是孤掌難鳴，沒有盟軍的相互支援，他的存在都成爲問題。

因此，鮑信向曹操建議說：「眼下聯盟已散，袁紹卻以盟主的身份乘勢積極發展自己的勢力，勢必造成新的禍亂，成爲第二個董卓。如果現在想除掉他，我們還沒有力量，可能還會遭到危險。不如先向黃河以南發展勢力，以待形勢變化。」

曹操覺得這個建議非常好，立即實施。這樣，曹操同關東諸將一樣，也走上了個人發展的道路。只是關東諸將是主動的，曹操是爲生存所迫。另外，還有一個目的。從當時諸將的行動和心胸來看，曹操舉義兵，是眞心實意的爲國除暴的，並且不計個人得失，以獻身成仁之勇力，親冒矢石孤軍作戰。這是曹操了不起的地方，而且也應該說此時的曹操對漢家天下，是眞正的忠臣義士。

而關東諸將則不然，擁兵自重，說到底不過是胸懷狹窄，目光短淺。

曹操爲什麼需實施「自我發展戰略」這一步呢？建議雖是鮑信提出來的，但對曹操卻是必走的一步棋。

最根本仍是爲了地盤。經酸棗會盟、汴水之役、聯軍解體，曹操雖有河南郡，但那地方畢竟太窄小，且曹操即便佔領這一地方，說到底還未得到朝廷的正式任命。因此曹操仍無立足之地，所以曹操必須儘快找到安身之地，替他支撐起一支不大不小的隊伍。

當關東各郡起兵討伐董卓，陳兵滎陽、河內一帶時，青州一帶的黃巾軍和河北黑山軍，百萬之眾以燎原之勢發展，黑山軍攻鄴城（故城在今河北臨漳），又南渡黃河攻東郡（故城在今河南濮陽市西南），東郡太守王肱不敵義軍。經袁紹推薦，曹操接替了王肱。這樣就給了曹操在河南、山東發展勢力提供了條件。

對於曹操的行動，袁紹也非常高興，因爲對付義軍，作爲官軍他和曹操有著共同利益，更重要的是曹操在河南和義軍交戰，正好牽制、緩解了義軍對他統治的冀州的進攻。但袁紹只知其一，不知其二；只看到自己可獲得的好處，沒有看到無處藏身的曹操一旦奪取了河南，根基扎實，正是自己末日來臨時。

半年以後，青州黃巾軍又聚集成百萬之眾，變北上爲西進。進入兗州之後所向披靡，先拿下任城（今山東省濟寧市），擊殺國相鄭遂，接著攻破東平縣（今山東省東平縣），擒斬了兗州牧劉岱。黃巾軍聲勢浩大，兗州州治昌邑縣城一片驚恐。州內主要官員在一起商議之後決定，爲了不讓黃巾軍席捲兗州，必須由一個強而有力的人擔任州牧，等中央政府派人已來不及了，可由曹操暫時代理。讓曹操代牧是東郡人陳宮提議的，他說：「當今天下分裂，兗州無主，曹東郡是命世之才，若迎以爲州牧，必定能使百姓安寧。」於是，大家委派陳宮、鮑信和治中萬潛去迎接曹操。在東武陽城的太守府裏，陳宮對曹操說：「如今兗州無主，與朝廷又失掉聯繫，我已說服州內官員，請府君去任州牧。」他擔心曹操謙讓，又說：「府君若以兗州作爲根本，將進而平定天下。這可是霸王之業啊！」兗州爲東漢十三州之一，下轄陳留、山陽、濟陰、泰山、東郡五郡和城陽、濟北、任城、東平四國，是一個地廣人眾的大州。曹操心想，若能擁有兗州的地盤，向河南發展就有了可靠的基礎，於是欣然同意，立即率軍開赴昌邑。

但最初的幾場仗，曹操大多失敗而歸。在壽張城下，曹操與鮑信巡查前沿陣地，針對黃巾軍悍勇善戰、恃勝而驕的特點，決定以奇兵挑戰、正兵攻擊，先打一仗再回師固守。這時，黃巾軍發現了曹操等人，如潮水般湧來，刀矛齊舉，殺聲動地。曹操身邊只有少量騎兵，頃刻之間被困在了核心。鮑信爲了掩護曹操突圍，殊死拼殺，歿於陣中。曹操撤回城內，據險頑強抵禦，打退了黃巾軍的輪番進攻。戰事稍停，曹操懸賞派人尋找鮑信的屍首，沒有找到。只得命工匠用木頭雕刻成鮑信的身形，哭著祭奠了他。

過了一段時間，曹操試圖擺脫被動防守的局面，親領一千餘步騎到城外瞭解地形。剛一接近黃巾軍大營，又再次受到圍攻，死傷了數百人才衝出來。此後，曹操惟有堅守。其州兵新招募的占多數，缺乏訓練，又不斷受挫，士氣開始低落。

曹操的意志面臨著考驗，倘在壽張戰敗，兗州必將失去。光頂住黃巾軍的攻勢還不行，還要利用其弱點戰而勝之。曹操振作精神，被甲嬰胄，到各營慰勞官兵。申明賞罰條例，在積極防禦的同時密切注視黃巾軍的動向。黃巾軍求戰不得，戒備逐漸鬆懈。曹操乘機發起反擊，迫使黃巾軍後退。

戰事處於相持階段。代理壽張縣令程昱想設法爲曹操籌備糧草，援兵也陸續開來。黃巾軍的攻勢因而減弱下去，便致函曹操：「往昔你在濟南毀壞神壇，其宗旨與我軍奉行的中黃太乙之道相同，好像明白事理，而今卻變糊塗了。漢朝氣數已盡，黃家正當興起，這個必然的趨勢不是你憑才智和力量所能阻止的。」「中黃太乙」即「中央黃色的大帝」，張角所稱「黃天」，是太平道所信奉的惟一天神。曹操雖不信神，但出於製造輿論和某種心理的需要，曾表示過信奉中黃太乙。可資佐證的有，後來他製作百辟刀五枚，「爰告祠於太乙，乃感夢而通靈，然後礪以五方之石，鑒以中黃之壤」。所祭祀之神即中黃太乙。曹操閱畢，氣得高聲叱罵。從此信內容看，黃巾軍認爲曹操曾在濟南禁毀淫祀，剷除諸神，伸張正氣，比較開明，可以爭取過來共同推翻東漢王朝。當然這是幻想。

曹操在隨後的幾次戰役中，徹底打敗了黃巾軍，並開示降路，黃巾軍一百萬餘兵眾投降了曹操，曹操從中精選出五六萬人，組成「青州兵」，將降眾家屬組織起來屯田，就地安置，生產自給。從此，曹操有了一支眞正與各路英豪相抗衡的軍隊。

多謀善斷，掌握先機

漢末以來，天下大亂，王室衰微，天子之身價已經暴跌。但是畢竟還是一國之主的象徵。誰先擁戴了天子，誰就會取得政治上的主動權，但像董卓之流專橫暴戾，雖有此機遇，卻不具備此能力。董卓之後，袁紹和曹操集團也都有智士獻「奉戴天子」之策，但是因爲曹操在傾聽了臣下的不同意見後，能夠當機立斷，立即著手奉迎天子——漢獻帝的行動。首先取得了爭霸大業的有利政治優勢。

當時迎獻帝也有風險，因此有的人表示反對，認爲山東尚未完全平定，韓暹、楊奉新近剛領著天子到洛陽，他們北與張楊連結，恐怕不是一下子就能制服的。荀彧這時勸告曹操說：「以前晉文公迎接周襄王到洛都，諸侯就如日影追身般地相從；漢高祖東伐項羽，替項羽殘殺的義帝縞素戴孝，天下人心就紛紛歸附。現在天子四處流亡，將軍您曾首倡討伐亂賊董卓的義軍，只是因爲山東連年兵擾戰亂，沒能遠遠地奔赴關右，到天子身邊，然而您仍然不斷地分批派遣將帥，冒著危險與天子通使節。將軍雖然在外邊替天子平定戰亂，但您的心卻無時無刻不放在王室。這說明，匡救天下正是將軍您素有的志向。如今皇上的車駕剛剛從西京東返，而東京洛陽也是荊棘叢生，破敗荒蕪。忠臣義士都有保存國本的憂思，黎民百姓也都懷念舊都故主，睹物傷情，悲哀倍增。果眞能利用這一時機，迎接主上，以此順應民眾的願望，這是大順；用秉承至公的行動來感服英雄豪傑，這是大略；用扶持大義來羅致英俊，這是大德。天下雖然還可能有少數抵制反對的人，但他們必然不能成為多大的拖累和障礙。韓暹、楊奉兩人怎麼敢爲害！這一計劃若不及時確定，讓四方外人生了此心，再生變故，以後就是想要這麼做，也來不及了。」

但袁紹集團則恰恰相反，由於袁紹的多端寡要，見事遲、得計遲，而終究失卻了這一個千載難逢而又十分重要的良機。

袁紹的首席幕僚沮授也向他建議：「主公的世家（指袁氏）好幾代都榮任輔佐皇帝的宰相，忠義之名天下皆知。如今，皇上和朝廷被迫西遷長安，宗廟遭到破壞，皇權淪喪。而全國各地州郡，雖都以勤王之名起事，但實際只求擴張自我勢力，根本沒有人有保衛皇室、安定天下百姓之心。如今本州粗定，我們已有了較穩定的力量，就應該奉迎皇帝到鄴城安頓，一方面表示我們安定天下的志願，一方面更可挾天子以令諸侯，用堂堂正正的名義，來討伐不守臣節的州郡，相信沒有人能抵擋得住我們的。」

袁紹初聽之下，也很贊同，便交付討論辦理。

時長老審配及大將淳于瓊同時表示反對，他們的理由是：「漢王室衰頹已久，即使想幫他們重建也是很困難的。如今天下群雄割據，各擁龐大軍團，有道是『秦亡其鹿，先得者王』，現在應是大家再公平打天下的時候了。如果把皇帝請到鄴城，任何行動理當請示，這樣會嚴重損害軍事行動的機密性和機動性，得不償失。更何況，皇帝身旁還有很多公卿大臣，過分尊重他們，會使我們的權力變小；不尊重他們，則也會有違抗皇權的麻煩，實在值得多加考慮。」

沮授立刻反駁道：「奉迎皇帝，必得天下大義之名，這個利益對我們的發展比什麼都重要。以時機而論，目前皇帝正愁沒有去處，執行起來最輕鬆；如果不乘機行事，一定有不少人會搶著作。通權變者從不放棄任何機會，能立大功者在於不延誤時機，希望主公盡速考慮這件事。」

袁紹是個優柔寡斷又怕麻煩的人，加以他最大的願望是鞏固黃河以北政權，對全國性的規劃也缺乏概念，因此對沮授的建議，遲遲不敢決定。《三國志．魏書．武帝紀》記載曹操評價袁紹的話：「袁紹雖有大志，而見事遲」當屬不謬。這樣袁紹終於失卻了良機。

誘餌為橋，曹公巧借地

曹操決定迎獻帝，但獻帝並不是木偶，更何況獻帝周圍有許多力量左右著。這時，在朝廷當權的人物中，以車騎將軍楊奉的兵馬較強，率軍守梁縣（今河南臨汝縣西），還有大司馬張楊率軍駐野王（今河南沁陽市）。董承與韓暹留在京師洛陽宿衛。他們之間雖然表面上聯合一體，實際上卻勾心鬥角，矛盾重重。曹操決定先利用與許縣臨近的楊奉，通過早已和自己友好、這時在朝廷任議郎的董昭，以自己的名義給楊奉寫信，表示願意與他合作，輔佐王室，信中說：「我仰慕將軍的義氣，願與將軍推心置腹。將軍護衛天子，歷盡千難萬險，終於回到了故都洛陽，輔佐之功，舉世無匹。如今群雄戰亂中原，四海不寧，國家安定需要群賢維護，這不是單靠一個人的力量所能支撐的。將軍可在朝內為主，我願在外為援。現在我有糧食，將軍有兵，正好有無相通，互相補充，如能生死與共，大事可成。」

這時，楊奉勢孤力薄，沒有外援，糧食實在很緊張，見到信後，喜出望外。他對諸將說：「曹操在許縣，離我們很近，有兵有糧，應該依靠他。」於是他和諸將一同上表，請獻帝拜曹操爲建德將軍，又遷爲鎭東將軍，襲父爵位費亭侯。曹操先後寫了《上書讓封》、《上書讓費亭侯》，表示推辭，獻帝不准，才又上《謝襲費亭侯表》，表示接受。

這時，韓暹自恃有功，專權跋扈，恣意胡爲。董承對他十分不滿，又無力對付，也在暗中召曹操進京。曹操十分高興，親自率領軍隊趕到洛陽，朝見獻帝。曹操上表請治韓暹、張楊的罪。韓暹自料敵不過曹操，便逃出京城洛陽。

獻帝授給曹操節鉞，命他錄尙書事，兼司隸校尉。有了節鉞，表明曹操有了統領內外諸軍的權力；錄尙書事，即總領尙書台之事，表明曹操有了總管朝政的權力；兼司隸校尉，表明曹操有了監察百官維護京師地區治安的權力。這三個權力，意味著東漢朝廷的軍政大權已經集中到曹操一個人手裏，也標誌著曹操的事業取得了階段性的重大成功。時曹操爲四十二歲。

曹操爲了樹立權威，一方面將橫行不法的尙書馮碩、議郎侯祈、侍中壺崇除掉，以殺一儆百；一方面封衛將軍董承、輔國將軍伏完等十三人爲列侯，以爭取更多人的支援。

儘管如此，曹操要想鞏固自己在朝廷中的地位，眞正能夠像毛玠說的那樣「挾天子以令諸侯」，還要付出很大氣力。

有一次，曹操問董昭：「現在我到了洛陽，你看今後應該怎樣做？」董昭回答說：「將軍興義兵以誅暴亂，現在又入朝天子，輔佐王室，這是五霸之功。但是這裏的將領們，各懷異心，未必都能服從。留在洛陽匡輔朝政，必有許多不便，最好的辦法是將天子遷到許縣去。然而，朝廷幾次遷徙，現在剛剛遷回舊都，再移動恐怕會造成麻煩，希望將軍權衡利弊，採取對策。」

曹操認爲遷都許縣確實是個好辦法，但最擔心的是屯駐於梁縣的楊奉的阻撓。對此，董昭又獻計說：「楊奉勢孤少援，會願意同將軍合作。將軍遷爲鎭東將軍，襲費亭侯，是楊奉起的作用，應該儘快派遣使者厚厚答謝他，把他穩住。我們可以對他說，洛陽已殘破不堪，沒有糧食，想暫時把獻帝接到魯陽去。魯陽離許縣很近，糧食供應沒有困難。楊奉爲人勇而無謀，必定不會多疑。」

曹操按董昭的意見辦了，楊奉果然信以爲眞。曹操便把獻帝轉移到了許縣，改年號爲建安，以許（後改爲許昌）爲都城。獻帝任曹操爲大將軍，加封武平侯。武平縣屬陳國。東漢時期，爲侯者也有等級高低之分，大者爲縣侯，次者爲鄉侯，小者爲亭侯。武平侯是縣侯，較之費亭侯算是升了兩級。

這時，楊奉才知道自己上了當，起兵想搶回獻帝，結果被曹操打敗，他的將領徐晃（字公明），也投歸了曹操。楊奉只好率殘餘部逃奔袁術那裏去了。

大業初基，衆人之智也

曹操在成就霸業的過程中，很多時候也是靠吉人相助而成事的。

在曹操不受董卓之召，從長安東逃，在陳留停留下來的時候，曹操少年時代的朋友，又是反對董卓的陳留郡太守張邈，這時給了曹操多方支援，此外，曹操在襄邑還得到了孝廉衛茲的全力支援。衛茲頗有謀略，講究節操，曾爲車騎將軍何苗征召，司徒楊彪再加旌命。衛茲對曹操的才能十分瞭解，曹操剛到陳留，他就對人說：「平定天下的，肯定是這個人。」曹操也很看重衛茲，多次登門拜訪，共商大事。衛茲說：「動亂延續很長時間了，不用武力是平定不下去的。」又說：「要起兵，現在就得開始！」於是拿出家財來幫助曹操，對曹操起兵有了重要的推動作用。當時幾乎一無所有的曹操，確實得到了吉人相助。

這時，曹操在譙縣的宗族、賓客、部曲也紛紛趕來，其中的主要人物有曹仁、曹洪、夏侯惇、夏侯淵等人。曹仁字子孝，是曹操的堂弟，從小就喜歡練武打獵。曹洪字子廉，也是曹操的堂弟。夏侯惇字元讓，是西漢名將夏侯嬰的後代。十四歲時，從師學習，有人侮辱老師，他把這人給殺了，從此以剛烈聞名。夏侯淵字妙才，是夏侯惇的族弟。他們都成了曹操的心腹將領，後來跟隨曹操南征北戰，立下了赫赫戰功。

後來，當曹操採納毛玠「挾天子以令諸侯」的建議遇到麻煩時，也多虧吉人董昭、鍾繇等人的相助。

初平三年（西元一九二年）底，曹操派從事王必出使長安，途中被河內太守張楊攔阻；不讓過境。這時在張楊處的騎都尉董昭勸張楊說：「袁紹、曹操雖是同盟關係，但看情況，是不可能長期聯合下去的。曹操眼下雖然弱小，但卻不愧是一個英雄，應當找機會同他結交。何況現在機會就擺在眼前，應當加以利用，幫助曹操同朝廷接上關係，並上表推薦他。如果事情辦好了，曹操是不會忘記您的好處的。」

張楊聽後，覺得有理，就立即照辦了。董昭還以曹操的名義給長安的李傕、郭汜等人寫信，並根據這些人地位的高低分別贈送了禮物。曹操得知情況後，對張楊果然十分感謝，特地給張楊送去犬馬金帛。從此從兗州到長安的道路暢通無阻，曹操同朝廷之間的聯繫增強了。

王必初到長安時，李傕、郭汜等認爲關東州郡想要自立天子，現在曹操雖然派來了使者，但決不會是出於誠意，想把王必扣留下來。黃門侍郎鍾繇勸阻說：「現在群雄並起，只有曹操心裏還想著王室。如果不接受他的忠心，恐怕會有失眾望。」

李傕、郭汜只好改變態度，用禮物厚加答報，算是接受了曹操的好意。

自立自強，突破困境

曹操的霸王路很獨特，他幾乎沒有走「倚人而起」的路程，開始就想自己幹大事。但面臨困境時，他不是沒有動搖過，由於謀臣們分析利弊，曹操還是咬緊牙關地挺過去。

曹操在北方最強勁的對手是袁紹，袁紹的強勁不在於袁紹本人的本事多大，而在於他部下聚集一大批文武人才，諸如田豐、沮授、審配、張郃、高覽等等。這些人對袁氏家族或有以死相報，矢志不渝的忠誠；或被袁紹逼走，釀成袁紹人生事業的悲劇。

在曹操同呂布相持期間，全國好多地區長期沒有下雨，旱災嚴重，後來兗州地區又鬧了蝗災，莊稼受到嚴重損害，顆粒無收，不少人因饑餓而死。到了九月間，曹操、呂布軍中都沒有吃的，打仗也就更難了。曹操只好帶著將士回到鄄城去。呂布在濮陽也維持不下去，領兵到乘氏（今山東巨野縣西南）去搶劫糧食，被當地豪強李進阻擊，又向東轉向山陽郡就食。

正在這時，袁紹派人來見曹操，希望曹操把家遷到鄴城去，以加強雙方同盟關係。袁紹在曹操同呂布激戰不利的時候，不派兵前來支援，而以這種方式表示友好，實際上是想乘人之危，藉機控制曹操。

在中國古代，領兵將領的家屬，常被當成抵押品，有個專門的名詞叫做「質」或「質任」。在敵對勢力之間，強弱之間，上下之間，以家屬做抵押品是常見的現象。有了活人抵押，就可以強迫別人服從，否則就把人質殺掉。袁紹就是以強者身分要曹操將家屬送到鄴地做人質的。名為友好，實是控制。

曹操對此不是不清楚，但他考慮，戰場上失利，災荒嚴重，糧食很難籌集，有些士兵因此逃離部隊，處境非常困難，便有所動搖，想依靠袁紹，以解一時困難，以圖發展，因此他準備接受袁紹的「好意」。當曹操把此事同手下人商量時，謀士程昱進行勸阻，並提出自己的看法：「像袁紹這樣的人，儘管他佔據燕、趙廣闊的土地，有併吞天下的雄心，但他的才智卻不足以使他成功。將軍掂量一下，能甘心做他的下屬嗎？以將軍龍虎一樣的聲威，智勇兼備，甘願幹韓信、彭越那樣的事嗎？而今兗州雖已殘破，尚有三座城池，能征慣戰之士也不下萬人，以將軍之英勇，加上荀彧和我等都願為將軍效勞。再廣泛收羅人才，加以重用，霸王的大業是不難成功的。請將軍再認真考慮考慮。」

程昱的話打動了曹操的心。這時荀彧也說了話，當今天下搖動，各擁重兵，視皇帝如累贅，取而代之的人眞的不少。但眞能成氣候的人恐怕只有二、三位。我以為其他人不足為慮，而袁紹才是勁敵。如果主公一旦為其控制，以袁紹的為人，是什麼都做得出來的。到那時，無異於作繭自縛。當然也談不上發展事業了。曹操權衡利弊後，當即打消了依附袁紹的念頭。

乾坤大略，運籌帷幄間

對待關生死、定成敗的乾坤大略，亦即影響或決定人一生的重大決策，無論是凡人還是大英雄，大多採取慬慎的態度，不敢率意爲之。因這樣的關頭雖然風險最大，但往往價值也最高，如果成功，往往是「計天下之利」。曹操在決定與袁紹決一死戰時，表現了他的良好決策素質。

袁紹一生最明顯的敗著，一是獻計召董卓進京，二是官渡之戰定策。這兩次失手對袁紹固然至關重要，但其人也決非庸庸碌碌，無所作爲，僅從渤海太守到擁兵割據冀、幽、青、并四州即見其經營之才略。但袁紹的許多決策都有可議之處。在三國中，袁紹確有些像漢末爭天下的項羽。只是袁紹缺少項羽那樣的英雄氣概。袁紹營中，當時不乏一流的謀略家，沮授、田豐都是這類人物，但袁紹「多端寡要」，失去許多機會。如劉備到徐州後，公開叛離曹操，曹操親自出兵攻之，使後方空虛，田豐建議袁紹突襲，袁紹以兒子生病爲由推託。田豐用杖敲著地板說：「這是難得的好時機，卻衹因兒子有病而失去，眞可謂痛失良機啊！」曹操部下也勸三思而行，曹操認爲袁紹優柔寡斷，決定發兵打劉備。劉備敗逃，遂有官渡之戰。曹操對袁紹一戰，即知早晚不免，因知要審愼爲之。而勞動大軍，曹操依然憂心忡忡。

但荀彧首先分析此戰乃事關成敗，他說：「袁紹全部人馬集中在官渡，想要和您決一勝負。您以極弱的兵力去抵擋極強的敵軍，如果不能制服他，就一定會被他戰勝。這是天下成敗的關鍵時刻啊！」接著荀彧分析了曹操能夠戰勝袁紹的四條理由：「歷來爭天下的經驗教訓表明，有眞本事，即使剛開始弱小，後來必越戰越強大。相反，即使開始強大最後必衰敗下來。劉邦、項羽的一存一亡，大體可以見出這個道理。現在與明公爭天下的人，僅袁紹而已。袁紹待人表面寬厚，而心存猜忌，用人卻不信任人，而明公遇事通達，用人才不拘一格，合理棄使，這是器量上超過袁紹。袁紹遇事遲疑不決，常常坐失良機，明公卻能多謀善斷，決大事能隨機應變，因事制宜。這是智謀上超過袁紹。袁紹治軍寬緩不嚴，法規不全，兵將雖？，但發揮作用有限。明公卻法令嚴明，賞罰必行，兵將雖少，卻能人人效死作戰。這是在武力上超過袁紹。袁紹憑藉門第聲望，故作儒雅，又裝作足智多謀，因而許多華而不實，徒有虛名者都找到他門下。明公卻以仁道待人，眞誠踏實，不尙虛榮，自己謹愼節儉，獎賞功臣不遺餘力，所以忠貞進取之士願爲之用。這是在個人品德上超過袁紹。憑這四個方面的優勢輔佐皇帝，征討不臣，誰敢不從，袁紹一時強大又有什麼作爲？」

緊接著荀彧的話郭嘉也對比了袁曹的優劣情勢。郭嘉說曹操有十個方面勝過袁紹：

一、袁紹辦事，講求形式，曹操則注重實效。此爲一勝。

二、袁紹以不臣抗帝命，曹操奉天子號令征伐，順天應人。此是二勝。

三、漢末政令寬而無制約，袁紹也寬緩馭人，以寬治寬，則難以整肅紛亂，曹操則嚴猛律令，上下振肅，各守法度。此爲三勝。

四、袁紹外寬內忌，用人疑人，故任人唯親，曹操則外簡內明，任人唯賢。此四勝。

五、袁紹多謀少決，往往坐失良機，曹操則多謀善斷，隨機應變，雷厲風行。此五勝。

六、袁紹沽名釣譽，虛榮造作，曹操則以誠待人，儉樸踏實。此六勝。

七、袁紹因小失大，婦人之仁，曹操大處著眼，疏忽小節，只重大仁大道。此七勝。

八、袁紹左右的高級官員，爭權奪利，互相陷害，曹操則有一定的法則，極富英明智慧。此八勝。

九、袁紹不分是非，曹操循禮法辦事。此九勝。

十、袁紹虛張聲勢，不請兵法眞諦，曹操用兵如神，能以少勝多。此十勝。

這是荀彧與郭嘉對袁曹二人的全面比較，說到底是對二人素質的鑒定。荀、郭作爲曹操的謀士對曹操雖不免詞色溢美，但大抵合乎事實。人才素質也是相對的，袁紹之于公孫瓚堪爲強手，但與曹操爲敵，則人才大爲遜色。人之於人就是這樣，強中還有強中手。而說曹操之于袁紹有諸多長處、優處，何嘗不是說曹操人生態度的諸多特點、諸多態度。曹操官渡一戰是中國戰爭史著名的以少勝多的戰例，自可看作曹操人生哲學的輝煌勝績。當然，把它與赤壁之戰參照起來看曹公，此一大勝彼一大敗，便可見更完全的曹操其人。

曹操在決策生死時雖然謹愼爲之，但又敢下賭注。也由於這一戰，奠定了曹操在北方的霸主地位。

韜光養晦，柔弱勝剛強

曹操不乏英雄氣概，但他也有退讓的時候。他迎獻帝都許昌後，並不是萬事大吉，他當時還不能「挾天子以令諸侯」。相反，曹操一時成爲世人注目的人，也可以說成爲眾所矢之的。而曹操這時的力量並不強，與袁紹等人相比，更處於弱勢。因此曹操採取後發制人的方略，將袁紹打敗。

曹操的得勢，袁紹有些後悔，他擺出盟主的架勢，以許縣低濕、洛陽殘破爲由，要求曹操將獻帝遷到鄄城，因鄄城離袁紹所據的冀州比較近，便於控制獻帝。袁紹還考慮到，鄄城是曹操的地盤，曹操容易答應。可是曹操在重大問題上不讓步，斷然拒絕了袁紹這一要求，而且還以獻帝的名義寫信責備袁紹說：「你地大兵多，而專門樹立自己的勢力，沒看見你出師勤王，只看見你同別人互相攻伐。」袁紹無奈，只得上書表白一番。

曹操見袁紹不敢公開抗拒朝廷，便又以獻帝的名義任袁紹爲太尉，封鄴侯。實際上是試探。太尉雖是「三公」之一，但位在大將軍（不常設）之下。袁紹見曹操任大將軍，自己的地位反而不如他，十分不滿，大怒道：「曹操幾次失敗，都是我救了他，現在竟然挾天子命令起我來了！」拒不接受任命。

曹操感到這時的實力還不如袁紹，他不願意在這個時候跟袁紹鬧翻，決定暫時向他讓步，便把大將軍的頭銜讓給袁紹。自己任司空（也是「三公」之一），代理車騎將軍（車騎將軍只次於大將軍和驃騎將軍），以緩和同袁紹之間的矛盾。但由於袁紹不在許都，曹操仍然總攬著朝政。

與此同時，曹操安排和提升一些官員。以荀彧爲侍中、尙書令，負責朝中具體事務，以程昱爲尙書，又以他爲東中郎將，領濟陰太守，都督兗州事，鞏固這一最早根據地。以滿寵爲許都令、董昭爲洛陽令，控制好新舊都城，以夏侯惇、夏侯淵、曹洪、曹仁、樂進、李典、呂虔、于禁、徐晃、典韋等分別爲將軍、中郎將、校尉、都尉等，牢牢控制軍隊。儘管如此，曹操還是表現得很謙恭，或者說頗有一段韜光養晦的日子。

比如楊奉薦舉曹操爲鎭東將軍，襲父爵費亭侯。曹操於是連上《上書讓封》、《上書讓費亭侯》、《謝襲費亭侯表》等，表明他有功不居。

在《上書讓封》中曹操說：「我掃除強暴和叛亂，平定了兗、青二州，四方長官前來朝貢，皇上認爲是我的功勞。從前蕭相國因爲用關中來支援前線的功勞，全家都得到封賞；鄧禹因爲幫助光武帝平定河北的功勞，得到了幾個城的封地。按照實際，考核功績，並不是我的功勳。我祖父中常侍費亭侯，當時只是隨從皇帝車輛，扶侍左右，既不是首要謀臣，又沒有戰功，到我已經三代都享受封爵。我聽說《易經豫卦》上說：『利於封侯進軍』。就是說有功的人才應當進爵封侯。又《訟卦》六三爻辭說：『靠祖宗的功德吃俸祿，或者替王朝辦事有功吃俸祿。』這是說：祖上有大功德，或者替王朝辦事有功的，子孫才得吃俸祿。我想陛下對我降下像天地一樣大、雲雨滋潤萬物一樣厚的恩澤，往上，記下我先輩扶侍皇帝的應盡職責，又取我在兵事上像犬馬奔走的效用，下詔獎勵，給我的榮譽實在太大，不是我這愚蠢無才的人所能擔當起的。」

在《上書讓費亭侯》中謙恭地說：「我再三思考，祖先雖有扶助皇帝的微功，但不應受到封爵，何況到我已經三代；如果記下我在關東討伐董卓的微小功勞，那都是祖宗神靈的保佑，皇上的聖德，難道是我的愚蠢鄙陋所能擔當得起的。」

曹操深知自己還是弱者，因此對袁紹的要求要儘量滿足，對朝廷的封贈表現出「力所不及」的謙恭。等到羽毛一豐滿，他就大張撻伐，在所不惜了。

官渡一戰，曹操徹底打敗了袁紹，但曹操還要在輿論上爭取更多的支持者，以及在心理上徹底打跨袁紹。因而，曹操上書獻帝，講袁氏家族世受國恩，卻多不軌之徒，因此才舉義兵收暴殘。這是曹操善於利用輿論爲自己表功的又一典型例證。曹操的上書說：「大將軍鄴侯袁紹，以前和冀州牧韓覆，陰謀擁立前大司馬劉虞當皇帝，刻了皇帝的金印，派遣前任縣長畢瑜進見劉虞，勸他稱帝說是上天的意旨。袁紹又寫信給我說：『可以建都鄄城，當有所擁戴。』他擅自鑄造了金印銀印。孝廉計吏等都到袁紹那裏去鑽營。袁紹的堂弟濟陰太守袁敘給袁紹寫信說：『現在國內喪亂敗壞，上天的意旨確實在我們袁家，神靈也有了應驗，當皇帝應在老兄身上。』至於南兄（袁術），他的臣子想擁戴他當皇帝，南兄說：『按年紀說北兄（袁紹）大，按地位講北兄更高。便想把金璽送上，正碰上曹操的軍隊截斷了道路。』袁紹的家族世世代代受國家的厚恩，卻大逆不道，竟到了這樣的地步。我就率領兵馬，與袁紹在官渡決戰，憑藉朝廷的威望，斬了袁紹大將淳于瓊等八人的首級，便把袁紹全軍擊潰。袁紹同他兒子袁譚空身逃走，共斬敵七萬餘首級，繳獲糧食、軍械、財物等在十萬以上。」

曹操用後發制人打敗袁紹後，又以大英雄的心胸舉止，來了個惺惺相惜之行動。袁紹官渡兵敗，倉皇北還，不久即憂鬱成疾。同年五月吐血而亡。

曹操攻破鄴城，即令非其將令，不得擅入袁宅。當曹操完全控制了鄴城後，做了一件常人無法理解的事，但對英雄來說又極富傳神色彩的事，「淚祭袁紹。」

他親到袁紹墓前致祭，痛陳時世艱難，生靈塗炭之苦痛，歷數他與袁紹相知相交，相約救民于水火的人生歷程，又讚歎袁紹英雄業績，但又終於人生行爲各有不同云云。

風吹著袁紹的墓碑，頭上有旗幡飄拂。曹操情辭激切，三軍將士既感動又莫名其妙。因爲他們倆到底是敵人呀！有說曹操是「匿怨矯情」。曹操爲什麼要祭奠袁紹——一個曹操非常害怕的對手，一個最後國破家亡的敗軍之帥呢？宋人劉敞在《題魏太祖紀》中剖白了曹操的心情，應當說甚得眞意。他說，董卓亂國，袁、曹結盟，其艱難周旋，共當禍福。這其間有患難眞情。等到後來各成氣候，各人心目中又都有一個遠大的目標，於是又互不容忍，乃至相互攻擊，連兵血戰。這並不是有什麼硬是過去不了，化解不了的世仇宿怨，不過彼此都要伸張自己的意氣、志願而已。到最後，勝負既明，國破家亡，曹操雖成大功，但這並不是當初他們相約時所願看到的。因而，惺惺相惜，衷心感動，自然而然傷神隕涕，這就是所謂慷慨英勇之風也。

又說：「且夫為天下除殘，則推之公義，感時撫往，則均之私愛，此明取天下非己義，破敵國非己怨也，其高懷卓犖，有以效其為人，固非齷齪之輩所能察也。」這裏的「推公義」、「均私愛」，可謂將曹操祭袁紹之動機心情說盡。

【第二章】

逐鹿天下，一意擔當生前事。

疑行無成，疑事無功。行非常之事，才有非常之功。英雄本色必須敢於弄險，尤其著意智謀。曹操為「附會天意」，擴建鄴城；他用移花接木之法，羽化國中國，又用金蟬脫殼之術，駕空漢天下，但終其一生，不改貓與老鼠的「玩法」，堅持不稱帝。而剷除異己，又絕不手軟。

離經叛道，以顛覆思維出走

就人生而言，出身是沒法選擇的，但是追求成功的道路卻是可以自主的。對於成功者而言，有的是以繼承家族衣缽，光而大之取得成功的；有的是背叛自己家族另闢蹊徑而有所作爲的。曹操屬於後者，他出身宦官家族，卻走上了反對宦官專權的道路。

曹操曾祖曹節，字元偉，譙縣百姓，爲人厚道有善名。祖父曹騰，字季興，曹節第四子，早年進京爲宦官，曆事東漢安、順、沖、質、桓五帝三十餘年。安帝時爲黃門從官，順帝即位爲小黃門，遷中常侍。質帝死，桓帝即位，因參與定策有功，被封爲費亭侯，遷大長秋，加位特進。曹騰幾十年積累了鉅額財產，爲官十分貪婪，被稱爲「宦官中最奸狡誤國者」，可見名聲並不好。

父親曹嵩，字巨高，曹騰養子，傳爲夏侯子。曹嵩因有曹騰這樣一個大宦官作養父，仕途得意。桓帝時爲司隸校尉，靈帝時花鉅資買通當權宦官，先後取得了位於九卿的大司農，大鴻臚。又逢靈帝開西園賣官，曹嵩又花錢一億，得太尉一職，次年罷免。曹騰死襲費亭侯。可見，曹家的「發跡史」是很骯髒的。

從曹操後來回憶家庭對其影響，尤其在教

曹操「治世之能臣，亂世之奸雄」

養與情感方面，可謂深遠。他自歎出身卑賤。

東漢桓、靈二帝時的宦官專政，血洗儒林，數以千計的正直士人被囚禁殺戮，東漢王朝已無生機。對如此驚心動魄的倒行逆施，初入仕的曹操，即大聲疾呼，爲被害黨人鳴冤叫屈，這表明他一踏上仕途即擺脫宦官家庭的影響，凜然正氣令世人刮目相看。

曹操出任頓丘令不久，即被召入朝廷任爲議郎。議郎是郎官的一種，屬光祿勳，一般由賢良方正、敦樸有道的人充任，負責顧問應對，俸祿六百石。曹操來到皇帝身邊，有利於擴大自己的影響。光和三年（西元一八〇年）因朝廷用人，曹操又被靈帝徵召，回到議郎任上。這次任職時間較長，曹操敢於抨擊宦官，上書爲竇武、陳蕃申冤鳴不平。

竇武、陳蕃都有翦除宦官的打算，兩人一拍即合，於是安插親信，重新起用李膺、杜密等人，共謀起事，但因宦官曹節、王甫等人諂事太后，騙取了太后的信任，計劃一再受到阻撓。建寧元年（西元一六八年）八月，竇武使人上奏，打算逮捕曹節等人。曹節等先發制人，挾持靈帝，劫奪太后，矯詔逮捕竇武等人。竇武拒不受詔，射殺使者，發兵數千人對抗。曹節、王甫調兵與竇武對陣，竇武最後失勢自殺，宗親、賓客姻屬同時被害。陳蕃親率部屬八十餘人拔刀回應竇武，被王甫調兵圍困，最後逮送監獄遇害，宗族、門生、故吏被免官禁錮。

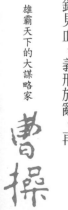

竇武雖身爲外戚首領，但同時又是著名黨人，他同陳蕃都能在一定程度上廉政潔行，不滿宦官集團的胡作非爲，其反對宦官集團的行動自然是深得黨人和名士的肯定與激賞的。曹操也是在這樣的思想支配下，上書爲竇武、陳蕃鳴冤的。

他一方面肯定了竇武等人品德行的正直，另一方面斥責了奸人的擅權，一針見血，義形於辭，再一次顯示了曹操反對宦官專政的立場，同時也顯示了曹操勇於革新政治的精神。但由於其矛頭不僅僅是指向宦官集團，還隱約地指向了靈帝，不僅僅是在翻歷史舊案，還分明有些針砭現實，因而其意見未能被靈帝所採納。

曹操還曾上書譴責公卿舉奏不當。

光和五年（西元一八二年）正月，靈帝詔令三公，將州縣官員中沒有政績、蠹害百姓而被編成歌謠傳唱者，一一予以罷免。太尉許馘、司空張濟秉承宦官旨意，接受賄賂，對那些民憤很大的貪贓枉法的宦官家屬、親戚、賓客不予查處，反而糾劾了邊遠小郡清廉自守、有惠民表現的官吏二十六人。這些被誣陷的官吏，紛紛向朝廷陳訴冤枉。司徒陳耽也上書靈帝切諫說：「公卿所舉，率黨其私，所謂放鴟梟而囚鸞鳳。」但靈帝是非不分，對陳耽的上書置之不理，結果張濟等人依然逍遙法外，而且由於宦官的忌恨和誣陷，陳耽反被罷官，兩年後冤死獄中。

就在陳耽上書的上半年，災害頻頻發生：二月瘟疫流行，四月大旱，五月太后住的永樂宮失火。相信天人感應的靈帝於是下詔，向臣下廣爲徵詢政事的得失。曹操對張濟等人的所作所爲早已心懷不滿，於是利用靈帝因災害不斷而惶惶不安的機會，不避自身安危，繼陳耽之後再次上書切諫。靈帝迫於災禍頻仍，有所感悟，於是將曹操的奏章發給三府，責備張濟等人失職，被錯糾的官員得到平反，許馘還在稍後的十月被免職。曹操由於抓準了時機，在這一個回合取得了勝利。

靈帝熹平三年（西元一七四年）曹操在洛陽北部尉上棒殺宦官蹇碩叔父之事，更鮮明地體現了他反對宦官專政的立場。

比起走繼承家族傳統而成功的道路，走反叛家族傳統而求成的路也許更爲艱難，這不僅是因他所走的是一條新路，不能從家族的角度獲得已有的幫助或經驗，更主要的可能要受到社會傳統道德的鄙視或猜疑。曹操反宦官，等於罵自己的老祖宗，但他這樣旗幟鮮明，反贏得了士人的擁戴。

敢做敢為濟南相

一個有所成就的人，必須抓住每一個能夠施展抱負的機會。由於鎮壓黃巾起義有功，曹操被提升爲濟南國相。國相就是中央政府派到王國處理政事的官吏，職位與二千石的郡太守相等。曹操由於出身宦官家庭，又不是名士，因此在被舉爲孝廉後常常擔心被人們看成是平庸無能的人。如今，他得到了相當於郡太守的職位，於是便大刀闊斧地幹了起來，以圖實現心中的宿願。

濟南國所屬十縣，令、長大都對上交通朝廷貴戚或宦官，對下勾結地方豪強，依仗權勢，狼狽爲奸，貪贓枉法，魚肉百姓，弄得聲名狼藉，而歷任國相明知這些地方官爲非作歹，卻不敢加以干涉。曹操到任不久，即上奏朝廷罷免了其中的八人。這樣一來，上下無不爲之震恐，犯法作亂的人紛紛逃往外部，轄境內的治安大爲好轉。

西漢初年，齊悼惠王之子劉章因同周勃、陳平誅除諸呂有功，在文帝前元二年（前一七八年）被封爲城陽王，死後城陽國爲其立廟祭祀。青州諸郡轉相仿效，祠廟越來越多，其中以濟南國爲最，達到六百餘所。祭祀功臣，懷念祖先，本來是件好事，按照國家典章規定建的祠廟，按照禮制的內容進行祭祀活動，這是被允許的。但濟南的這些祠廟多數並不是按典章建立的，屬於「淫祠」（濫設的祠廟）。更不是按照禮制的規定進行祭祀，而是大搞奸邪鬼神之事，這屬於「淫祀」。由於諸郡轉相效仿，淫祀之風因此越刮越烈。曹操到任後，一舉將祠廟全部焚毀，並嚴禁官民再搞祭祀活動，一時間沒有人敢再提奸邪鬼神之事。

此外，曹操還比較公平地選用官吏，力圖使政治變得較為清明。這些，都表現了曹操決心廓清吏治的精神，同時進一步顯示了他不同凡響的政治才幹和膽識魄力。

曹操這種果敢任事的作風，尤其是他敢於破除傳統習慣的作為，在以後也一直堅持下去。那是建安十一年（西元二〇六年），曹操佔據并州後，他下了道《明罰令》令中說：「聽說太原、上黨、西河、雁門等郡，在冬至後一百零五天的寒食節，都不燒火，吃寒食。據說這是為了紀念介子推。伍子胥的屍體沈沒江中，吳國人沒有因此不喝水。紀念介子推，惟獨要人們吃寒食，這豈不是一種偏向嗎？況且北方特別寒冷，老人、小孩瘦弱，將會有忍受不了的災難。這個命令下達後，任何人不准再寒食。如果有違犯的，家長要判半年刑，主管官吏要判一百天刑，縣令、縣長要扣發一個月俸祿。」

介子推（又作介之推），春秋晉國人，曾隨晉公子重耳長期流亡在外，後來回國時見狐偃向重耳邀功，他不願與狐偃為伍，便不辭而別。重耳即位（晉文公）後，封賞有功之臣，介子推與老母隱居綿山中，不肯出來，晉文公用放火燒山的辦法，想把他逼出來，結果介子推被火燒死。晉文公為了悼念介子推，便規定在介子推死的這一天禁火寒食。後來民間為了紀念介子推，在介子推死的這個月內不舉火，吃寒食，每年都有不少人因此死亡。到東漢順帝時，并州刺史周舉改為三天吃寒食。

曹操嚴令禁止寒食，是認為這一習俗雖然對先賢在尊崇之意，但對老百姓的危害太大，名實相權取其實。

征服對手以狠字為先

亂世爭霸，不同於治世爲傑，有時它需要在同對手的鬥爭中用赤裸裸的「狠」勁，甚至以殘酷性來使他人感到只有屈服別無選擇。這是利用心理震懾力使人屈從的一種手段。興平元年（西元一九四年）發生在曹操爲父報仇而實行的大屠殺當屬此舉。

初平四年（西元一九三年）夏天，在漢末亂世中橫絕一時的董卓遇刺後，長安政府陷入紛亂，名存實亡。關東領袖袁術，又被新興的曹操擊敗，天下的秩序似乎整個顛倒過來了。陶謙認爲時機到了，決心以徐州爲根據地，參與爭奪天下的行動。

但謹慎的陶謙仍不願自己出面，他製造了一個傀儡政權闕宣，在他管轄下的下邳城稱帝。首先他攻打已被分割的青州，並且攻佔青州泰山郡的華城及貴城。陶謙接下來的目標是司隸區，因此必須先經過曹操的地盤兗州。陶謙自信實力十足，他不向曹操打招呼，就直接攻入曹操控制的兗州南端的任城。

在和袁術作了四個多月的辛苦追逐後，曹操想讓軍隊徹底休息，所以暫時不理會陶謙的攻擊，只嚴守幾個重要地方，甚至故意讓出兗州南區，讓陶謙自由出入，充分顯示不願正面對抗的姿態。等到秋天，兗州地區收成完畢，曹軍糧秣充實，曹操認爲該是採取行動的時候了。但他不和陶謙的遠征軍隊正面敵對，進而採取「圍魏救趙」的策略，直接攻打徐州。

由於陶謙率領主力在外，徐州守軍又缺乏作戰經驗，很快被曹軍連續攻下數十個城池。接到緊急軍情的陶謙才知道中計，立刻火速趕回徐州，在軍事重鎮彭城（今徐州市）城北的原野布陣，準備進行一場大會戰。

曹操的騎兵隊，餓虎撲羊般地沖向手持短兵器、又缺乏機動性的徐州軍，徐州軍遭到無比慘重的屠殺，死傷一萬餘人，血流成河，屍體把泗水都堵塞了。陶謙只好往東撤退到一百五十里外的郯城，徐州的領地也喪失一大半。興平元年（西元一九四年）春，曹操由徐州返回甄城，才接到父親曹嵩被陶謙部將張門劫財殺害的凶耗。他發誓向陶謙報仇，夏天一到，他便編組軍隊，二度攻擊徐州。

由於第一次東征時，曹操已擁有彭城及下邳郡，爲紀念遇害的父親，曹操在這裏建築一座曹公城。他藉口替父親報仇，竟向睢陵、夏丘等郡縣的徐州百姓，進行大規模屠殺，不留下一個活口，舉世爲之震驚。「曹嵩事件」對陶謙而言，是啞巴吃黃連，但曹操的報復行爲太過殘暴，北海太守孔融及原公孫瓚盟友的劉備，都仗義前來幫助陶謙。

由於郯城的防守相當堅固，徐州人民的向心力又強，曹操第二度東征，戰略上是採取徹底的包圍戰，他計劃逐步消滅郯城週邊的徐州軍隊，以孤立郯城內的陶謙主力部隊。

徐州軍缺乏實際作戰經驗，彭城會戰時曹軍兇猛無比的毀滅性威力，大概已將他們嚇壞了。陶謙自己帶主力部隊躲在防守堅固的郯城，做爲先鋒的襄賁城及曹豹、劉備的犄角部隊又力量太弱，根本缺乏戰鬥力。表面似乎積極備戰，其實襄賁軍及曹豹軍仍是消極用來防守郯城的。換句話說，陶謙和他的徐州軍都已無再戰的鬥志了。

因此，曹操派曹仁布陣在襄賁城外野，封鎖住陶謙出城的企圖，自己則親自指揮主力軍，攻擊曹豹及劉備的聯合部隊。果然不出所料，眼見曹豹及劉備聯軍節節敗退，陶謙的主力部隊卻不敢出城。

曹操立即將軍隊調過頭來，配合曹仁攻打襄賁城。

襄賁城守軍看到曹豹軍隊潰散，士氣低落，不到三天便被曹軍攻破，曹操下令進行他一生中難得一見的殘酷大屠殺，兵鋒所到之處，血流成河，幾至雞犬不留。駐守郯城的陶謙看得心驚膽戰，便下令棄守郯城，投奔揚州的丹陽郡。

曹操雖然藉口報父親及弟弟被殺之仇，而進行慘酷的屠殺，其實由他吊祭父親的詩詞《善哉行》看來，父子的感情並不深，加以彼此在政治立場上不同，因此對父親被殺的怨恨及傷心，應不致使他如此喪失理性。曹操攻打徐州，與其說是報仇，不如認爲是擴充自己地盤及力量的行動。他在徐州所作的慘酷屠殺，與其視爲怨恨，不如看作政治上的恐怖訴求。徐州人民很少接受戰爭的恐怖洗禮，對陶謙的向心力較高，用這種驚嚇人心的恐怖屠殺，的確最容易摧毀徐州軍民的士氣。

西元一九八年，曹操攻下彭城後，又像當年東征陶謙一樣，下令屠城，不少無辜百姓慘遭殺害。曹操之酷狠由此可見一斑。

設使國家無有孤，不知幾人稱帝、幾人稱王

曹操是充滿豪邁氣魄的大英雄，他不掩飾自己在東漢末年群雄並起時的份量，他的「自明本志」中有一句話更直接了當：「設使國家無有孤，不知當幾人稱帝、幾人稱王」。這句話後來反倒成了曹操的「自供罪狀」之一樁。事實上他拱衛漢室，拒絕做廢立事，有誰稱帝，他又痛打不饒。他討伐袁術就是如此。

袁術，字公路，是司空袁逢的兒子，官至折沖校尉、虎賁中郎將。孫堅討伐董卓時，帶兵進入洛陽，得了一塊「傳國璽」，上面刻著「受命于天既壽永昌」的字樣。袁術硬從孫堅手中把這塊玉璽搶了過來，爲的是日後好名正言順地做皇帝。西元一九三年春，袁術被曹操打敗，從南陽逃到九江後，殺揚州刺史陳瑀，佔據了壽春，自任揚州牧，兼稱徐州伯，李傕還以朝廷名義任他爲左將軍，封陽翟侯。西元一九五年冬，獻帝東出潼關，其護衛隊伍被李傕、郭汜打敗，袁術以爲時機已到，便召集手下人商議，表示要做皇帝。他對手下眾人說：「現在劉氏天下很微弱，海內鼎沸。我家世代做高官，得到老百姓的歸附。我想應天順民，稱皇帝，不知諸君意下如何？」這件事關係重大，大家都不願表態，只有主簿閻象發了言，認爲時機不成熟。他說：「過去周文王三分天下有其二，尚且服事殷朝，將軍勢力雖然不小，顯然不如周文王那樣強盛，漢室雖然微弱，還未像殷紂王那樣殘暴，就更不應該取而代之了。」袁術聽了，儘管心中不高興，見手下人這樣不熱心，只好暫時作罷。

袁術想取得一些人的支援，對前來投歸的張承說：「我以土地之廣，士民之眾，仿效漢高祖當皇帝不行嗎？」張承回答說：「這在於德，不在於強，如果有德，雖然開始實力不大，但可以興霸王之功，如果憑藉勢大而僭號稱帝，不合時宜，就要失掉群眾，想興盛是不可能的。」袁術想老部下江東的孫策總該支援自己吧，可是不料孫策卻給他寫信說：「董卓貪殘淫逸，驕奢橫暴，擅自廢立，天下的人都痛恨他，你怎麼能步他的後塵呢？」還說：「你家五代都是朝廷名臣，輔佐漢室，榮譽恩寵，沒有人能與之相比，理應效忠守節，報答王室，這是天下人所期望的。」袁術看罷，大失所望，還氣得生了一場病。

西元一九六年九月，曹操迎獻帝都許後，袁術急不可待了。經過四個月的策劃和準備，於第二年正月，他趁曹操出兵南征張繡之機，終於抱著「傳國璽」在壽春正式稱帝了。袁術自稱「仲家」，置公卿百官，以九江太守為淮南尹，還郊祀天地，表示他是順天意當了皇帝的。袁術稱帝後，日子並不好過，有些朋友、同夥都不願同他合作。

袁術請他的老朋友沛相陳珪前來輔佐他，陳珪給他回信說：「曹將軍為了振興國家，撥亂反正，我以為你會和他同心協力，輔佐王室，沒想到你竟搞這種陰謀不軌之事。想要我和你同流合汙，說死也辦不到。」袁術目的沒達到，反而挨了一悶棍。

袁術想任命當年被曹操趕跑投奔他的兗州刺史金尚為太尉，金尚堅決不幹，還打算逃跑，袁術一氣之下竟把他殺了。孫策得知袁術稱帝後，給他寫信加以責備，並表示同他斷絕關係。曹操得知這一情況後，表舉孫策為討逆將軍，進封吳侯。

袁術覺得要對付曹操，必須與呂布聯合。

早在袁術稱帝前，他就曾拉攏呂布對付劉備，並向呂布表示要娶他的女兒做兒媳。呂布很高興地答應了這門親事。曹操為了不使呂布向袁術靠攏，暫緩對呂布的攻擊，並寫信給呂布表示願意共同對敵，還以獻帝的名義發了一道詔書，稱讚他殺董卓之功，要他和曹操同心協力輔佐朝廷。於是，是否向袁術靠攏，呂布又猶豫起來。

袁術稱帝後，想進一步與呂布和好，以使徐州、揚州聯合對抗曹操。便派韓胤出使徐州，把自己稱帝的事告訴呂布，並迎接呂布的女兒與己子完婚。呂布考慮之後，答應了袁術的要求，還派兵送女兒上路。

呂布所屬的沛相陳珪，早已傾向於曹操，他聽說袁術、呂布聯姻共同對付曹操的情況後，趕忙去見呂布說：「曹公奉迎天子，輔佐國政，名高於世，將征服四海，將軍應當同他協力同心，共商大計，以圖泰山那樣的安定。現在如果與袁術聯姻，必然要落個不義的名聲，這樣下去是很危險的。」

呂布一聽，又猶豫起來，他想起當初袁術不接納自己的情況，心裏來了氣，於是改變了態度，立即派人去把女兒追了回來。還把韓胤戴上刑具送到許都，交由曹操處置。曹操立即將韓胤斬首示眾。

曹操爲了進一步拉攏呂布，又以獻帝的名義任命呂布爲左將軍，派使者持詔書、印綬去見呂布。並給呂布寫信，表揚呂布制止袁術稱天子，對皇室的擁戴，說朝廷仍然信任他，相信他的忠誠，還說是用自己家的好金子爲呂布鑄的金印，是將自己帶的紫綬送給呂布，以表示友好。曹操的信很短，但很有份量，可謂字字千鈞：「在山陽屯，送給將軍的封詔印綬丟失了。皇家沒有好金子，我用自己家中的好金子再爲你鑄一顆金印。皇家無紫綬，我把所帶的紫綬送給你以表達一番心意。將軍你所派的使者不好。袁術陰謀在淮南稱帝，將軍報告給皇上，可是使者沒有把你的奏章上報。朝廷相信你，命你再上個奏章，以表明你的忠誠。」

呂布接到詔書、印綬和曹操書信後，非常高興，馬上派陳珪的兒子陳登去許都向獻帝謝恩，還帶去一條好的綬帶酬謝曹操。同時也表示希望朝廷任命自己爲徐州牧。

陳登到許都見曹操後，乘機告訴曹操，呂布有勇而無謀，輕於去就，反復無常，應該早日把他除掉。曹操也就把心裏話告訴陳登說：「呂布狼子野心，確實難以久養。不是您，別人是很難把他看清楚的。」

曹操當即任命陳登爲廣陵太守，並把其父陳珪的秩祿增加爲「中二千石」。臨別時，曹操拉著陳登的手說：「東邊的事情，就託付給你們父子了。」

意思是讓陳登父子暗中集合部眾作內應，待機除掉呂布。

陳登回到徐州後，向呂布報告了在許都的情況，可是沒有提到呂布做徐州牧的事，呂布大怒，將戟砍在桌上，指著陳登說：「你父親勸我同曹操合作，同袁術斷絕聯姻，現在我所求的沒有得到，你們父子倒是顯耀了。我這是被你們出賣了。」

陳登不慌不忙地解釋說：「我見曹公後曾說，對待呂將軍譬如養虎，應當用肉把他喂飽才行，不飽就要吃人，曹公卻說不是這樣，我看好像養鷹，餓的時候能加以利用，飽了就飛走了。」曹公就是這麼說的。

呂布聽後，想了一會兒，似乎明白了陳登給他爭取，曹操沒有接受的用意，才消了氣。其實，將呂布比做虎、鷹都很合適，也都是貶意，呂布並沒有眞正明白其含義。像他這樣一個勇而無謀，剛愎自用，反復無常的人，什麼事都會幹得出來，不能加以信任。

袁術對呂布的出爾反爾，十分憤怒，立即派大將張勳、橋蕤等聯合楊奉、韓暹等部，出動步騎數萬，攻打呂布，直趨下邳（今江蘇唯寧西北）。這時呂布的兵馬不多，害怕敵不過袁術，就埋怨起陳珪來，說：「現在袁術來攻，都是你的好主意造成的，你看怎麼辦呢？」陳珪進計說：「袁術同楊奉、韓暹在倉促之間聯合的軍隊，是烏合之眾。他們不是一條心，好比連雞，不能同棲在一處，可以設法離間他們。」

於是呂布根據陳珪的意思，寫信給韓暹、楊奉說：「二位將軍曾保護皇帝大駕，我也曾殺死權臣董卓，都爲皇室立過功勞。現在你們怎能同稱帝的老賊聯合在一起攻打我呢？我們應該協力攻打袁術，爲國除害。」並且在信中答應破袁術之後，將所得軍資，全部奉送給他倆。韓暹、楊奉是鼠目寸光、惟利是圖的軍人，得信後，便反戈一擊，協同呂布把袁術打敗。袁術軍隊死傷慘重，最後他只領五千軍卒逃回壽春。

呂布與袁術的火拼，說明曹操的離間分化策略的成功。袁術敗後，打算重整旗鼓，再與呂布較量，可是軍中缺糧，他派人到陳國要糧，陳相駱俊不給，袁術便派兵攻陳，將駱俊及陳王劉寵殺死。

陳地離許都很近，曹操不能讓陳國控制在袁術手中。這時，曹操見袁術力量已弱，便於建安二年（西元一九七年）九月，乘勢宣布袁術罪狀，率軍大舉南討。袁術自知不敵，倉惶向南逃去。留下部將橋蕤、李豐、梁剛、樂就等在蘄縣（屬沛國，今安徽宿縣南）抗拒曹操。曹操領兵進擊，將橋蕤、李豐、梁剛、樂就等斬殺，袁術退到淮水以南。從此，袁術的力量便一蹶不振了。

建安三年（西元一九八年）九月，曹操見袁術、張繡勢力減弱，對自己已構不成威脅，便率大軍東征呂布，呂布向袁術求援，袁術不肯。最後曹操擒殺呂布，佔據徐州。

呂布在徐州的勢力被消滅之後，袁術在淮南也無法支援下去了。

這時的袁術，由於追求皇帝驕奢淫逸的生活，把富庶的淮南地區糟蹋得殘破不堪。老百姓不支援他，士兵也不爲他賣命，都紛紛逃走。左右部下也是離心離德，形成混亂狀態。對此，曹操問手下何夔說：「聽說袁術軍中發生變亂，您相信這件事嗎？」何夔回答說：「袁術無信人順天之實，而望天人之助，這是不可以得志於天下的。失道之主，親戚都背叛他，何況左右部下！依我看，這變亂是事實。」曹操說：「國失賢則亡，像你這樣的人，都不爲袁術所用，發生變亂，不是很正常的嗎！」

到了第二年夏天，袁術實在混不下去了，便放火將宮室燒掉，帶著一幫吃閒飯的人到灊山（今安徽霍山縣）去投靠他的部下陳簡、雷薄。不料遭到陳簡、雷薄的拒絕。這樣袁術手下的人散去的就更多了，他簡直像一隻喪家之犬，憂懣不知如何是好。最後，他想了一個辦法，就是把「傳國璽」讓給在河北的袁紹，仍然可以由袁家來當皇帝，自己也有個安身之處。於是他派使者到冀州去，並給袁紹寫了信，信中說：「漢朝失去天下已經很久了，獻帝被人控制，沒有實權，豪強四起，疆宇分裂，這與周朝末年七國爭雄的形勢沒有兩樣，誰實力強誰就可以兼併天下。特別是我們袁家接受天命，應當做皇帝，符瑞表現很清楚。現在你擁有四州之地，民戶百萬。論強沒有誰可以和你比大；論德沒有誰可以和你比高。曹操想扶衰拯弱，怎麼可能把漢朝已經斷絕的天命重新挽回來呢？」

袁紹見信後，雖然沒有下決心當皇帝，還是覺得應該把走投無路的袁術接到冀州來，他馬上派人去通知袁術，要長子青州刺史袁譚從青州迎接袁術。袁術接到通知後，準備從徐州下邳北上青州。

這年六月，曹操得知這一消息，表示要追擊袁術，有人認爲袁術已是喪家之犬，不足爲憂，曹操卻不這樣認爲，他說袁術雖無大本事，但就是不放棄皇帝夢，他如果到了袁紹那裏，肯定勸袁紹稱帝，而且二者一合，力量就大了，那時「反不好制」，因此要痛打落水狗，斬草除根，直到把他打死爲止。於是，曹操馬上派劉備和朱靈去截擊袁術。袁術一到下邳，沒想到被攔住了去路。

於是袁術只得掉頭仍回淮南。逃到離壽春八十裏的江亭時，終於一病不起。身邊已無糧食可吃，詢問廚房，回說只剩有麥屑三十斛。將麥屑做好端來，袁術卻怎麼也咽不下去。其時正當六月，烈日當空，天氣酷熱，袁術想喝一口蜜漿，卻怎麼也找不到，袁術坐在床上，獨自歎息了許久，突然一聲驚呼：

「我袁術怎麼落到了這個地步啊！」喊完倒伏床下，在吐血一斗之後死去。

以天意為附，擴建王霸之地——「鄴城」

與許多帝王附會其「眞龍天子」，相信祥瑞災異相比較，曹操更相信天下是打出來的，因此他不信天命，不信鬼神。他相信的是實實在在一步步走上的霸王路。但有時他又抱著「人遂天願」的心理，「寧信其有，不信其無」，擴建鄴城就是如此。

可以說，擴建鄴城，是曹操人生目標的一次大升格。

原來，桓帝在位年間，原春秋時期楚、宋二國分野曾出現一顆黃星，通曉天文的遼東人殷馗預言五十年之後將有「眞人」誕生於梁、沛二國之間，「其鋒不可當」。「眞人」即眞命天子。桓帝是和平元年（西元一五〇年）親政的，到官渡之戰曹操全殲袁紹十餘萬大軍的建安五年（西元二〇〇年），剛好五十年。於是，人們敏銳地連繫現實，認定殷馗預言中的「眞命天子」就是曹操。連地廣兵強的袁紹也敗給了曹操，不是有力地證明了這個「眞命天子」的「鋒不可當」嗎？

如果說，曹操確立「霸王之業」的宏圖壯志曾得惠於殷馗的「先知先覺」，那麼曹操以鄴城爲其「霸王之業」的大本營則受益於王立的暗示。興平二年（西元一九五年），獻帝蒙塵，被李傕、郭汜追至曹陽澗，欲沿黃河東下洛陽之時，侍中兼太史令王立向宗正劉說，憑他對天象的觀察，「漢祚終矣，晉、魏必有興者。」爾後又多次啓奏獻帝：「天命有去就，五行不常盛，代火者土也，承漢者魏也，能安天下者，曹姓也，唯委任曹氏而已。」認爲魏必將取代漢朝，而目前能安定天下之人只有曹操，應召來勤王。當時，曹操任代兗州牧，不斷遣使貢獻，或許王立憑藉其專業史官特有的直覺已看出雄才大略的曹操終將贏得天下，而特地托「天命」說服獻帝予以重用。第二年，曹操領兵至洛陽，移駕許都，始聞王立之語，擔心由此引起物議而成眾矢之的，便派人求告王立：「知公忠於朝廷，然天道深遠，幸勿多言！」本來，曹操是不相信「天命」、讖緯的，但在公眾場合又不明確地否定這些屬於神秘的東西，其原因就在於爲了實現統一大業，對此要加以利用。

王立憑什麼預言「承漢者魏也」？鄴城與「霸王之業」有何內在聯繫？這兩個問題的答案，據說都存在於那含意隱晦的政治讖語「代漢者當塗高也」之中。

魏，原寫作「巍」。許慎《說文解字．嵬部》：「巍，高也，從嵬，委聲。」徐鉉注：「今人省『山』，從爲魏國之魏。」《呂氏春秋．審爲》：「身在江海之上，心居乎魏闕之下。」孔穎達疏：魏闕，「巍巍然高大。」可資佐證。從義項看，釋「魏」爲「高」正是其本義。《連山易》的《運期》所載讖語：「巍，鬼在山，禾女連，王天下。」「巍」字拆成了「鬼」、「山」、「禾」、「女」四字，並附會出高高在上之人可稱王於天下之意。據《史記．秦本紀》：孝公「十二年，作爲咸陽，築冀闕，秦徙都之」。司馬貞《索隱》：「冀闕即魏闕也。冀，記也。出列教令，當記于此門闕。」言「闕」是古代國君頒佈教令、臣下待詔聽命之地，象徵君主的權威。

鄴城始建於春秋時期的齊國，因爲《管子．小匡》說齊桓公時「築五鹿、中牟、鄴以衛諸夏之地」。戰國時期，鄴城在魏國版圖之內。西元前一九五年，漢高祖劉邦設魏郡，以鄴城爲其治所，故址在今河北省臨漳縣西南離漳河北岸二十公里的三台村。左思《魏都賦》說它四通八達，既是北方的經濟樞紐，又是具有戰略價值的軍事重鎮。

在平定河北的凱歌聲中，曹操開始致力於新的大本營鄴城的擴建。他親自參與設計規劃，調集軍民施工，直到他去世前的建安二十五年工程從未停歇。經過十五年的努力，鄴城的街市、宮苑、官署、學校、兵營、倉庫、作坊等佈局嚴整合理，氣勢開敞宏偉，儼然一派大都市景象。

鄴城除城廓拓展之外，城內又先後建造了文昌殿、聽政殿、鶴鳴宮、楸梓宮、金虎台、冰井臺、銅雀台。文昌二殿是曹操處理軍政大事、接見屬下將吏的地方。鶴鳴二宮可能是曹操爲集中方士而專門修建的。著名的是位於北城西北隅的銅雀台、金虎台和冰井臺，分別于建安十七年、十八年和十九年竣工，「殿閣鱗比，雕梁畫棟，金碧輝煌」。酈道元《水經．濁漳水注》說：「金虎三台皆因城爲之基，巍然崇舉，其高若山，魏武所起；中銅雀台，高十丈，有屋百間，南則金虎，高八丈，有屋一百九間，北曰冰井臺，亦高八丈，有屋一百四十間，上有冰室，室有數井，井深十五丈，藏冰及石墨焉；又有粟窖或鹽窖，以備不虞」。又據載，三台各相距六十步，臺上有複道，樓閣相通，中央懸空，所鑄大銅雀高一丈五尺，安放在樓頂。藏冰是爲了消夏。「石墨」即今之煤炭，用以嚴冬取暖。粟和鹽是生活必需品。以上說明，三台是曹操及其主要文官武將居住娛樂的場所。

三台竣工時，曹操曾命諸子作賦紀念，自己亦寫《登臺賦》抒懷。《登臺賦》全文今已散佚，僅存「引長明，灌街里」兩句。「長明」即長明渠，爲人工挖成的運河，自城西引漳水東流，經銅雀台下，伏流入城，南達正東門，入北宮，東出石竇堰下，注入湟水，解決了全城的生活用水問題。

曹丕代漢之時，鄴城爲魏國五都之一。西晉以降，後趙、北魏、前燕、東魏、北齊五朝皆定都於此，幾次大規模擴建，鄴城有了「東方名都」的美譽。

令人掩卷長思的是，隋文帝楊堅在奪取北周政權的前一年（西元五八〇年），聽信一個十分荒謬的謠言，爲了所謂「避凶趨吉」，竟然將鄴城付之一炬。

移花接木，羽化國中國

曹操雖不冒天下之大不韙，但在他臨終前的幾年，還是採取移花接木的辦法，一步步爲兒子取代漢天下做好了所有準備。而其「移花接木」建立國中國的過程，可見曹操利用體制的轉換，造就出一個新的實體政權來。

自建安元年（西元一九六年）開始，曹操一直「錄尚書事」。但他忙於打仗，遂以心腹荀彧爲代尚書令。建安九年（西元二〇四年）九月，曹操以鄴城爲大本營，荀彧所負責的尚書台也遷到了鄴城。於是，尚書台完全脫離了少府，而在許都的少府只管皇室的生活起居了。尚書台官員不再隸屬於少府，實際上從建安元年即已開始，曹操以錄尚書事的身份通過尚書台來控制在許都的中央政府，荀彧只對其頂頭上司曹操負責。但是，曹操逐漸發現荀彧在政治上與自己有漸行漸遠的傾向，遂於攻佔鄴城之後下令將尚書台也遷至鄴城，置於司空府的控制之下。

爲了加強司空府的權力，曹操在太尉和司徒的人選方面也早就採取了措施，「必擇老病不任事、依違不侵權者居之」，使二公形同虛設，後來選中了楊彪和趙溫。但楊彪是袁術和袁紹的姐夫，曹操對他很不放心，一邊拉攏利用，一邊嚴密監視。趙溫看出苗頭不好，爲了保住官位，向曹操獻媚，延聘曹丕爲司徒府屬官。殊料曹操並不領情，而是藉機上書獻帝，指控趙溫「辟臣子弟，選舉故不以實」，罷免了他的司徒之職。這次，一向自詡精於官場門道的老官僚趙溫拍馬屁看錯了地方，結果弄巧成拙。曹操一不做二不休，又隨便找了一個藉口罷免了楊彪的太尉之職。

如果說曹操迎獻帝都許是他走上雄霸天下的關鍵一步，那麼，他改組中央政府，用鄴城的丞相府取代許都的中央政府，是完成代漢的組織準備。

二年以後，即建安十六年正月，出於曹操的安排，獻帝詔命曹丕爲五官中郎將、副丞相，授權設置官署。這是一個重要的步驟。按漢儀，五官中郎將統帶五官郎護衛皇宮，隸屬於光祿勳，不置官署。曹丕置官署當然是特許，又任副丞相，丞相府在鄴城，故他供職於鄴城。其官屬主要有，長史涼茂、邴原、吳質，文學徐幹、應瑒、劉廙、蘇林，夏侯尚，司馬趙戩，門下曹郭淮，功曹常林。這當然是曹操的安排，之所以如此，是讓曹丕經受從政的鍛煉，將大本營交給兒子，自己可以放心地帶兵出征。

形式上的一些重要變化也同時開始。十七年正月，曹操得到「贊拜不名，入朝不趨，劍履上殿」的殊榮。按規定，大臣上朝之時不准身帶任何武器，要脫去鞋子，只穿襪子；進殿之前要先接受檢查，由司儀官唱導大臣的官職和姓名；大臣進殿要一溜小跑，不能踱方步，否則將以「大不敬」治罪。現在曹操上殿可以佩劍，穿鞋，從容列班，司儀官不再直呼其姓名，而是口稱「丞相」。禮儀的特許簡化，表示曹操是漢天子最親近最可信賴的臣子。

曹操從「復出」的體制轉換中，用他的一套人馬取代了漢獻帝所在的中央政府，從此「政自曹出」。接下去是實際的脫胎換骨。即建立魏國，用恢復九州制的旗號使自己轄地日大，從而最後吞併漢家天下。

是年，曹操變更行政區劃，從與魏郡接壤的各郡、王國中分出十五個侯國和縣，以增廣魏郡，但終因荀彧暗中反對而未獲成功。

早在建安九年曹操攻佔冀州之後就曾擬議「復古置九州」，也因荀彧反對而作罷。十七年冬荀彧死去，曹操遂於十八年正月以獻帝名義下詔，合併全國十四個州爲九個州。

經過兩次調整後的行政區劃的突出特點是，冀州由原來的十個郡國增加到三十二個，成了地域和人口在全國都占首位的大州，魏郡也是最大的郡。古代崇尚「九」字，「九」與「久」諧音，取「長治久安」之意。曹操在「復古」的旗號下省併州郡，擴大冀州和魏郡的轄區，其目的只有一個，即增加冀州牧的實力和替建立魏王國而未雨綢繆。

建安十八年五月，獻帝命御史大夫郗慮持節，帶著詔書至鄴城，晉封曹操爲魏公，始建魏國。獻帝在詔書裏說，「我因德運衰微，年幼即遭災禍，被人劫持，在洛陽至長安之間往返，群凶覬覦，分裂諸夏，高祖創立的帝業將要喪失，悲痛地默念道：列祖列宗及先朝大臣在天之靈，誰能憐憫我呀！終於感動上蒼，誕生了護衛漢朝天下的曹丞相，是曹丞相把我從苦難之中拯救出來的。」

詔書列舉了曹操的十二大功勞：討伐董卓，首先進軍；消滅黃巾軍，安定了東方；遷都許縣，恢復宗廟社稷；袁術叛逆稱帝，給予毀滅性的打擊；擒殺呂布，收降張繡；官渡一戰，痛擊「謀危社稷」的袁紹；平定河北四州，袁譚、高幹授首；遠征三郡烏桓，追殲袁尚、袁熙；出兵荊州，迫降「百城八郡」；打垮馬超，撫和戎狄；威震域外，使鮮卑等朝貢稱臣；移風易俗，勤施教化，用刑審愼，吏無苛政，百姓向善。「有定天下之功」，又有高尚的德行，「雖伊尹格於皇天，周公光於四海，方之蔑如也。」

獻帝說，爲了酬答曹丞相，特以冀州的河東、河內、魏、趙、中山、常山、巨鹿、安平、甘陵、平原凡十個郡封曹操爲魏公，授權在魏國任命丞相以下群卿百僚，「皆如漢初諸侯王之制」，同時重申曹操「以丞相領冀州牧如故」，並賜予以白茅包著的黑土，還有灼龜和九錫。古時，以青、赤、白、黑、黃五色代表東、南、西、北、中五個方位，魏國在北方，故賜以黑土。灼龜，指用以占卜的龜甲，諸侯憑占卜所得的方位和時日建立社稷宗廟。九錫，指天子賜予大臣的九種禮物和特殊待遇，計有：車馬，即金馬車和兵車各一輛，棗紅色公馬八匹；衣服，即公爵所用的禮服、禮帽、紅鞋；樂舞，即三面懸掛的樂器和允許享用「八佾」的舞蹈，比天子少掛一面樂器和少用二佾的舞蹈（佇列縱橫備少六個人）；朱戶，即允許住宅大門漆成紅色；納陛，即允許房屋臺階修在屋檐的下面；虎賁武士三百人，作出行時的衛隊；斧、鉞表示有生殺之權；弓、矢指塗著紅漆的弓一張、箭一百支，塗著黑漆的弓十張、箭一千支，表示擁有討伐叛逆之權；香酒一蹲，玉勺一只，用以慰勞德行優異者。

曹操一再「辭讓」，獻帝不允，群臣聯名勸進，曹操才允。

七月，曹操在鄴城建立魏國的社稷宗廟，計五廟，僅比天子的七廟少二廟，爲諸侯五廟以下的最高等級。九月，繼續擴建鄴城。因所賜九錫中有金虎符第一至第五，遂於銅雀台之南新修了一座金虎台。十月，分魏郡爲東、西兩部，各以常林、陳矯爲都尉。十一月，開始設置魏國尚書、侍中、六卿。具體人選爲：尚書令荀攸，仆射涼茂，吏部尚書毛玠左民尚書崔琰，客曹尚書由常林兼任，五兵尚書徐奕，度支尚書何夔，侍中有王粲、杜襲、衛覬、和洽，六卿有大理鍾繇、大司農王修、郎中令兼御史大夫袁渙、少府謝渙和萬潛、御史中丞陳群。後來又增加三卿，與天子屬下的九卿相一致。

至此，曹操大體上完成了「脫胎換骨」的過程，漢朝已剩下一個空殼，以魏代漢只是時間而已。但曹操仍打著漢家臣子的旗號，加緊從形式上一步步逼近天子寶座。

金蟬脫殼，建立「國上國」

「挾天子以令諸侯」，是曹操一生乃至其用霸術的最突出的特點，而如何利用好天子這塊招牌，處理好他與天子及他與地方勢力的關係，使他自己能夠集權而成爲事實上的皇帝，更是看一個霸主謀略高下的試金石。

爲此，曹操又通過金蟬出殼，建立「國上國」的辦法來實現控制中央朝廷及天下諸侯的目的，這一過程大約經歷了以下若干步驟：

一、挾天子以令諸侯。主要以戰爭的手段掃滅群雄，開疆拓土，以武力威懾朝野。

二、削弱劉氏王朝。

三、以自己的全班人馬控制中央政府。

四、確立魏國事實上的中央帝國的地位。

關於挾天子以令諸侯，可以說是曹操一生乃至其用霸王之術的最突出的特點，也是他集權而成爲事實上的皇帝的基礎、背景與手段，因貫串其一生，我們談曹操也幾乎無處不與此有關，因此這裏不再過多涉及。那麼重要的就是以下三個步驟。

首先是控制中央朝廷。其實，在曹操把獻帝迎進許都時，他已控制了朝廷。只是當時尚有漢朝的舊臣，且曹操自己的勢力也不大，因而對內控制不甚完全，對外也須妥協，比如把大將軍讓給袁紹。但實際的控制力是既切實，程度又日益徹底的。

建安元年（西元一九六年），曹操雖讓出了大將軍職務，任驃騎將軍，但實際仍然總攬朝政，

「錄尚書事」。因東漢制度尚書台爲事實上的宰相府。那就是說曹操自將獻帝接到身邊，他就是事實上的宰相。當他不在的時候，這一職能就由他的主要謀士尚書令荀彧行使。

隨著戰場上的節節勝利，曹操也就覺得必須更嚴密的控制朝廷，以便自己更能言出法隨，令行禁止。於是，建安十三年（西元二〇八年），曹操以獻帝名義廢除三公職位，設丞相和御史大夫。這在體制上是恢復西漢做法。丞相爲皇帝手下第一大臣，總理全國軍政大事，御史大夫爲丞相副手。武帝以後，丞相府和御史府的實權轉到尚書台，東漢朝廷體制即無丞相、御史大夫，實權在大將軍手中。東漢又設太尉、司徒、司空，合稱三公，實爲閑官並無實權。曹操恢復丞相一職，獻帝又命他任丞相，而不是當初被袁紹要去的大將軍。這表明曹操要把朝廷大權從名到實完全控制在手中，並且在無形中拋棄了那個令他不快的「大將軍」的名號。當然，從這以後，尤其是南北朝時期，朝廷每設丞相，大抵不是權臣自命，亦即皇帝不得不任之，因之當時丞相一出現即爲改朝換代的信號。這也是曹操的影響了。

與自己任丞相一職配套，曹操建立起自己的丞相府工作班子，分別以崔琰爲丞相西曹掾，主管丞相府內官員任免事宜；以毛玠爲丞相東曹掾，主管二千石以下政府和軍隊中官員的升降事務，以司馬朗爲主簿，以盧毓爲法曹議法令，主管政法刑律事宜，征司馬懿爲文學掾，主管選拔人才等事務。

到建安十五年（西元二一〇年），又任曹丕爲五官中郎將，爲丞相副，也同丞相府一樣，建立完整的工作班子。

這一步步，看起來只是形式的，實際是圍繞權力佔有而進行的。可以看出曹操爲集權和鞏固政權並使之長治久安的深遠用意。

曹操爲求控制朝廷，確立魏國爲實際上的中央帝國地位，其重要的舉措便是建立國上之國。曹操控制朝廷，一個更爲重要的舉措就是建立國上之國，而不僅僅是作爲王侯封國的國中之國。這就是確立魏國的實際上的中央帝國地位。因爲曹操是魏王，那就是曹操事實上是天下之主。並且這一舉措在曹操日益嚴密控制中央朝廷的過程中，也隨之完成。

在建立國上之國的過程中，第一步是在消滅袁紹的河北勢力後，曹操就將冀、青、幽、并四州完全控制在自己手裏。獻帝任他爲冀州牧，他就在鄴城建立起自己的霸府。

第二步是建安十八年（西元二一三年）正月，獻帝下詔把天下十四州後合併爲九州。這也是建立國中國的一個步驟，這裏不再贅述。

這年五月，獻帝冊封曹操爲魏公，並加九錫，魏國設置丞相以下群臣百官，也就是說這時曹操就只差個皇帝的頭銜了。進封魏國公加九錫是曹操求之不得，早一年因荀彧反對，曹操將荀彧逼死，就不再有人敢反對，曹操自然做做推讓的姿態，如上《讓九錫表》《辭九錫令》，群臣自然一起勸進，這樣，曹操方情到理到地接受了。

七月在魏國鄴城建立魏國社稷，即帝王祭祀土神、穀神的場所，又建魏國公宗廟，相應改制朝會宴饗禮樂。曹操又授意獻帝娶其三位女兒曹憲、曹節、曹華爲貴人，一年後，曹節當上皇后。這自然也是曹操控制、監視獻帝的一種策略。儘管後來有些事與願違，曹操去世，曹丕逼獻帝讓位，第一個反對和詛咒的就是曹節。

建安十九年（西元二一四年）正月，曹操首次舉行耕種籍田的儀式。籍田即天子與諸侯征民力所耕種的田。此舉表明曹操重農守本之志，同時表明魏的分封國地位確立。到此，可看作曹操建國計劃第三步的完成。

下一步就是曹操把他自己變爲一個只是沒有皇帝之名，而盡有皇帝之實的能夠擺佈天下的眞皇帝。同年三月，獻帝把曹操的地位提高到諸侯王之上。建安十九年三月，左中郎將楊宣、亭侯裴茂持節，赴鄴城宣詔：魏公曹操朝會時位列諸侯王之上，改授金璽、赤紱、遠遊冠。遠遊冠形如皇帝的通天冠，只是前無「山述」。按漢儀，只有皇太子和諸王才配享有金璽、赤紱和遠遊冠，魏公曹操得到它們，表明已爲晉封魏王造了聲勢，只待正名。

十一月，伏皇后被廢黜。

建安二十年九月，獻帝授予魏公曹操分封諸侯、任命郡守國相的權力。以前，封侯授官在形式上由曹操舉薦、獻帝批准，而實際上是由曹操說了算。現在連形式上的程式也完全取消了，曹操從法制方面得到了國家最重要的組織、人事大權。十月，曹操設置名號侯、關中侯、關外侯、五大夫這四等爵位，與原有的列侯、關內侯共六等，以獎賞立軍功者。如此，得官爵者無不感恩圖報，心中只有魏公而無漢天子了。

建安二十一年三月初三，曹操效法歷代帝王，春耕前親自耕種「籍田」，以奉祀宗廟、勸率天下之人重農務農。

五月，獻帝下詔，晉封魏公曹操爲魏王，命使持節代理御史大夫、宗正劉艾奉詔書、傳國玉璽等專程前往鄴城舉行封王儀式。按漢儀，中央政府發給郡守國相銅虎符和竹使符。銅虎符爲銅質虎形之符，是調發軍隊的憑信，各分其半，右留京師，左予郡守國相，調兵時派人合符，符合方可發兵。竹使符由在五寸長的竹箭上鐫刻篆書而成，用於「出入征驗」，即作爲機要通訊的憑證或使者的身份證。曹操職兼州牧，得金虎符，其效用與銅虎符一樣。因許都政權的軍隊就是曹家軍，故獻帝授予曹操兵符等於從制度上承認曹操有調兵權。

曹操依舊「上書三辭」，獻帝循例「詔三報不許」。獻帝又親手寫詔書以表誠心。於是，曹操接受了魏王的璽綬符冊，交還了魏公的璽綬符冊。自此，曹操在漢丞相兼冀州牧的職位上有了魏王的封爵。

漢朝立國之初，高祖劉邦在誅殺韓信、彭越、英布、盧綰等異姓王之後，曾宰白馬與群臣盟誓：「非劉氏而王，天下共擊之！」故此後未見有漢天子正式策封的異姓王，曹操可謂兩漢四百年來第一人。又詔命曹操的諸千金小姐爲公主，皆賜以湯沐邑。「湯沐邑」指以齋戒沐浴之地爲名的封地。

八月，曹操任命大理鍾繇爲魏國相國，以此爲開端，全面進行鞏固其魏王政治地位的活動。

建安二十二年四月，詔命魏王曹操在其儀仗隊裏設置天子的旌旗，允許出入王宮之時按天子的規格警戒清道。五月，曹操修泮宮於鄴城之南，準備恢復太學，以爲魏國的最高學府，培養曹魏政權的各級後補官僚。六月，曹操任命軍師華歆爲魏國的御史大夫。十月，詔命曹操的王冕上綴十二旒——像天子一樣在冠冕前後懸掛十二串白玉珠，坐天子所享用的金根車——套六匹馬拉的朱紅色御車，置五時副車——像天子出行時有青、白、紅、黑、黃五色裝飾的馬車跟隨，同時正式批准曹丕爲魏國王太子。

然而，曹操並不打算正式稱帝，因此他要盡力設法維持與獻帝在表面上的君臣關係。例如，他向獻帝貢奉御物即達十四次之多，每次不少於三十種。曹操本人生活儉樸，卻竭力讓獻帝一家人奢侈享受，自有深意蘊於其中。

曹操建立「國中之國」和「國上之國」是他要爲雄霸天下的一個目的之兩個層面，或說是兩個步驟。兩者互爲基礎，「國上國」反過來又強化「國中國」之權力，二者即有整體上的聯繫又有所區別，即互相促進又都爲總目的服務，不能不說謀略之高超。

欲擒故縱

貓和老鼠的各種玩法，由於老鼠已是貓的口中之物，但已經飽食的貓忽生一計：「要捉弄老鼠」。這捉弄的方法無非是讓老鼠覺得有生存的希望，一次次跑掉，又一次次被捉回來。幾次下來，老鼠知道自己跑不掉了，無奈地被貓把玩。

天子是「龍」，將龍比做老鼠似乎有不恭之嫌，但「落魄的鳳凰不如雞」，龍也是可以變的。東漢後期的幾個皇帝，有幾個能逃出權臣的掌心呢？與被殺被廢的相比，漢獻帝「晚節」似乎還不錯。

挾天子以令諸侯，不僅是曹操霸術王道的特點，同時挾天子又以王道來折磨皇帝，這也幾乎是曹操前無古人，後有來者的做法。這就是曹操以至高無上的威權，不斷打擊、削弱劉漢王朝，然而又處處打著忠君愛國的旗號。

曹操打擊、削弱漢王朝，大抵作了三個方面的事情：

一是削除劉姓藩王。建安十一年（西元二〇六年），曹操下令削除齊王、北海王、阜陵王、下邳王、常山王、甘陵王、濟陰王、平原王的封國。後又取消琅琊王國，並處死琅琊王劉熙。削除劉姓王國，即意味著削弱劉姓王朝實力，進一步孤立漢獻帝。在建安十七年曹操雖封了幾個劉姓王，那實際是爲自己當王作鋪墊，所謂「將欲奪之，必先予之」。

二是不斷尋釁處死獻帝身邊的人，使獻帝成爲眞正的「孤家寡人」和永遠不得宣判的在押犯。曹操這樣做，完全像一隻抓著老鼠的貓，他不吃掉老鼠，也不放掉他。爭權奪利，是人性的優點，也是人性的弱點，有所表現可以理解。但曹操做得太過、太絕，不僅失去人臣之節，也失去做人之道，這也是曹操爲大奸大雄的一大特徵。

獻帝到許都不久，曹操以保護獻帝的名義，派七百精兵常年守衛皇宮。這些兵士全是曹操用心挑選，特別屬意的親朋故舊，他們實際執行著監視獻帝的使命。就是這些人的監視，趙彥僅僅出於同情，和獻帝談了些有關時局的話，很快被曹操設罪處死。殺趙彥當然只是殺獻帝身邊人的開頭，開了頭就接二連三。這情景使獻帝非常害怕，逼得獻帝不得不對曹操說：「卿倘能輔佐我，就望對我厚道些；要是不願，就請開恩放了我！」

對於曹操的控制，獻帝也是盡力尋機反抗的。建安四年他發出了衣帶詔，就是把詔書夾藏在衣帶中，請其丈人車騎將軍董承聯合忠君力量，誅殺曹操。可是這事情敗露了。董承被殺三族，其女兒董貴人正懷身孕，任獻帝如何求情，曹操還是把她殺了。

與「衣帶詔」相似，隔一年，獻帝的伏皇后給其父親屯騎校尉伏完寫了一封信，極寫曹操殘暴，要伏完設計滅曹。伏完當然不能滅曹，但十幾年後伏完去世，此事傳出去了。曹操搜到了那封信，立即下《策收伏后》詔令，將躲在夾牆中的伏后拖出，置於暴室，幽閉而死。

曹操無所不用其極的手段打擊獻帝及其王室的反抗，哪怕是一點苗頭，極其微弱，曹操都如臨大敵一般待之。他做得如此堅決，心如鐵石，但他又絕不想背上壞名聲。不僅如此，他還儘量把自己打扮成一個忠良臣子的模樣。

比如他在《策收伏后令》說伏后，既無高貴出身，又無德貌才情。不僅如此，還包藏禍心，陰懷妒害。這樣的女人如何承命，奉祖宗，母儀天下！好像曹操處置伏後，完全是爲了獻帝的天下著想。

他還常說：「所以勤勤懇懇敘心腹者，見周公有《金縢》之書以自明，恐人不信之故。」《金縢》是一個忠君殉道的故事。周武王病，周公作禱辭請以自己代武王死。事後，周公把禱辭放在金縢（用金屬封固）的櫃子裏。武王死後，周公攝政，有傳周公要篡位，周公避東都三年。後來成王看到了櫃子裏的禱辭，方知周公一片忠誠，就把周公從東都接回。

曹操如此宣揚自己的王道忠仁，實際效果如何，人皆知之。但其人施暴行之時，一刻不忘粉飾自己，並藉助其文采才情，說得尤其動人，關於這一點，曹操的奸巧、僞善是明確的。

政治聯姻，三女同出嫁

曹操同時獻出三個女兒「上嫁」皇帝，讓自己成爲獻帝的「老丈人」，可說是貓玩老鼠的高超技法。建安十八年六月，在魏國初建、設官分職的同時，曹操與獻帝政治聯姻的活動也達到了高潮。獻帝一齊聘娶曹操的三個女兒——長女曹憲、次女曹節和小女曹華，皆封爲貴人，地位僅次於皇后。曹憲和曹節先行入宮，曹華尚未及笄，暫留魏國。

天子娶妻，丞相嫁女，乃亙古盛事，其迎親送親的禮儀自然迥異於尋常百姓人家。獻帝以使持節代理太常的大司農安陽亭侯王邑爲特使，副使一人、隨員五人皆以議郎行大夫事，車載璧、玉和素帛、黑帛絹五萬匹，從許都徑赴鄴城納聘。在曹家應聘後，王邑等隨即返回。

隔了八個月，即建安十九年二月，正式迎娶。獻帝以行太常事大司農安陽亭侯王邑、宗正劉艾爲正、副特使，皆持節，隨員五人，帶著束帛、四馬駕轅的香車徑赴魏國。緊接著，又命給事黃門侍郎、掖庭丞各一人、中常侍二人隨其後。抵鄴城不久，在魏公宗廟裏莊嚴授予曹憲、曹節二位貴人印綬。事畢，一同來到魏公宮延秋門，恭候貴人升車啓程。

女方送親使團的成員有，魏國郎中令袁渙，少府謝渙、萬潛，博士若干人，以及御府的乘黃廄令，丞相府的掾屬。

迎親和送親使團組成龐大的隊伍，王邑一行導前，袁渙一行居後，中間是二位貴人的香車、婢女和侍從。行至洧倉（今河南省新鄭縣境內），獻帝所遣侍中、宮女和虎賁武士布列於沿線驛站往迎。二位貴人進入許都皇宮之後，御史大夫郗慮奉詔主持盛大的宮廷宴會。中二千石的將、大夫、議郎會集於殿中，魏國二卿及侍中、中郎二人，與漢公卿並升殿宴。觥籌交錯，笙管齊鳴，載歌載舞，賓主盡歡而散。

獻帝和曹操都很重視這次政治聯姻，其聘禮之豐厚，儀式之隆重，使者官階之高，護衛之嚴密，皆前所未見。然而，由於曹操的這兩位千金小姐一齊嫁給獻帝，使這門婚姻政治交易的色彩未免過於強烈，故曹女自身並非完全心甘情願。曹植所寫《敘愁賦》的序文說：

「時家女二弟，故漢皇帝聘以爲貴人。家母見二弟愁思，故令予作賦。」

曹操得悉二女愁苦，特地下《內誡令》：

「今貴人位為貴人，金印藍紱，女人爵位之極。」

身為貴人，攜黃金印，佩藍綬帶，女人爵位已至頂點。這顯然是從政治地位方面考慮問題的，要女兒知足不悔。

曹操連嫁三女，連繫背景來看，其眞實目的不外乎是讓做貴人的女兒嚴密監視獻帝、偵察擁漢反曹派的活動。具有諷刺意味的是，最初的動機與事後的效果並非一致。七年後曹操病逝，曹丕接受獻帝禪讓，派人入宮，向業已成為皇后的阿妹曹節索取皇帝玉璽。阿兄稱帝，阿妹理應高興，殊料曹皇后堅決不買曹皇帝的賬。曹丕再三催逼，曹皇后大怒，竟然將傳國玉璽扔到了窗外，淚流滿面地詛咒說：「上天不會再護佑你們的！」顯然，曹節在與獻帝共同生活的七年裏已培養了很深的感情，在其父兄的挾制下與獻帝成了苦命鴛鴦，如今見其娘家阿兄篡奪了夫君的天下，焉得不恨？

凌厲手段，嚴懲異己

曹操在通往帝王路上的跋涉，並不是一帆風順的。從建安元年（西元一九六年）迎獻帝都許到建安二十五年（西元二二〇年）正月去世，在這「挾天子以令諸侯」的二十四年中，曹操遇到了來自各方面的抵制和反抗。除了以孫權、劉備為代表的武裝集團將他視為「漢賊」，不斷對他進行口誅筆伐和武裝征討外，劉氏王室勢力和曹操陣營內部的擁漢派及其他反對勢力也採用各種手段同他進行較量。在這種情況下，如何對待王室不滿勢力，是考驗曹操是否具備王者風度的一個關鍵問題。在這個考驗面前，曹操進行了針鋒相對的鬥爭和毫不手軟的鎮壓，掃除了前進道路上的一個個障礙。

獻帝自到許都後，生活雖比在洛陽和長安時安定，但精神上卻感到越來越孤寂和痛苦。他手中毫無實權，純粹是一個掛名的皇帝。曹操派了七百精兵圍守皇宮，這些人全是他的故舊親朋，名義上說是護衛獻帝，實際上是在那裏執行監視的任務，獻帝就像一個囚徒一般，一言一行都沒有自由。陪侍的官員差不多也都是曹操的親信，獻帝想找個人說句知心話都不可能。議郎趙彥，看著獻帝可憐，不時陪獻帝說點有關時局的話，甚至提出過一兩點建議，這事被曹操知道後，惹得他大不高興，很快找個藉口把趙彥殺了。

太尉楊彪，同袁紹一樣出身世代官僚地主家庭，曾祖楊震、祖父楊秉、父楊賜，都曾在朝任三公之職，極有影響和勢力。獻帝剛都許時，大會公卿，曹操上殿，見楊彪有不悅之色，頓時驚覺起來，深恐被暗算，還沒等到設宴，便藉口不舒服要上廁所，回到了自己營中。曹操從此忌恨上了楊彪，必欲除之而後快。建安二年（西元一九七年），袁術稱帝。曹操藉口楊彪與袁術有姻親關係，誣陷他企圖廢掉獻帝，下令將他逮捕，準備處死。孔融得到消息，來不及穿上朝服，就跑去見曹操，說：

「楊公四世清德，海內所瞻。《周書》上說父子兄弟罪不相及，何況將袁氏的罪行歸到楊公身上呢！」曹操搪塞說：「這是上面的意思。」孔融緊追不捨：「假使成王要殺邵公，周公能說他不知道這事嗎？今天如果橫殺無辜，我孔融堂堂魯國男子，明天就要拂衣而去，不再上朝了！」

孔融的強硬態度，使曹操不得不有所收斂。加之尚書令荀彧和許令滿寵都有意回護楊彪，楊彪才得以安然釋放。此後，楊彪見漢室日漸衰微，曹操獨攬了朝政，於是假稱有腳疾，十餘年不出門，這才保住了性命。

隨著時間的推移，獻帝越來越受不了曹操的專橫威逼，終於採取了一個大膽的反抗行動。建安四年（西元一九九年），獻帝下了一道密詔，夾藏在衣帶當中，讓人送給他的丈人車騎將軍董承，要董承聯絡天下義士，共同除掉曹操。董承接到密詔後，先後聯絡了劉備和偏將軍王服、長水校尉種輯、議郎吳碩等人。劉備作為皇室宗親的一脈，早已對曹操的專擅朝政心懷不滿，但他身棲虎穴，處處小心翼翼，只能耐心等待機會。恰在這時，袁術準備取道徐州北依袁紹，曹操派劉備帶兵前往截擊。劉備一到徐州，便殺死了曹操所置的徐州刺史車冑，公開背叛了曹操。不久，董承等人的計劃洩漏，在建安五年（西元二〇〇年）被曹操處死，並被滅三族。董承的女兒是獻帝貴人（妃子），當時正有身孕，曹操也要把她殺掉，獻帝一再請求寬恕，也被曹操斷然拒絕。

建安十九年（西元二一四年）十一月，又發生了一件震驚朝野的事情。建安五年（西元二〇〇年）正月曹操處死董承等人時，不肯放過已經懷孕的董貴人，這件事使獻帝和皇后伏氏受到很深的刺激。伏后擔心自己將來落得同董貴人一樣的下場，便給她的父親屯騎校尉伏完寫了一封信，以激烈的言辭陳述了曹操殘暴侵逼的情景，要伏完暗中設法除掉曹操。伏完沒有董承那樣的膽量，不敢輕舉妄動。建安十四年（西元二〇九年），伏完死去。幾年後，到建安十九年十一月，這事不知怎麼敗露了出來。曹操下令追查，果然搜出了伏后當年寫的那封信，不禁勃然大怒，立即逼迫獻帝廢黜了伏后，命御史大夫郗慮持節去收繳皇后的印綬，並命尚書令華歆作為副手，帶兵進宮，逮捕伏后。曹操以獻帝名義下了一道《策收伏后》的詔令：

「皇后壽，得由卑賤，登顯尊極，自處椒房，二紀於茲。既無任、姒徽音之美，又乏謹身養己之福；而陰懷妒害，包藏禍心，弗可以承天命、奉祖宗。今使御史大夫郗慮持節策詔，其上皇后璽綬，退避中宮，遷於他館。嗚呼傷哉，自壽取之！未至於理，爲幸多焉。」

當伏后得知華歆帶兵進宮的消息，急忙緊閉宮門，躲進夾牆之中。華歆毫不留情，下令士兵毀壞宮門和夾牆，將伏后拖了出來。獻帝正陪著郗慮坐在外殿，伏后披散著頭髮、赤著腳走到獻帝面前，流著眼淚問：「皇上，您就不能救救我了嗎？」獻帝心中悽楚，但也只能無可奈何地回答：「連我自己都不知道能活到哪天啊！」說完，回過頭去對郗慮悲憤地說：「郗公，天下難道竟有這樣的事嗎？」

郗慮只能默不作答，伏后旋即被押到暴室，幽閉而死，兩個皇子同時被毒死。伏氏兄弟及宗族因牽連此事而被殺者有一百餘人，其母盈等十九人則被強制遷往涿郡。

就這樣，曹操以極端嚴厲的手段，撲滅了劉氏王室勢力，哪怕是十分微弱的反抗，確保了自己的權力和地位。

誅殺「叛逆」，絕不手軟

曹操做魏公、魏王后，內部還發生過幾次規模不等的武裝叛亂，曹操對這些武裝叛亂更是毫不留情地給予了迅速有力的鎮壓。

建安二十三年（西元二一八年）正月，在許都爆發了一場主要由擁漢派勢力策動的叛亂，參加者主要有京兆人金禕少府耿紀、司直韋晃、太醫令吉本、吉本之子吉邈和吉邈之弟吉穆等人。當時留守許都的是丞相府長史王必。曹操任用王必時，曾專門下過一道手令：

「領長史王必，是吾披荊棘時吏也。忠能勤事，心如鐵石，國之良吏也。磋跌久未辟之，舍騏驥而弗乘，焉惶惶而更求哉？故教辟之，已署所宜，便以領長史統事如故。」

早在建安元年（西元一九六年）以前，王必就已經在曹操軍中任職，曹操因此稱他為「披荊棘時吏」。後來有一段時間沒有任職，所以曹操說捨棄了千里馬沒有騎。當時關羽強盛，威逼許都，曹操讓王必留守許都，給予充分信任。有趣的是王必同金禕雖志向不同，兩人私交倒還不錯。吉邈、吉穆雖同金禕耿紀一樣反對曹操，但他們並不是想匡扶漢室，而是想殺掉王必，挾持獻帝以攻曹魏，南引關羽作為外援。各方想法不同，利害不一，計劃不周，注定了必然失敗的命運。

建安二十三年正月，吉穆等率閒雜人員及家僮千餘人夜燒王必軍營，金禕又派人到王必營中充當內應。王必受到內外夾攻，倉猝應戰，肩部受傷，逃奔南城。天亮後，叛軍見王必還在，加之受到潁川典農中郎將嚴匡攻擊，紛紛逃散，一場叛亂很快就失敗了。

曹操逮捕了耿紀、韋晃等人，耿紀直呼曹操其名，並說：「恨我自己沒有拿定主意，竟被這幫小兒所誤！」韋晃則拼命叩頭擊臉，直至死去。耿紀、韋晃及吉本等均被屠滅三族。

十餘天後，王必傷重不治而死。曹操得到報告，十分震怒，於是將在許都的朝廷百官召到鄴城，讓在王必軍營被燒時參加救火的人站在左邊，沒有參加救火的人站在右邊。眾人以為參加救火肯定不會有罪，紛紛站到左邊。誰知曹操突然宣佈：「沒參加救火的人沒有幫助造反，參加救火的人都是造反的強盜！」

結果將站在左邊的人通通處死。

第二年九月，當曹操西征劉備尚未回師，而關羽又在南邊猛攻樊城的危急時刻，在鄴城的魏諷又密謀聚眾發動武裝叛亂。魏諷字子京，沛人，頗有煽惑人心的本事，在鄴城名聲很大，自卿相以下不少人爭相與之交往，因此被相國鍾繇任爲西曹掾。魏諷趁曹操大軍尚未返回的機會，暗中聯絡徒黨，同時與長樂衛尉陳禕聯絡，企圖一舉襲占鄴城。誰知還沒等到約定的舉事時期，陳禕害怕了，向留守鄴城的曹丕告了密。曹丕立即採取措施，鎮壓了叛亂，魏諷被殺，牽連被殺的達數千人。事後，相國鍾繇被免職，負責鄴城治安工作的中尉楊俊被降職。曹操得到報告後歎息說：「魏諷之所以敢於謀反，是因爲我的部下沒有能夠防止反叛的人。哪裡能有像諸葛豐那樣的人，讓他去接替楊俊呢？」

黃門侍郎劉廙的弟弟劉偉被魏諷拉攏，參與反叛密謀。按當時法律「連坐」的規定，劉廙也應被處死。但劉廙鄙視魏諷的爲人，曾勸劉偉不要同魏諷來往。陳群去爲劉廙說情，曹操回答說：「劉廙是一個名臣，我也打算赦免他。」並特地下了一道手令：「叔向不坐弟虎，古之制也。特原不問。」

《左傳．襄公二十一年》載，晉下卿欒盈之母是晉卿范宣子的女兒，因與其家臣私通被欒盈發覺，便反誣欒盈欲危害范氏，范宣子便將欒盈趕出晉國，並殺死了欒盈的同黨叔虎等人，把叔虎的哥哥叔向也關了起來。後大夫祁奚說服范宣子赦免了叔向。曹操不殺劉廙當然不是爲了遵循什麼古制，而是因爲劉廙曾反對魏諷，在這裏表現出了一點區別對待、實事求是的精神。

文欽因曾與魏諷有聯繫，被抓進監獄，鞭笞數百。本應處死，曹操因其父文稷立過戰功，看在其父面上，也給予了赦免。

王粲的兩個兒子在這次平叛中牽連被殺。王粲於建安二十二年（西元二一七年）春病死，到這時不過兩年多。曹操得知消息，感歎說：「要是我在，一定不會讓仲宣斷了後！」這次叛亂雖然還沒有來得及正式發動，但牽連被殺的人卻達數千人之多，可見曹丕手段的殘酷決不在曹操之下。曹操這一次多少表現出一些同情心，大約跟他不在平叛現場，態度較為冷靜有關。曹丕後來根據曹操的旨意，把王粲堂兄王凱的兒子王業過繼給王粲，算是給王粲延續了後嗣。

掃滅擁漢派，為來者「清君側」

是否能夠深謀遠慮，使自己的基業在死後還能久存光大，光而大之，是人們衡量一個謀略家之成敗的一個重要方面。儘管一代梟雄曹操所創建的天下，後來被司馬氏所代，但是曹操在這方面的些許做法還是值得一提的。

以曹操的個性與熱衷於霸業的目的，只要他發現端倪，他是絕不能容忍的，也決不心慈手軟。在這觸及其根本利益的地方，他依然如當初對呂伯奢一家一樣，「寧我負人，毋人負我」，而且表現出強烈的態度，「順我者昌，逆我者亡。」所以從建安初年始，他便開始了不斷清洗擁漢派的行動。像迎獻帝至許縣開始，他用獻帝名義殺侍中台崇，尚書馮碩等。

後來，因太尉楊彪一個無所謂的眼色，他把楊彪抓起，下獄欲處死，靠了孔融憤然抗議方作罷。害得楊彪後來為保全身家性命，竟十年閉門不出。但孔融救了楊彪，卻救不了自己。而楊彪逃脫了曹操的利刃，他的兒子楊修卻做了曹操刀下鬼。

還有董承、金禕耿紀等一起起清洗、鎮壓的事件。

但在這方面最見曹操態度酷烈的還是對待荀彧和崔琰。

荀彧無論從地位、聲望與曹操的關係，和爲曹操所作的貢獻上，曹操若稍有仁和、寬讓之心，都不能輕動荀彧。因爲對曹操霸業來說，荀彧謂第一謀士。像官渡之戰，讓曹操在困難中堅持，在堅持中等待滅袁時機，使曹操不僅把握住了滅袁的機會，而且從天時、地利、人和諸多方面明白怎樣打垮袁紹。並且曹操不斷出征，荀彧有運籌帷幄決勝千里之奇策，又有坐鎮京都，爲曹操安定後方的大功。

而且荀彧身居朝廷，爲尚書令，按職分曹操無權制裁。這一點荀彧與劉曄、賈詡等人是有區別的。但終於由於他忠於漢室，曹操就不能容忍他的存在了。

曹操對荀彧的反感、厭惡，明確于建安十七年，他欲封魏國公，加九錫，秘密徵求荀彧意見，荀彧表態說：「曹公起兵的目的，是爲了安定國家，匡扶漢室，對聖上有的是一片赤誠。君子愛人以德，我們不能這樣做。」

曹操是派董昭去徵求意見的，董昭把荀彧的意見回稟曹操，曹操自然十分惱火。這事情也許使曹操想起建安九年荀彧否定曹操恢復九州的動議。因當時天下爲十四州，曹操占冀州，欲撤十四而爲九，冀州便首先在擴大的考慮中。荀彧當時說天下未定，人心不穩，不可轉動引出亂子。這好像是爲曹操安定天下，而實際未必不是抑制曹操勢力膨脹。

大概意識到對於自己奪天下，荀彧只會做於漢家有益的事，於是曹操對荀彧的態度也便完全變了。後來，曹操南征孫權，上表請荀彧代表朝廷到南方勞軍，等荀彧到了曹操駐紮地譙縣，曹操便把荀彧控制起來。沒多少日子，曹操進軍濡須（故址在今安徽無為縣境），留荀彧於壽春。某日，曹操派人給荀彧送去一個食品盒，荀彧打開看時，是個空盒。荀彧明白曹操的意思，即服藥自殺，死時只有五十歲。

據《獻帝春秋》記載，荀彧與伏后謀曹操也有牽連。也就是說荀彧和曹操既合作，又目的完全不同。荀彧是指望匡復漢室，曹操當初也是以此號召英雄，後來就完全走向反面了，而當他發現荀彧忠於漢室的傾向，便斷然制裁了。

荀彧死，獻帝幾乎絕望，悲痛不可言表，並且在士人中也引起巨大反響。因為荀彧名重天下，許多人以為楷模，鍾繇甚至認為他是王道的化身，認為孔門自顏回去世後，能以高尚德操，不二過、不遷怒的人就只有荀彧了。可見荀彧之影響了。

曹操越到晚年，越愛「犯」殺人的「過失」。其實這倒不是他認為謀臣不重要，天下已大定了，相反，倒是他認為自己來日無多，謀臣的力量頗大，如果對那些離心力強的不除掉，就會讓後來的繼承人身邊不乾淨，因此他要替「代漢者」清君側。楊修的死因恐怕也是「清君側」的結果。

楊修作為丞相主簿，事實上就是曹操的貼身秘書，曹操如果不信任這位二十幾歲的青年，楊修根本不可能擔任此職。「修年二十五，以名公子有才能，為太祖所器。」楊修在曹操身邊工作了近二十年，足見二人關係非同一般。楊修成為曹丕、曹植兄弟爭奪的物件，最終倒向了曹植，而曹操經過反復思考，最後選定的接班人又是曹丕。保曹丕便是保江山，留楊修就會給曹丕帶來威脅。保江山還是保與自己關係密切的人？思前想後，曹操終於選擇了前者。拖到臨死前，以楊修曾洩漏過機密為藉口，將他殺了。「至二十四年冬（西元二一九年），公以修前後漏言教，交關諸侯，乃收殺之。修臨死，謂故人曰：『我固自以死之晚也。』其意以爲坐曹植也。修死後百余日而太祖薨。」有人說，曹操是忌才殺楊修，並引用《三國演義》曹操與楊修猜曹娥碑上的「絕妙好辭」，證明曹操才不及修，從此埋下殺機。曹碑立于長江以南，而操和修根本就沒有過江，史學家早已否定了這個說法。因此，說楊修因才而死，顯然過於籠統。

無獨有偶，明太祖朱元璋死前也殺了不少人，尤其是大功臣，當時皇太子朱標不解其意，一再勸父皇要「仁慈」。朱元璋就讓朱標將擲在地上的滿是荊棘的手杖拿起來，朱標橫豎都是被刺紮，因此拾起手杖。朱元璋這才將他殺功臣的用意告訴太子。曹操的天下當時名義上是劉家的，他的危險要大於朱家。因此，如果與朱元璋相比起來，曹操還算不夠「殘忍」的。

【第三章】

吾任天下之智也。

「主賣官爵，臣賣智力」。當年袁紹向曹操誇耀自己的兵多、地盤廣、權力大，曹操卻亮出自己的家底：「吾任天下之智力，以道御之，無所不可」。古人云，能用一人之智者，一世無成；能用三人之智者，事有小成；能用天下之智力，無事不成。曹操破常格、納奇才，堅持「謀為賞本」之方略。

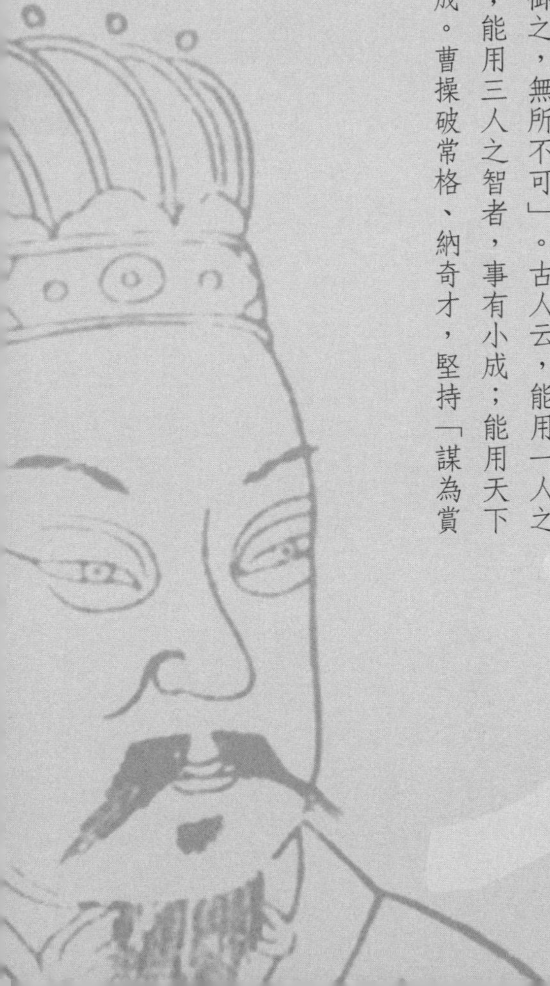

常格不破，大才難得

能否用人，對事業興亡至爲重要。劉備「三顧草廬」，孔明感其知遇之恩，做出隆中決策，爲之效忠竭智，才能由弱變強，稱帝西蜀；孫權善於用「眾智」、「眾力」，聽從魯肅的「榻上策」，故能鼎足江東；曹操虛心求教於荀彧遵其「深根固本以濟天下」、「堅守官渡待變」之策，方能稱雄北方。東漢末年，逐鹿中原的不乏其人，爲何只存下三國，而其他人都被消滅了？不善於用人是個重要的原因。

袁紹雄踞四州，兵多糧足，謀士如雲，官渡之戰，他的兵力比曹操強得多，勝利本應屬於他，因他既不聽田豐、沮授之諫，又不從許攸之策，疑其所不當疑，決其所不當決，於是貽誤軍機，被動挨打，以失敗告終。劉表居用武之國，擁九州之眾，因其「善善不能用，惡惡不能去」，又無宏圖大志，滿足於現狀，只能是他人俎上之肉，任人宰割，荊州被分解是必然之理。呂布被稱爲無敵將軍，效忠於他的陳宮，爲他盡智獻謀，他當耳邊風；但對面諛而通敵圖他的陳珪父子，卻言聽計從。在被曹操圍困的危急關頭，他不依靠張遼等猛將以擺脫險境，而是想憑他的方天畫戟和赤兔馬以保妻子安全，結果被曹操所擒，腦袋搬了家。

「海不辭水，故能成其大；山不辭石，故能成其高；明主不厭人，故能成其眾。」如果說，曹操在創業之初、地位未顯時，多用招降納叛等手段網羅人才，那麼，在他有了顯赫地位之後，便憑藉手中的權力，公開樹起了一面不拘微賤，不看身世，只要有才便吸收錄用的旗幟。他詔告全國，用調侃帶激將的口吻說：「現在難道沒有像姜子牙那樣胸懷大志而在渭水釣魚的人嗎？又難道沒有像陳平那樣被人說成是盜嫂受金而未遇到知音明主的人嗎？」他在晚年兩次下達求賢令分析才與行的辯證關係，意在更多更快地博攬有缺點但有眞才實學的人。他說：「陳平豈篤行，蘇秦豈守信邪？而陳平定漢業，蘇秦濟弱燕。」由此言之，士有偏短，庸可廢乎？他提出「常格不破，大才難得。」由於曹操求賢若渴，「惟才是舉」，從而吸引了大批有志之士從四面八方擁進曹營，造成了曹魏政權鼎盛時雄兵百萬、戰將千員的局面。最負盛名的五個將軍中，于禁、樂進拔於「行陣之間」，張遼、徐晃取於「亡虜之內」，「其餘拔出細微，登爲牧守者不可勝數。」對士族近親之中的有識之士，曹操更是設法辟而用之。司馬懿出身名門大戶，才幹超群，但不願仕曹，曹操反復征招不出，竟用殺頭相威脅，終於將司馬懿弄到手。司馬氏實現了曹操未竟的統一天下大業，正是從曹操重用司馬懿時打下的基礎。

官渡之戰，是曹操平定北方的決定性戰役。這一戰役的勝利，其實也是曹操善於用人的勝利。曹兵與袁兵以一比十處於明顯劣勢。這場歷時九個多月的大戰，曹操曾幾度陷入困境，但每到關鍵時刻，總是虛心採納謀士意見，從而避免了決策失誤，轉危爲安。戰鬥一開始，袁紹派大將郭圖、顏良等東攻白馬，自率兵將渡河。曹操想徑直去救白馬，這時謀士荀攸說：「咱們兵少不敵，到延津後如渡兵去抄袁後路，袁必西應，然後出其不備，輕兵襲白馬，顏良可擒。」公從之。袁紹果然上當，曹操初戰即勝。隨後兩軍在官渡拉鋸，曹兵幾戰不利，傷者十二三，眼看又斷了糧草，曹操想退兵，寫信與荀彧商量，荀彧說：「現在雙方主力都在這裏，咱們是以弱戰強，若這樣退兵，必爲紹軍所乘，那咱們可完了。袁紹不會用人，相持必敗。」曹操又從之。袁紹也有軍糧不足問題，第一次運糧千車，曹操用荀攸計，派徐晃等將截擊大破之。第二次袁紹派兵萬人運糧，恰巧這時袁紹的謀臣許攸來降，建議曹操截擊，左右疑之，荀攸、賈詡認爲可行。曹操當即採納，親自領兵奇襲，大獲全勝。從此袁紹軍心大亂，眾叛親離，慘敗而逃。查史書，同是這個戰役，曹操對參謀人員的意見是「三從」，而袁紹則是「三拒」，高下判然。

曹操「惟才是舉」的方針，使一大批出身低微、「經」不明「行」不修、甚至曾經反對過曹操的人能被吸收到曹操周圍，成爲曹操的重要將領和僚屬。有的人來到曹營後，仍然不修德行，老犯錯誤，曹操有時也能加以原諒。曹操的同鄉丁斐（字文侯），在曹營任典軍校尉之職，得到曹操信任，丁斐有什麼建議，曹操一般都能採納。但丁斐有愛貪小便宜的毛病。建安末年隨同曹操征吳，因自家的牛瘦弱，就利用職務之便掉換了一頭官牛，被人發現告發，受到了免官下獄的處罰。曹操後來見到丁斐，故意問他：「文侯，你的印綬到哪兒去了？」丁斐知道曹操是在開自己的玩笑，於是回答：「拿去換大餅吃了。」

曹操聽了，哈哈大笑，對身邊的人說：「東曹掾毛玠多次跟我說，要我重重地處罰丁斐。我並不是不知道丁斐不清白，只是我有丁斐，就像人家有善捕鼠卻愛偷東西的狗一樣，偷東西雖會造成一些小損失，卻可以使我的東西保存完好！」

於是又恢復了丁斐的官職，像原來一樣信用他。這說明，曹操從大局出發，對這類德行有虧缺的人是採取了比較靈活的態度的。

季闓在白馬時，犯過接受賄賂、奪取人家婢女的罪行，曹操卻因他有才能，不僅沒有處理他，反而讓他做了濟北相。曹操還引用一條諺語，說品行不好仍是一個缺點，但不要揪住不放，要給改過自新的機會，就像耽誤了報曉的雞，還想再叫一聲補上一樣。這種不糾纏歷史舊帳、重在現實表現的做法，使曹操能夠最大限度地收羅人才，加強了自己的力量。

氣度恢宏，方能攬四方英才

大業憑眾人智慧而完成。歷史上幾乎沒有一個成就大業的人不是能夠盡攬天下英才爲我所用的人。又幾乎沒有一個能夠「任天下之智力」的豪傑不是胸懷博大，氣度恢宏的人。成就一代霸業的曹操可以說就是一個這樣的豪傑。

歷史上的曹操，正是從一兵一卒抓起，從一官一吏用起，用了十九年的時間，將長江以北的混亂局面扭轉過來，實現了中國大半個版圖的統一。

看曹操用人，當首先看他的氣度。

曹操政治抱負宏大，用人氣度不凡，在他與袁紹起兵的對話中，就充分表現出來了。

「初紹與公共起兵，紹問公曰：『若事不輯，則方面何所可據？』公曰：『足下意以何如？』紹曰：『吾南據河，北阻燕、代，兼戎狄之眾，南向以爭天下，庶可以濟乎？』公曰：『吾任天下之智力，以道御之，無所不可』」。

任天下之智力，爭天下之歸心，曹操的理想是將劉備和孫權收服。

劉備是一個反復無常的人。他在迫不得已的情況下投靠了曹操，曹操的謀士主張殺掉劉備，荀彧諫曰：「劉備，英雄也，今不早圖，後必爲患。」曹操不答，彧出，郭嘉入。操曰：「荀彧勸我殺玄德，當如何？」嘉曰：「不可，主公興義兵，爲百姓除暴，惟仗信義以招俊傑，猶懼其不來也，今玄德素有英雄之名，以困窮而來投，若殺之，是害賢也。天下智謀之士，聞而自疑，將裹足不前，主公誰與定天下乎？夫除一人之息，以阻四海之望。安危之機，不可不察。」

曹操認爲郭嘉說的有理，並認爲劉備是個難得的人才，因此對劉備十分敬重，「出則同輿，坐則同席」總想把他納入自己的營壘。劉備不甘在曹操之下，表面上應付著曹操，實際上另有己圖。他與曹操翻臉後，一次被曹兵打得大敗，妻子和大將關羽都被生俘。在這前後，曹操的謀士程昱、郭嘉等，幾次提醒趁機殺掉劉備，可曹操的回答只是一句話：「方今收英雄時也，殺一人而失天下心，不可。」明知劉備是勁敵，也有機會殺他，但只要有一絲爭取的希望，也不肯下手，這是何等的氣量！惟恐殺一，丟掉一片，這又是多麼的高明！

孫權是三國時吳國的統治者，他比曹操晚生二十七年，當是曹操的後輩。曹操從西元一九〇年起兵，到二〇八年揮師南下，整整十九年，幾乎是大戰必勝。沒料到在大功眼看告成時，因遇到孫權等人的頑強抵抗而慘敗於赤壁。這一敗，使曹操要達到的政治目標成了泡影，也使他看到了虎虎有生的新的一代領袖人物。「生子當如孫仲謀」。曹操在後期，不止一次地發出過這樣的感歎，並採取過多種措施，想把孫權拉過來。他讓阮瑀爲他起草的《與孫權書》，完全是站在平等立場上講話，從百姓保安全之福，孫權也可爲天下一統作出更大貢獻的高度，勸導孫權與他合作。在曹操的殷殷招納和劉備的夾擊之下，孫權終於做出了稱臣的表示，如果不是曹操在這種情況下突然死去，他把孫權爭取過來是大有可能的。那樣，三國的歷史，就會以一老一少兩位政治家的握手，大江南北的統一而改寫。

三國之主都能用人，但只有曹操思想著把另外兩主用起來。孫權作爲後生，對曹操的用人，佩服得五體投地，他說：「至於御將，古之少有，比之于操，萬不及也」。對他來說，保江東是大局，不可能產生如何用曹操的念頭。劉備是曹操的同輩，在曹操設法團結他時，他想的只是如何鑽曹操的空子，搗曹操的鬼，也沒有敢用曹操的奢望。一般來說，在同樣的客觀條件下，用人的氣度與取得的業績是成正比的。天下三分，曹操得二，劉備和孫權各偏安一隅，絕非偶然。

任天下之智力，爭天下之歸心，最值稱道的，還是曹操正確對待反對自己的人，善於將對自己不利的人心，凝聚成對己有利的力量。曹操起兵時，只有本家族的幾個兄弟和侄子作骨幹，七拼八湊，不足四千兵馬。他想任劉備未獲成功，但在任其他優秀人才上卻收到了奇效，這樣就使他在短短的幾年內，造就了「謀士如雲，戰將如林」的龐大隊伍。荀彧和郭嘉，是三國時大名鼎鼎的智囊人物，都曾是袁紹的幕僚。「度紹終不能成大業」率先棄袁投曹，曹操得荀彧，高興地稱他是「吾子房也」。郭嘉看透了袁紹未知用人之機，也跑到曹操營壘，見曹操喜而贊之：「眞吾主也」。官渡大戰時，沮授、田豐、許攸都是袁紹的重要謀士，張郃高覽都是袁紹的大將，除田豐被袁紹忌殺外，都臨陣投降了曹操。

曹操對待投降過來的人，一不記前嫌，二與自己原班人馬一視同仁，量才放手而用，得益甚大，即使對那些降而復變或叛己投敵又被捉到的人，也千方百計再爭取過來。魏種原是曹操的故舊好友，兗州戰役曹操敗績，投敵叛曹的人很多，曹操說：「唯魏種不棄孤也」。沒想到，魏種也逃叛而去，這眞是大傷了曹操的臉面。不久，將魏種捉到，有人說，把他殺了算了。曹操思量再三，唯其才也，還是釋其縛而用之。如此對待魏種，感召了其他叛逃的人，紛紛自動返回。官渡勝利後，下屬搜集到本營中一些人給袁紹寫的欲降信，問曹操如何處理。曹操連看都不看，把信都燒了，他說：在大戰時我自己還有喪失信心的時候呢，更不用說別人了。曹操這一把火，不知將多少人對曹操動搖的心，燒煉成對他的忠誠。對曹操和袁紹都很瞭解的楊阜，稱曹操「能用度外之人」，眞是一點不假。諸葛亮說，「曹操比于袁紹，則名微而眾寡，然操遂能克紹，以弱勝強者，非惟天時，抑亦人謀也。」

重吏治，崇氣節

吏部是管官的部門，因此很重要，所以，歷代有作爲的君主，都注意發揮吏部作用，精心挑選吏部官員。三國時沒有吏部，尙書分曹治事，但吏部的雛型已經有了。曹操能夠推動惟才是舉的幹部路線，在很大程度上，靠的就是吏部。

制訂了用人的方針政策，還得有合適的人來貫徹執行。曹操的丞相府中設有專門主管人事工作的機構，分東曹和西曹。東曹主管二千石以下政府及軍隊中官員的升降事宜，西曹主管丞相府內官員的任免事宜。曹操的負責官員正職叫掾，副職叫屬。曹操十分重視掾屬的人選，擔任掾屬的人員，大都清廉正直，不徇私情，辦事認眞，堅持原則。先後擔任過掾屬的有崔琰、蔣濟、毛玠等人。

曹操爲丞相，選用的第一個主管幹部的官員是崔琰。崔琰是經袁紹的提拔走上仕途的。因得罪了袁紹的兩個兒子，被幽於囹圄。曹操攻下冀州，任命崔琰爲別駕從事。其人體態壯偉，聲音洪亮，面目清朗，須長四尺，十分威嚴莊重；加之行爲端方，性情耿直，敢作敢爲，人們對他都非常敬重，連曹操對他也有幾分敬畏。曹操初任冀州牧，召崔琰爲別駕從事，對崔琰說：「昨天，我考察了一下冀州的戶籍，可得三十萬人，眞算得上是一個大州啊！」

崔琰聽了，卻回答說：「現在天下分崩離析，袁氏兄弟操戈內戰，冀州百姓暴骨曠野。王師來到冀州，沒聽說傳佈仁德，慰問百姓，救民塗炭，卻在這裏算計如何擴充兵力，把這件事當做當務之急，這難道是冀州百姓所希望于明公的嗎？」

一席話把在場的人個個聽得驚恐失色，都趕緊低下了頭。曹操聽了，卻對崔琰肅然起敬，連忙收斂起得意的神態，向崔琰表示道歉。

崔琰不僅正直敢言，還頗知人善鑒。早年他同司馬朗友好，其時司馬朗的弟弟司馬懿還年輕，崔琰就認爲他剛直果斷，英明奇特，司馬朗不一定能趕得上。司馬朗對此不以爲然，而崔琰卻仍堅持自己的看法，後來事實證明他的看法是不錯的。崔琰的堂弟崔林，年輕時沒什麼名氣，連族中人都看不起他，而崔琰卻常說：「這就是所謂大器晚成啊！他終究會有很大成就的。」

涿郡人孫禮、盧毓剛到曹操的司空府任職時，崔琰又品評說：「孫禮通達剛烈，辦事決斷，盧毓清警明理，百折不撓，都是做三公的人才。」後來崔林、孫禮、盧毓果然都做到宰輔的高位。像這類知人善鑒的例子，還有不少。

忠誠，清廉，正直，敢言，善於鑒識人物，這正是一個主管人才選拔的官員必不可少的素質。曹操看中了崔琰的品行和才能，先後讓他擔任過東西曹的掾、屬和征事。剛宣佈授職東曹時，曹操還特地發佈過一道手令：「君有伯夷之風，史魚之直，貪夫慕名而清，壯士尙稱而厲，斯可以率時者已。故授東曹，往踐厥職。」

伯夷是商末孤竹國君的長子，孤竹君死後，與其弟叔齊互相讓國，棄國逃走。《孟子．萬章》稱讚他說：「伯夷，目不視惡色，耳不聽惡聲。非其君不事，非其民不使。治則進，亂則退。……當紂之時，居北海之濱，以待天下之清。故聞伯夷之風者，頑夫（貪夫）廉，懦夫有立志。」史魚是春秋時衛大夫，臨死時對其子說：「我數言蘧伯玉之賢，而不能進；彌子瑕不肖，而不能退。爲人臣不能進賢而退不肖，死不當治喪正堂，殯我於室足矣。」死後，其子依言照辦。衛君得知實情後，按照子魚生前的意思擢用蘧伯玉，而斥退了彌子瑕。曹操在這裏以伯夷、史魚比方崔琰，認爲他的操守和耿直可作爲當時的表率，貪心者將因敬慕他而變得清廉，壯士將因尊崇他而更加奮勉，這既是對崔琰的褒肯，也是對崔琰的勉勵和希望。後來崔琰確也沒有辜負曹操的期望，十餘年間，品評人物，選拔賢能，做出了不小的成績。

蔣濟是從揚州別駕任上調任丞相主簿西曹屬的。在鞏固淮南防線的工作中，曹操對他十分讚賞。蔣濟做揚州別駕後，有人告他帶頭謀反，曹操不相信，對左將軍于禁等人說：

「蔣濟哪會幹這種事！蔣濟如幹了這種事，我算是太不了解人了。這一定是有人企圖搗亂，故意把蔣濟拉扯進去。」不僅立即下令將已關押的蔣濟放了出來，而且還重用他爲丞相主簿西曹屬，並特地下了一道手令：「舜舉皋陶，不仁者遠。臧否得中，望於賢屬矣。」

皋陶是傳說中遠古時東夷族的首領，爲人大公無私，舜把他選拔出來掌管刑法。曹操在這裏勉勵蔣濟向皋陶學習，褒揚好的和貶責壞的都做到公平合理，把人事工作做好。

毛玠擔任東曹掾的時間大體與崔琰同時。還在擔任縣吏時，毛玠就以清廉公正著稱，頗有古風。曹操攻克柳城後，將繳獲的戰利品分賞群臣，特意把素屏風和素憑幾賞給毛玠，說：「您有古人的風度，所以把古人所用的東西賞給您！」

毛玠擔任東曹椽的職務後，秉公辦事，不徇私情，誰找他請託求情都得碰釘子。曹操之子曹丕有一次親自去找毛玠請他任用自己的一個親屬，毛玠認爲曹丕所推薦的人不合升遷的程式，立即予以拒絕。毛玠因此得罪了不少人，許多人既怕他，又恨他。建安十七年（西元二一二年），有人利用合併機構的機會，以西曹地位高於東曹爲由，要求裁併東曹，保留西曹，排擠毛玠。曹操瞭解到個中緣由，特地下了一道手令：「日出於東，月盛於東，凡人言方，亦復先東，何以省東曹？」於是裁併了西曹而保留了東曹，也就是保留了毛玠的職務，支持毛玠的所作所爲。

崔琰、毛玠等人貫徹曹操的用人方針，是十分盡職的。一方面，他們重視有眞才實學的人，另一方面，他們也十分注重德行的考察，選用了不少清廉正直的人。平時雖然名聲顯著，但品行不端、不守本分的人，都得不到錄用的機會。特別強調節儉，毛玠身居高位，帶頭穿粗衣布食，這樣來爲人們做出表率。官吏政績平平而私財豐足的，一律免官，永不錄用。這樣一來，士人紛紛以清廉節操自勵，即使是顯貴的大臣，其車馬服飾也不敢超出通常的標準。這

對改變東漢以來崇尚浮華奢靡的風氣，促使官吏廉潔奉公，節省軍政開支以減輕百姓負擔，無疑都起了積極的作用。曹操對此十分欣賞，曾讚歎說：「用人能夠做到這樣，讓天下的人都自己管理好自己，我還有什麼事可做呢？」

但這件事也有做得過頭的一面，影響所及，以致官吏回家省親，往往身著破衣，蓬首垢面，獨乘柴車前往；有的官員上朝穿著朝服在街上步行；還有大臣自帶飯食上朝的。為此，丞相掾和洽曾向曹操提出建議，說：「天下人的才能和德行各不相同，不能以是否節儉這一點來決定取捨。提倡節儉，自己用來修身是可以的，如果用來取士，就難免有片面性，可能會失去不少人才。立教觀俗，貴在處理適當，不能偏激，這樣才能堅持長久。現在我們卻崇尚一些令人難堪的行為來作為大家共同遵守的規範，再這麼下去，必定會帶來弊端。」

曹操認為說得有理，便做了一些糾正。他發佈的三道求賢令越到後來越強調才能的重要，認為德才不能兼備時只要有才使可以使用，顯然就是糾正上述偏向的結果。

仁者用其仁，智者採其智

曹操能夠雄霸天下，是和他對人才能夠各用其長並能互相配合的使用方法分不開的。曹操早在「惟才是舉」令中很明確地表明他的「因材授任」的思想。他引用了孔子所說的一句話，說如讓魯大夫孟公綽做晉國諸卿趙氏、魏氏的家臣，那是力有餘裕的；但他卻沒有才能來做滕、薛這樣小國的大夫。言外之意是，適宜做大國家臣的人，卻不一定適宜做小國的大夫。在這裏，曹操意在說明德才各有短長，用人不能求全責備，必須因材授任。曹操進一步以管仲爲例，說明不一定非得是廉士才可以使用。管仲年青時貧困，同鮑叔牙合夥經商，等到分財利時，管仲欺鮑叔牙而多取，因此得了個不廉之名；後事齊公子糾，又曾謀害小白（齊桓公）。但齊桓公不嫌管仲有不廉之名，也不計較他曾經謀害過自己，仍任用他爲相，終於稱霸諸侯。

因此曹操在用人上總是能做到仁者用其仁，智者採其智，武將任其勇，文職盡其能，既善用人力，又善納人言，擇人任勢，最大限度地用人之所長。

曹營內戰將雲集，有的性如烈火，視死如歸（如典韋、龐德等），每有大戰惡鬥，曹操總是派他們披堅執銳，衝鋒陷陣；有的智勇雙全，文武兼備（如曹仁、張郃等，曹操平時把他們放在重要崗位，遇有戰事，放手讓他們統帥諸軍，獨當一面；有的膽識不足，優柔寡斷，曹操就因人制宜，將他們搭配在合適的主帥營中，當好配角。曹操量才任使，既善用人，又善用言的實例很多，只要有一技之長，他就抓住不放。對於不能征戰的文人，曹操也愛不釋手。如果不是曹操把那些著名的文士都收攏到自己周圍，並發揮他們的作用，很難想像我國的文學史上，會有空前繁榮的「建安時代」。文學大師王粲，根據自己親身經歷，將曹操、袁紹、劉表作了對比，深有感觸地說：

「袁紹雖兵多，然有賢而不能用，故奇士去之；劉表雍容荊楚，坐觀時變，士之避亂荊州者皆海內之俊傑，表不知所任，故國危而無輔。明公定冀州之日，下車即繕其甲卒，收其豪傑而用之，以橫行天下；及平江、漢，引共賢俊置之列位，使海內歸心，望風而願治，文武並用，英雄畢力，此三王之舉也。」

曹操知人善任，王粲感懷之言深刻地說明，衡量一個霸主是否高明，不僅看他招攬聚集了多少人，更要看他如何用人。聚才是爲了用才，用好才能更好地聚才。人才再多而不善用，不是造成怨聲載道，就是反使內耗叢生。這樣，人才越多，反作用越大，不僅不能成事，反而壞大事。

建安二十年（西元二一五年），魏、吳兩軍在合肥進行了一場激戰，曹操對這次戰役的人事安排充分體現了他知人善任的能力。這次戰役曹操安排的三個主將張遼、樂進、李典三人，都是曹操手下的大將，都立有赫赫戰功。論資歷和能力，三人相差無幾；論地位和職務，三人也不相上下，這大概是「進、典、遼皆素不睦」的主要原因。安排這樣三人守城，確有很大的危險性。但是，曹操自有高見，他在西征張魯之前，就寫好了一封密信交給了合肥護軍薛悌，在信封上特別注明，等吳兵來攻時再拆開看。曹操的葫蘆裏裝的什麼藥，大家都不得而知。等到曹操去遠了，孫權果然率大兵來攻。危急中大家拆開密信，不看則已，一看都有點納悶。只見信上寥寥數語：「若孫權至者，張、李將軍出戰；樂將軍守護軍，勿得與戰。」諸將皆疑。第一個明白了曹操意圖的是張遼，他說：曹公的意思是說，他遠征在外，如等他來救，敵人早已把我們打敗。我們只有在敵人站穩腳跟之前，有守城的，有進攻的，打敵人個措手不及，才能以攻爲守。是勝是敗，在此一戰，大家還懷疑什麼！聽張遼慷慨一談，李典也有了同感。

張遼這個人，「少爲郡吏，武力過人」，很早就當過并州刺史丁原的從事，以後跟何進、董卓等人征戰，二十七歲時，在呂布手下領魯相。呂布被曹操戰敗，張遼率部歸降了曹操，被曹操「拜中郎將，賜爵關內侯」。跟曹操後，張遼曾不避大險隻身到敵營威勸昌豨投降成功，又在敗袁紹、攻袁譚、征柳城等大戰中屢建殊功，這是個文武職務都任過、有膽有識的人物。曹操把他放在合肥，目的是清楚的，就是要他起組織和協調守軍的核心作用。張遼果眞不負曹操所望。

令人費解的是，曹操爲什麼不讓樂進出戰而讓他守護，不讓李典守護而讓他出戰？史書記載，樂進容貌短小，以膽烈從太祖，爲帳下吏，曹操稱他「每臨攻戰，常爲督率，奮強突固，無堅不陷，自援枹鼓，手不知倦」，爲此封他個雅號叫「折沖將軍」。不難看出，樂進是個性烈膽壯的猛將。

李典的氣質與樂進有很大不同。「典好學問，貴儒雅，不與諸將爭功，敬賢士大夫，恂恂若不及，軍中稱其長者。」李典跟隨曹操的時間雖長，但獨擋一面的經歷很少；他雖然年僅三十五歲便死去，但早已得到「長者」的美稱。不難看出，李典是個愛學習、有修養、善與人同、顧全大局的人才。按照用人常規，讓李典守護較適宜，而讓樂進與張遼一塊出戰更加合適。曹操偏偏將二人倒用，這正是曹操用人上的超常表現。三駕馬車，絕無戰鬥力可言，如把互不和睦的三人湊在一起，必先有兩人攜手。

在曹操看來，大敵當前，張遼置個人得失於度外是沒有問題的，李典素有「不與諸將爭功」的品格，如見張遼以大局爲重，配合張遼行事也沒有問題。令他二人出戰，自然容易統一思想，相互支援，完成任務。有了這二人的團結和統一，就不愁把樂進帶起來了。如讓樂進出戰，很難保證樂進不與張遼爭功鬥氣，如二人發生爭吵，樂進很難協調，那樣三人就無法形成統一的整體。這裏面還潛著一層意思，明明該由樂進出戰而令其守護，是對他的「警告」。就是說，你樂進如果以大局爲重，就要在張遼指揮下與李典爭著出戰，即使你不爭著出戰，也要好好地將城守住。如果樂進爭著出戰，那麼三人的凝聚力會更大，這才是曹操希望的第一方案；如果樂進不明白這個意思，老老實實地守護，也是很不錯的第二方案。

曹操一封密信，為三人的團結對敵設了一個「雙重保險」，無論出現哪種情況，都能做到萬無一失。果如曹操所料，張遼見信，率先表態，慷慨激昂地表示決一死戰，緊接著附和的便是李典。《三國志李典傳》是這樣寫下李典附和支援張遼的：「遼恐其不從，典慨然曰：『此國家大事，顧君計何如耳，吾何以私憾而忘公義乎！』乃率眾與遼破走權。」

《三國演義》描繪此戰更為神奇，「這一陣殺得江南人人害怕，聞張遼大名，小兒也不敢夜啼。」如果說團結就是力量，那麼人和就是戰鬥力。這件事也充分體現了曹操「仁者用其仁，智者用其智」的用人之所長。

我有嘉賓，鼓瑟吹笙

前文提到的曹操那首流傳千古的《短歌行》，實際又是渴望人才的自白詩。詩從感歎時光易逝發端，接著抒寫功業未成、求賢若渴的心情，最後以周公自比，表達了安定天下的雄心壯志。詩中最能體現曹操對人才的渴求的詩句是「青青子衿」和「呦呦鹿鳴」等句。青青兩句是《詩經．鄭風．子衿》中的成句，衿是衣領，子是詩中女子對他所思念的情人的稱呼，這裏借用來表示對人才的思慕。呦呦四句是《詩經．小雅．鹿鳴》中的成句，原是宴飲賓客的樂歌，說我有嘉賓，要以鼓瑟吹笙來相待，這裏借用來表示自己渴望禮遇賢才。明明四句，以明亮的月亮拾取不到為喻，表達了自己求賢未得的憂慮。

在實踐中，對於一些聞名已久的人才，曹操總是眞誠地渴慕，希望有朝一日能羅致到手。在發兵決定戰袁紹之前，他到泰山廟去拜訪高僧，詢問中原有哪些賢人。老和尚不敢洩漏天機，給他一個錦囊，說：「你進駐中原以後，如有人出來敢提名道姓罵你，你一看這錦囊便知。」

曹操密藏錦囊，統率大軍浩浩蕩蕩殺奔中原而來。所到之處，雞犬不留，路斷人稀。到了許昌之後，發現這裏是藏龍臥虎之地，就傳令三軍，安營紮寨。軍帳設在北門內一個名叫景福殿的廟裏。曹操有個沒出五服的弟弟曹仁，帶著親兵四下搶奪，弄得百姓惶惶不安。三天以後，四個城門上忽然都貼出一張帖子，上邊寫著：「曹操到許昌，百姓遭了殃；若棄安撫事，漢朝難安邦。」下邊落款是四個大字：「許昌荀彧」。

曹操知道了，氣得咬牙切齒。正想下令捉拿荀彧猛然想起僧人贈的錦囊。急忙拆開來看，一張白紙寫著幾行大字：

開口就晌午，日落扁月上。

十天頭長草，或字三撇旁。

才過昔子牙，謀深似子房。

這是一首藏意詩。曹操左看看，右看看，翻騰了半天才解開其中秘訣：開口就晌午，開口系言，晌午取午，言午是許字；日落扁月上，日在上，扁月在下，像個昌字；十天頭長草，十天爲一旬，旬加草字頭，是個荀字；或字三撇旁，是個彧字。頓時醒悟過來，高興地說：「許、昌、荀、彧」原來有子牙、子房之才！我一定要把他請出來。

荀彧潁川郡潁陰人，因不滿朝廷，在家過著隱士生活。他聽說曹操智勇雙全，又能重用人才，早想投奔曹操，又怕不安全，就寫了這張帖子，來試探一番。

曹操立即派曹仁去請荀彧，荀彧故意拒門不出。曹仁非常生氣，添油加醋地說荀彧如何藐視曹操，建議把他殺了。

曹操喝斥道：「大膽奴才，殺了他等於砍了我的臂膀，你知道嗎？」

那時正是臘月天，朔風凜冽，滴水成冰。曹操求賢心切，冒著嚴寒，親自出馬，來到聚奎街荀彧府第只見大門落鎖。等了好久，不見有人。曹操不顧鬍子上結了冰淩，又趕到奎樓街荀彧的另一府第。管家又對他說，主人到許昌打獵去了。曹操兩訪不遇，並未煩惱，仍耐心求訪。

一天，曹操訪得荀彧到城東北八柏的祖墳去掃墓了，就備下禮，前往憑吊。曹操來到墳前，看見一個青年，二十幾歲，姿態風流，儀錶堂堂，正在專心致志閱讀《孫子兵法》，頭也不抬。忽然一陣風起，把書吹落在地。曹操急忙上前撿起，恭恭敬敬遞上，施禮說：「荀公安康！」荀彧閉目問道：「先生是何人？來此做什麼？」曹操說：「我是譙郡曹孟德，來請荀公共扶漢室江山。」荀彧冷一笑說：「我是一個普通百姓，不懂治國大事，先生另請高明吧！」曹操賠笑說：「久聞先生胸藏經天緯地之術，腹隱安邦定國之謀，我非先生不請。」荀彧「不怕我罵你嗎？」曹操連連點頭，說：「罵得有理，多罵才好。」荀彧推說患有腿疾，不能行動。曹操便親自牽來良馬，扶荀彧上馬，前呼後擁，迎入景福殿中。

人才一旦來奔，曹操總是眞誠地歡迎，常有相見恨晚之感。官渡之戰中許攸棄袁紹來奔，曹操來不及穿鞋，光著腳匆忙出迎，就是一個突出的例子。重要的人才來奔，曹操都要儘快親自接見，詢問方略，聽取建議，表達禮敬之忱。對於那些反對過自己的人，只要轉變態度，曹操也能寬大爲懷，不念舊惡，並委以一官半職。比如陳琳，在官渡之戰前夕爲袁紹起草了一篇討伐曹操的檄文，歷數曹操的種種罪惡，其中有的是事實，有的則不一定是事實。如說曹操親率將士盜墓，「破棺裸屍，掠取金寶」，軍中還設有「發丘中郎將」、「摸金校尉」等官職，專事盜墓，似乎就是事實。而指責曹操曾盜梁孝王墓，則不一定是事實。還有說曹操的祖父曹騰是宦官，父親曹嵩是領養的，而曹操則是「贅閹遺醜」，揭曹操出身的老底，就更有人身攻擊之嫌。漢末宦官由於數度操縱朝政，殘害士人，名聲很壞；漢代又看重門第，陳琳把曹操罵到父祖，比罵本人在感情上更難接受。但是，曹操對陳琳如此的惡毒攻擊，在打敗袁紹後得到陳琳時，卻只是責備陳琳說：「你過去爲袁本初寫檄文，罵我也就行了，不是說憎恨邪惡只限於本身嗎？怎麼往上牽扯，罵到我父親、祖父的頭上去了呢？」

陳琳趕緊向曹操賠罪。曹操愛才，不但沒有殺他，還任命他爲司空軍謀祭酒。這是曹操不念舊惡的一個突出例子。

人才來奔後，曹操一般都能安排適當職務，放手使用，在工作中注意虛心聽取他們的建議，有了成績及時給予肯定，有了功勞及時給予獎賞。曹操本性多疑，但卻能信人不疑，不輕信讒言，不輕易處罰。蔣濟被人誣告謀反，曹操不僅不信，相反還將蔣濟提升爲丞相主簿西曹屬；程昱因性情剛戾，得罪了不少人，結果被人誣告謀反，曹操得知後，仍對他加以重用。建安十八年（西元二一三年），東郡朱越謀反，誣陷黃門侍郎衛臻與他同謀，曹操同樣不信，但爲愼重起見，讓荀彧進行調查，經過調查，弄清了眞相，得出了正確的結論。

衛臻是衛茲之子，曹操在陳留起兵時，得到過衛茲的資助，對衛茲父子十分瞭解，因此從一開始就不相信朱越的誣陷。經過荀彧進行調查，更完全明白了衛臻的忠誠。不久，曹操把衛臻留在身邊做了參軍事，並賜爵關內侯。

對那些享有聲望的名士，曹操就更要寬容一些。邴原在青州與儒學大師鄭玄齊名，超脫世俗，清高自許，公孫度曾稱之爲「雲中白鶴」，認爲不是用捕捉鶉鷃的羅網所能羅致的。投歸曹操後，曹操任命他爲東閤祭酒，對他的態度十分謙恭。建安十二年（西元二〇七年）冬，曹操北征烏桓回到昌國，設宴招待士大夫。酒喝到半酣時，曹操說：「我這次凱旋而歸，駐守鄴城的諸君肯定都會前來迎接，今天或者明早，大概就都到了。不會前來的，只有邴祭酒吧？」誰知話剛說完，邴原卻先到了。曹操得到報告，大爲驚喜，立即起身，遠遠出迎。見到邴原後，曹操說：「賢人實在是難以預料啊！我本來估計您是不會來的，誰知您卻屈駕遠遠地趕來了。這實在是滿足了我的渴盼之心啊！」邴原離開曹操後，軍中士大夫前去拜訪的多達數百人。曹操知道邴原名高望重，從此以後對邴原更加敬重。

邴原雖有公職，但卻常以有病爲由，高臥家中，不僅不理事，連面也很少露。這樣一來，不免要產生一些副作用。名士張範，也想學邴原的清高，曹操特地爲此下了一道手令：「邴原名高德大，清規邈世，魁然而峙，不爲孤用。聞張子頗欲學之，吾恐造之者富，隨之者貧也。」

「造之者富，隨之者貧」，意謂開創者能夠得到大名，跟著學的人就將一無所獲了。對張範進行了婉轉含蓄的批評。這說明曹操對邴原之所以特別寬容、特別敬重，是爲了充分利用他的聲望和影響，爭取到更多的士人。但他並不希望人們去學習邴原的清高，他所希望得到的是熱衷事業、有實際才能的幹才。

曹操對人才的坦誠態度，還表現在他對部屬生老病死乃至對其家屬子女的關心上。郭嘉病重時，曹操派去探視的人一個接著一個。賈逵長了癭（頸部的囊狀瘤子），越長越大，打算找醫生割掉，曹操很不放心，專門給賈逵下了一道手令：謝主簿：「吾聞『十人割瘻九人死』。」要賈逵對開刀一事採取十分慎重的態度。蒯越臨終前，把家屬託付給曹操，曹操立即回了信：

「死者反生，生者不愧。孤少所舉，行之多矣。魂而有靈，亦將聞孤此言也。」

《公羊傳．僖公十年》載，晉獻公有病將死時，問荀息士人怎樣才算是守信用。荀息回答說：「使死者反生，生者不愧乎其言，則可謂信矣。」曹操化用其意，表示自己將不負蒯越所托。曹操還表示，他年青時所推舉的人，很多是這樣做的，意在說明他自己一直是贊同和提倡這樣做的。

曹操以坦誠的態度渴慕人才，歡迎人才，接納人才，使用人才，關心人才，眞正讓人體會到了曹操是「我有嘉賓，鼓瑟吹笙」。這無疑會收到很好的效果。曹操一生能夠羅致大批人才，這些人才能夠忠誠於曹操的事業，充分貢獻自己的聰明才智，替曹操戰勝對手、統一北方做出貢獻，決不是偶然的。

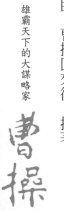

禮賢下士，表彰行賞

加官進爵，表彰行賞，是善用人者之通策。厚待有功之人，才能激發將士的立功之心。

曹操東征徐州的時候，後方發生了陳留太守張邈與陳宮等人的反叛，許多郡縣紛紛回應，其間，多虧荀彧、程昱的全力謀劃和斡旋，才保住了鄄城、范城和東阿三城的穩定形勢，沒有反叛。這樣，三城終於成為曹操極為珍貴的一塊根據地，程昱等人立了大功。面對這樣的功臣，曹操回來後，拉著程昱的手說：「如果不是你盡了全力，我就沒有歸宿了。」於是任命程昱爲東平相，屯守范城。

當孫權要偷襲劉備的荊州的時候，關羽大軍正圍困著曹軍控制的襄陽、樊城。其間曹操對徐晃、曹仁等解困樊城之功也給予了高度的讚揚。那時，曹操一面派人到前線將孫權偷襲荊州之事透露出去，一面準備親自從洛陽去襄、樊救援曹仁，屬下也多認爲他應該速行，以免樊城失守。可是侍中桓階有不同看法。他問曹操：「大王認爲曹仁他們能否獨當一面，處置好守城之事？」曹操回答說：「能。」桓階又問：「大王或許擔心曹仁、呂常他們不肯努力作戰吧？」曹操又回答說：「不。」桓階再說：「那麼爲何您要親自帶兵前往救援呢？」曹操回答說：「我只不過擔心關羽的軍隊太多，徐晃等人難以對付罷了。」桓階最後表態說：「現在曹仁他們身處重圍當中，而能夠無二心地把城池死守下來，是因爲大王掌握重兵在後方做他們的靠山。身處萬死之地，必有死爭之心；內懷死爭之心，外有強兵之救，何必擔心他們失敗而要親自前往呢？」

曹操覺得桓階的話有道理，統兵進至摩陂（今河南郊縣東南）便停留下來。同時又派殷署、朱蓋等前去支援徐晃。

各路援軍會師之後，徐晃趁關羽舉棋不定的時機，進兵攻擊關羽軍。關羽領兵抵抗，被曹軍打敗。當關羽退入設有十重鹿角的營寨時，徐晃乘勝衝入敵營，斬殺敵人很多，並且把投降關羽的荊州刺史胡修、南鄉太守傅方給殺死了。關羽損失慘重，只好撤了樊城之圍。

曹操得知這一勝利的消息，立即下令嘉獎徐晃說：「敵人圍繞營壘挖了壕溝，樹立了十層鹿角，將軍與敵人交戰獲得全勝，就突進敵營；斬殺和俘虜了很多敵人。我用兵三十多年，以及聽到古代善於用兵的人，沒有這樣長驅直入敵人營寨的，況且樊城、襄陽被圍的嚴重情況超過被燕人圍困的莒和即墨，將軍的功勞超過了孫武和司馬穰直。」

莒和即墨都是春秋時齊國的城邑。燕國大將樂毅攻齊，連下七十餘城，在圍攻莒和即墨時，齊將田單率眾堅守，始終未被攻下。孫武和司馬穰苴都是春秋時期的軍事家。孫武被吳王用爲將軍，先後打敗過楚、齊、晉等國，使吳一時稱霸于諸侯，著有《孫子兵法》。司馬穰苴爲齊將，打敗過燕、晉軍隊，收復失地，也深通兵法。曹操把徐晃與孫武、司馬穰苴相比，是對他的戰功給予了高度評價。

不僅如此，徐晃大敗關羽後，後來曹操還在摩陂舉行慶功大會。徐晃率軍前往，曹操親自到七裏之外迎接。席間，曹操親自給徐晃敬酒，並稱贊他說：「保全樊城、襄陽，都是將軍的功勞啊！」

曹操還厚賜桓階，任他爲尚書。接著，曹操在摩陂巡視各營，不少營中的士兵離開營陣觀望。當他來到徐晃營中時，見軍營整齊，秩序井然，將士堅守崗位，無一人亂走亂動。曹操又誇獎徐晃說：「徐將軍眞可謂有周亞夫的遺風啊！」周亞夫爲西漢時著名將領，他治軍嚴謹，文帝到他的細柳營勞軍，稱讚他爲「眞將軍」。

三國時的主要將領大都能夠做到厚待功臣這一點。在曹操舉行慶功大會，厚獎功臣時，孫權在公安也召開慶功大會，佔據江陵並戰敗關羽，奪得荊州要地居首功的呂蒙因病謝絕出席。孫權說：「擒殺關羽，收得荊州，靠的是子明（呂蒙字子明）的謀略呀！現在大功告成，慶賀賞賜還未進行，怎麼能不來呢？」於是派官員去迎接。呂蒙只好帶病出席。慶功大會開過之後，他便一病不起，還沒有來得及接受正式封賞，就死去了。

關羽被殺不久，孫權派人把他的首級送給曹操，以表示對曹操的歸附之意，同時也是爲了引起劉備對曹操的不滿。曹操收到關羽的人頭，馬上下令照關羽的身材雕刻一個木頭身子，穿上壽衣，和人頭連在一起，以諸侯之禮（曹操曾表封關羽為漢壽亭侯）安葬在洛陽城南。為了表彰孫權的功勞，曹操以其為驃騎將軍，領荊州牧，封南昌侯。

集思廣益，從善如流

漢末以來，能夠稱雄一時的將領，除有的是憑一身強悍的武力外，很多人是憑他們能夠對軍國大事集思廣益，汲取眾長，擇善而從的智慧與能力而成功的。

在曹操選擇確立太子的過程中，曹操就特別注意聽取一些大臣們的意見，尤其是不在曹丕、曹植身邊充當謀士的那些有識之士的意見。他曾先後秘密徵求過楊俊（曾任過曹操丞相掾屬）、賈詡、崔琰、毛玠、刑顒、桓階等人的意見。

對一些關係全局的問題，曹操更是注意傾聽部屬的意見，往往因此而改變了自己原有的打算。建安三年（西元一九八年）到下邳攻打呂布，呂布敗退固守，曹操連連攻打不能得手，士卒疲乏，曹操打算撤軍，荀攸和郭嘉勸他堅持，曹操聽取意見，結果攻破城池，活捉了呂布。官渡之戰，在兩軍相持的最困難階段，曹操因缺糧，打算撤軍，荀彧不同意，建議他再作堅持，結果曹操堅持下來，終於抓住戰機，大敗了袁紹，像這樣的例子也並不少。可以說，曹操所取得的每一次重大的成功或勝利，都是他能虛心聽取部屬意見、集中集體智慧的結果。曹操雖然機謀出眾，但在決定重大行動時，往往並不固執己見、剛愎自用。

爲了廣開言路，讓部屬敢於說話，曹操在建安十一年（西元二〇六年）還專門下了兩道《求言令》。

曹操說治理天下，管理百姓，設置輔佐，應當力戒當面順從、而背後又有不滿的情形出現。接著說，自己肩負重任，常常擔心出現偏差，但連年以來，沒有聽到好的建議，這難道是自己不能經常徵求意見的過錯所造成的嗎？最後規定從此以後，各曹的掾屬，各州刺史的治中、別駕，要在每月的初一就存在問題提出書面意見，加上封套呈遞給他閱讀，主管人員在朝會時將各發給紙一張和封套一個。這裏看不出絲毫弄虛作假糊弄人的成分，有的只是坦誠和決心。作爲一個政治家，曹操能有這等胸襟氣魄，確實是難能可貴的。爲將之人，不一定自己總是有卓識高見，而關鍵是他能夠明辨是非，多聽卓識高見之策。

程昱是三國時代傑出的韜略家，曹氏集團的核心智囊。程昱善觀形勢，逆知變化，滿腹韜略，足智多謀。在極其複雜的形勢下，能抓住事物的本質，直指要害。在與曹操等人的交往中，以其大智大勇，力挽狂瀾。所作所爲，舉足輕重。在曹操爭霸的早期階段，立有重大功勳。程昱識見高超，洞察一切。其韜略藝術，巧奪天功。曹操多次聽從他的計策。採納他的意見拒絕派家人到袁紹那裏作人質以及守鄄城不用增兵就是兩次突出的事例。

當然，聖人也難免無過，曹操在善聽人言問題上，也並非開始就「言聽計從」，而是需要一個過程的。當將軍許攸擁有軍隊，不歸附曹操而且出言不遜，曹操非常憤怒，首先想討伐他時，群臣中很多人勸諫說：「可以招撫許攸，共同討伐強敵。」曹操把刀橫放在膝蓋上，臉色很難看，不肯聽從。杜襲欲進去規勸，曹操先截斷他的話對他說：「我主意已定，你不要再說。」杜襲說：「如果殿下的主意是對的，臣當然要幫助殿下完成此事；如果殿下的計謀是錯的，即使決定了也應改變。您截斷我的話，叫我不要說了，爲什麼不等臣下把道理闡明呢？」曹操說：「許攸對我出言不遜，怎麼可以置之不理呢？」杜襲說：「殿下認爲許攸是怎樣的一個人呢？」曹操說：「一個普通的人。」杜襲說：「只有賢人才瞭解賢人，只有聖人才瞭解聖人，平凡的人怎麼能瞭解非凡的人呢？如今豺狼當道而先去對付一隻狐狸，人們將會說您避強攻弱，進攻不算勇，後退不算仁。臣聽說千鈞之弩不會爲小家鼠而發動機關，萬斤重的宏鐘不會被一根草莖撞出音來，現今一個小小的許攸，怎麼值得煩勞您的神明威武呢？」曹操說：「好。」於是以厚禮招撫許攸，許攸當即歸服。

孫權也是一個對軍國大事能夠集思廣益，然後擇善而從的王者。正值孫權得到曹操要東來的消息時，他便與諸將領進行商議。大家都勸孫權迎降曹操，唯獨魯肅一言不發。孫權起身上廁所，魯肅追隨到屋檐下，孫權知道他的意思，握住魯肅的手說：「您有什麼話說？」魯肅答道：「剛才我仔細考慮眾人的議論，簡直是要害將軍，不值得和他們共商大事。現在我魯肅可以迎降曹操，像將軍您，是不可以的。爲何這樣說呢？我迎降曹操，曹操就會把我交付給鄉里，評定我的名位，還可以做個下曹從事，乘著牛車，帶著吏卒，和士人們交遊，積功提升，還可以做到州郡長官。將軍迎降曹操，想要得到什麼呢？希望將軍早定大計，不要採用眾人的意見。」孫權歎息道：「這些人所持的議論，使我大失所望，現在您闡明了大計，正與我意相同，這是上天把您賜給我啊！」結果採用聯蜀之策，大敗曹軍於赤壁，奠定鼎足而立的大勢。

觀人當試以艱危

曹操在用龐德、于禁的過程中，深刻地體會到了「觀人當試以艱危」的訓條。

建安二十四年（西元二一九年），劉備大將關羽領兵對襄樊發動進攻。這時，曹仁在龐德的協助下駐守樊城。關羽很快渡過漢水，想先拿下樊城。曹操得知關羽進攻樊城的消息，便派左將軍于禁率兵來支援曹仁。曹仁讓于禁和龐德率領七隊人馬在樊城以北結營屯駐，和城中互相呼應。

這時汝南太守滿寵協助曹仁守樊城，成為曹仁的參謀。滿寵建議曹仁採取堅守不戰的方針。正在雙方相持不下的時候，襄樊地區一連下了十多天大雨，漢水暴漲，溢出堤外，平地水深數丈，樊城被洪水包圍。駐守城北的于禁、龐德等七軍屯營被水淹沒，于禁等只得率領將士到高阜之處避水。關羽趁漲大水之機，安排好船隻，自己乘坐大戰船，率領水軍，猛攻曹軍，于禁被逼得無路可退，率眾投降。關羽把于禁送回江陵，關在大牢裏，將其部眾收編為自己的軍隊。

龐德和部將董超、董衡等帶領一部分士兵避水到一個河堤上。關羽又率領水軍向他們圍攻，命弓箭手向河堤上射箭，龐德手下士兵死傷不少。這時龐德披著鎧甲，拿著弓箭回射，箭無虛發，關羽軍也被射死一些。董衡和董超想要投降，龐德罵他倆沒骨氣，拔劍把他倆砍死在堤上。龐德的箭用完了，便叫士兵們用短兵器進行搏鬥。從早晨一直戰到中午，身邊的將士或死或降。龐德對身邊的將士說：「我聽說良將不會為了怕死而逃命，烈士不會為了活命而失節。今天就是我死的日子了。」

最後，龐德帶著三個戰士，從蜀軍士兵手中搶了一隻小船，想逃到樊城去，不料一個浪頭襲來，把小船掀翻了。龐德掉在水裏，抱著船板漂浮著，關羽的水軍趕上來，把他活捉了。

早在曹操安排龐德對付關羽之初，曹軍之中有人議論說，龐德原爲馬超部將，馬超已被劉備所重用，龐德的堂兄龐柔也在劉備處爲官，龐德是不會眞心同關羽作戰的。當時，龐德聽到這種議論，便表態說：「我深受國恩，立志爲國捐軀。我要親自帶兵攻打關羽。今年不是我殺關羽，就是關羽殺我。」

當關羽將士把龐德押來後，龐德立而不跪，關羽勸他投降說：「你哥哥在漢中，我想讓你做將帥，爲什麼不早點投降呢？」龐德大罵說：「小子，說什麼投降！魏王帶兵百萬，威震天下。你們的主人劉備，只不過是個庸才，怎麼能和魏王匹敵呢？我寧肯做國家的鬼，也不願做你們的將軍。」關羽只好下令把龐德殺了。

曹操得知于禁投降、龐德寧死不屈的消息，感歎地說：「我信任于禁三十年，怎麼也沒想到面臨危險時，他的表現還不如龐德！」

於是曹操封龐德的兩個兒子爲列侯。

主賣官爵，臣賣智力

權謀大師，講帝王術的韓非認爲，人與人之間的關係歸根結蒂是「利」與「害」兩個字，明君應善於運用對「利」的「賞」和對「害」的「罰」去調動其臣下的積極性。「立可爲之賞，設可避之罰，以結上下之恩。」又說，在賞與罰這對矛盾的統一體中賞是主要的，賞的基本手段是授官封爵，若「主賣官爵」，則「臣賣智力」。爲什麼呢？「臣盡死力以與君市，君垂爵祿以與臣市，君臣之際，非父子之親也，計數之所出也。」認爲君臣關係是一種赤裸裸的利害關係，不像父子之間有自然的親愛之情；君主用官位爵祿與其臣下的智謀和力量相交換，即可取得臣下的擁護和支援。這裏的「賣」，雖然在形式上與權錢交易的賣官鬻爵不同，但本質上並無區別。

韓非說，官爵可以使人富貴，富貴至則衣食美，而人莫不欲富貴全壽。吃好、穿好、身份高貴、長命百歲，是人的正常欲望。對地位和財富的追求，儒家也從不拒絕，孔子說：「富而可求也，雖執鞭之事，吾亦爲之。」若能求得財富，即使是手執皮鞭看守市場大門的下賤差事我也願幹。

曹操迎天子于許都，總攬朝政後，一方面興利除弊，整頓朝政，一方面還注意大力羅致新的人才，由此而出現了一個人才來歸的熱潮。其中一些人是抱著效忠獻帝的目的而來，但因獻帝已被曹操控制，所以這些人也直接間接地爲曹操所用，有些人是奔著曹操來的，認爲曹操有膽有識，重賢用能，事業蒸蒸日上，來這裏可以大有作爲。還有一些人則可能兩種目的兼而有之，因爲曹操擁戴獻帝，覺得替曹操效力也就是效忠獻帝。

獻帝都許不久，名士孔融即接受徵召，到許都做了地位較高的將作大匠。孔融字文舉，魯國人，孔子二十世孫。小時頗聰明。十歲時，隨父到洛陽。當時河南尹李膺以簡重自居，不是當世名人及世交摯友一概不肯會見。孔融很想一睹李膺丰采，於是來到李膺家門前，對看門人謊稱與李膺是世交。李膺把孔融請進屋，問：「你家祖輩同我家有過來往嗎？」孔融回答說：「是的。先君孔子與您先人李老君同德同義而相師友，因此我與您是世交。」

李老君，即老子，爲周朝守藏史。據《史記．老子韓非列傳》，孔子到周時，曾向老子問禮，算是有過交往。在座的賓客聽了孔融的回答，都覺得頗機敏得宜，無不爲之歎息稱賞。只有太中大夫陳煒不服氣，便說：「小時聰明，大了不一定就能幹。」孔融應聲回答：「照您所說，您小時候一定很聰明吧？」李膺聽了，哈哈大笑，誇獎孔融說：「長大以後，你一定是個人才！」

孔融崇尚儒學，博涉多覽。十六歲時，因掩護被官府搜捕的著名黨人張儉，事情敗露後又與兄爭死，名震遠近，成爲不少人推崇、景仰的偶像。開始做司徒楊賜的屬官，後爲虎賁中郎將，因觸忤董卓，出爲北海相。參與鎭壓黃巾起義，被擊敗。後任青州刺史，又被袁紹之子袁譚擊敗，兵士只剩下百人，箭飛如雨，孔融卻仍安坐讀書，談笑自若。城破後獨自逃走，妻子兒女卻都當了俘虜。

孔融自以爲智慧超群，才能卓異，當世豪俊都不如他，常以安邦定國爲己任，但志大才疏，華而不實，從未辦成過什麼大事。來到許都後，每逢朝會，引經據典，議論縱橫，滿朝公卿大夫都成了陪襯，但不識時務，所提建議往往脫離實際。不過孔融在當時士大夫中確實享有很大名聲，他來到許都，投入曹操陣營，對感召和影響人才來歸起了一定積極作用。

潁川陽翟人趙儼，避亂荊州，得知曹操迎帝都許的消息後，便扶老攜弱前來投歸曹操，被曹操任命爲郎陵長。

河內溫人司馬朗，字伯達，司馬懿之兄，聰敏多識見。原爲董卓所留，朗料定董卓必然敗亡，用財物買通了董卓身邊的人，請求回到鄉里。曹操都許後，徵召他爲司空掾屬。

故太尉楊彪之子楊修，字德祖，博學能文，才思敏捷，在建安中被舉爲孝廉，接著被任命爲郎中。

曹操雖有獻帝在許的有利條件，但他並不是消極地等待人才上門，而是千方百計主動尋求，並發動部屬積極推薦。荀彧這方面發揮了很大作用。有一次曹操問荀彧「你看，有誰還能代替你爲我出謀劃策呢？」

荀彧聽後，便向曹操推薦了荀攸、郭嘉兩個足智多謀的年輕人。荀攸字公達，荀彧的侄子。何進當權時，被任爲黃門侍郎。董卓亂起，曾謀刺董卓，事敗下獄。董卓死後獲釋，棄官歸家。後被任爲任城相，辭不就。由於蜀漢險固，人物殷盛，請求擔任蜀郡太守，卻因道路阻隔，一時無法赴任，被羈留荊州。荀彧向曹操推薦後，曹操立即給荀攸寫了一封信說：

「方今天下大亂，智士勞心之時也。而顧觀變蜀漢，不已久乎！」

荀攸接信後，覺得曹操說得有理，於是立即動身趕赴許都，曹操任命他爲汝南太守，後又調來朝中任尚書。曹操與之接談，感到他確實很有才能，非常高興，對荀彧等人說：

「公達確實是一個不平凡的人。我能有機會同他商議大事，治理天下還有什麼可憂慮的呢？」

於是改任荀攸爲軍師，留在身邊隨時請益。

郭嘉字奉孝，潁川陽翟人。最初追隨袁紹，見袁紹不知用人，做事抓不住要領，喜歡謀劃卻又下不了決斷，很難辦成大事，於是便離開了袁紹。在這之前，潁川人戲志才很有才能，荀彧推薦他給曹操當謀士，曹操很器重他，但不幸早死，於是曹操給荀彧寫了一封信：「自志才亡後，莫可與計事者。汝潁固多奇士，誰可以續之？」

「汝潁」，指汝南、潁川兩郡，均屬豫州。荀彧得信後，便推薦了郭嘉。曹操召見郭嘉，同他縱論天下大事，發現他見解不凡，非常高興，事後便對人稱讚說：「能夠幫助我成就大業的，必定是這個人！」

郭嘉見過曹操，也很高興，事後對人感歎說：「曹公眞是値得我侍奉的主人啊！」曹操當即任命郭嘉爲司空軍謀祭酒，留在身邊參謀軍事。

此外，荀彧還向曹操推薦了鍾繇、杜襲等人。鍾繇原在朝任黃門侍郎，曹操通使長安時，曾爲曹操出過力。後隨獻帝東遷許都。此前荀彧曾多次對曹操提起過鍾繇，鍾繇到許都後，曹操即任命他爲御史中丞。不久，改任侍中、尙書仆射，做了尙書令荀彧的副手，杜襲字子緒，潁川定陵人。避亂荊州，劉表待以賓客之禮，但杜襲認爲劉表不是能夠撥亂的人物，因而南去長沙，不久逃歸鄉裏，曹操得知後徵召他爲西鄂長。這些人對曹操戰勝對手、統一中原的事業，都做出了各自的貢獻。

曹操隨著權力加大，人才日多，更不吝惜官爵。建安二十年九月，他獲得了「承制封拜諸侯守相」之權，可以用獻帝的名義直接封侯、任命郡守國相。

十月，曹操專門設置六等七十級爵位獎賞立功的將吏：名號侯十八級，關中侯十七級，皆金印紫綬；關外侯十六級，銅印龜紐墨綬；五大夫十五級，銅印環紐墨綬，皆不食租；原爲列侯的縣、鄉、亭三級；關內侯。這樣，幾乎所有從軍從政之人都有機會得到與其功績相應的爵位和食邑。

曹操授官封爵的活動是經常進行的。規模較大的有四次：建安十二年「大封功臣二十餘人，皆爲列侯，其餘各依次受封」；十三年九月，「論荊州服眾之功，侯者十五人」；二十年九月，封賓人首領杜獲、朴胡等爲列侯；二十年十一月，封張魯等人爲列侯。

曹操通過「賣官爵」，使「賢人不惜其謀，群士不遺其力」，效果十分顯著。他失去的是官位爵祿，得到的是政權、土地和人口，而政權的鞏固和統治區域的擴大又可提供更多的官爵，吸引更多渴求富貴名利的賢才爲之效力，推動統一大業的完全實現。

謀為賞本，功未必皆野戰

曹操在用人上還有一些十分可貴的長處，就是不被別人的用人情況所左右，不偏重某一類人才。別人沒有重用的，他可能同樣給予重用。衝鋒陷陣、立有戰功的武士有賞，出謀劃策，以筆爲刀的文士照樣封侯。

曹操在爲他手下的大謀士兼文人荀彧記功，荀彧沒有參加野戰爲由而辭讓時，曹操說過一句很有見地的話：「謀爲賞本，功未必皆野戰也。」這說明，在曹操的眼裏，文臣們雖不善衝鋒陷陣，但他們手中的筆並不比刀槍的分量差。思想上對文士的重視，必然導致政治上對文士的重用。曹操對攏納到營中的文人，盡可能地委任合適的職務，以充分發揮他們的專長。七子中的佼佼者王粲，在劉表那裏待了十五年，只因其貌不揚，不被重用。粲容貌短小，表以粲貌寢而體弱通脫，不甚重也。劉表死，王粲說服了劉表的兒子劉琮，舉軍歸向曹操。曹操立即辟王粲爲丞相掾，賜爵關內侯，時間不長，又提升爲軍祭酒（學官名，爲博士之首）。曹操建立了魏國，進一步拜王粲爲侍中。

建安時代惟一的女詩人蔡琰，在戰亂中被胡兵所擄，流落南匈奴十二年，是曹操在建安八年（西元二〇三年）用重金把她贖回來的，並爲她重新建立了家庭。不然，我們今日怎能讀到那激昂辛酸、催人淚下的千古名篇《悲憤詩》。

曹操其子曹丕，在用人的氣度上比父親還有差距，但用軟刀殺人，比父還高一籌。魏國名將于禁投降歸來，曹丕請畫家把于禁的畏敵貌狀作成畫，再請于禁去參觀，活活把他羞死了。但似乎受其父的影響，對於文士們，曹丕總是另眼相看，文士們即使有所不恭，他也滿不在乎。一次，他請好友吳質和曹休等一塊喝酒，酒酣耳熱中，把郭后叫出相見，大概是那郭后美麗動人，吳質就抬起頭大膽看了起來。按照那時的規矩，臣下對皇后平視就要殺頭，劉楨就是因平視曹丕的夫人甄氏而被曹操懲罰的。那是建安十幾年的事。當身爲君父的曹操聽說此事後一臉不高興，臉越拉越長，遂下令逮捕劉楨，交有關司法部門治罪。按律如此對主母，劉楨犯大不敬罪，當斬首。但曹操憐其才，加之劉楨有功社稷，於是減一等，發落到勞役犯集中地尙方，專做磨石的苦役。

又是這位愛才又恣意折磨人才的曹操，一次到尙方視察，發現劉楨正端坐磨石，不禁有所心動，遂上前問道：「這石頭怎麼樣？」

劉楨立即以石頭自喻，說：「這石頭稟氣堅貞，實乃出之自然也。但細察其紋理，雖人力磨礪，枉屬迂繞，猶不得伸也！」

曹操聞言，哈哈大笑。回到府中即下令赦免劉楨，官復原職。

曹丕想起父親處理此事，於是也就允許不咎。黃初五年（西元二二四年），吳質從河北統軍回朝，曹丕命令所有「上將軍及特進」以上官員爲他接風，席間，宗室曹眞與吳質爭吵，曹眞自負地位高貴，出言不遜，拔刀威脅，吳質也以牙還牙，毫無怯意。要不是有曹丕撐腰，他斷然不敢。吳質的作品流傳下來的很少，他的主要功績是在曹丕和文士間穿針引線，使曹丕及時瞭解文士的動向及人們對各種作品的議論，寫出了建安文學中獨一無二的文學理論批評性作品《典論．論文》。天下是各類人才共同營建出來的。曹操用人，文武皆重，曹丕用人，雖也能重視文人，但量小偏激，不能不使後人爲鑒。

以伯樂之志尋天下之才

曹操曾就王修冒死爲袁譚收屍事發出對不能重視人才的感歎。建安十年（西元二〇五年），曹操處死袁譚時，曾「下令將袁譚首級號令，敢有哭者斬」。居然有個袁譚的下屬王修不怕死而去哭，並對曹操說：「我生受其辟命，亡而不哭，非義也。畏死亡義，何以立世乎？若得收譚屍，受戮無恨。」而這個王修，又是個「因諫袁被逐」的人。所以，曹操感歎道：「河北義士，何其如此之多也！可惜袁氏不能用！若能用，則吾安敢正眼如此地哉！」這就從曹操的口裏，說出了袁譚未能識才、用才、惜才的情況和後果。

把人才召攏過來，只是完成了用人的一個階段，而對所歸附之人才如何對待或使用才是用人的第二階段，也是非常重要的階段，它則更顯領導品質與用人之能力。在這一點上，曹操的辦法就是對所歸之人才，一以厚待，以盡可能地使其歸心盡智，這裏，曹操與關羽的一段經歷最具典型。

自從張遼說降關羽後，關羽暫時歸順了曹操，但是，心卻仍在劉備處。他一見到曹操便聲明：「關某若知皇叔所在，雖蹈水火，必往從之。」面對這樣的情況，曹操對關羽仍然表現出一種超乎一般人的愛意，乍到許昌，曹操便分拔一府給關羽住，並引關羽朝見獻帝，封爲偏將軍；次日，設大宴，會集所有謀臣武士，以迎接貴賓的形式禮待關羽，並贈送綾錦及金銀器皿；在許昌的日子裏，曹操厚待關羽，「小宴三日，大宴五日」，又送美女十人，侍候關公；以後，更贈赤兔馬，封官漢壽亭侯，眞可謂費盡心機。

曹操盛待關羽是他千方百計爭奪、網羅人才中的精彩一幕，充分體現了曹操越是難得人才越要百般爭取的態度。曹操的出發點只有一個，就是要獲得關羽的眞心歸順，讓他離棄劉備，淡忘過去，追求在曹操這裏的地位、待遇和享樂，最後，一心一意跟著曹操打天下。應該說，曹操用心良苦，巧用計謀，其手法令人叫絕。怎奈他遇上的是關羽——一個執著而重情義的人，儘管關羽對曹操的知遇之恩十分感激，但是，在大方向上，卻絲毫沒有爲之所動。

曹操待關羽的事跡流傳千古，人們無不稱道他俘獲人心的權謀之術。民間更有一種說法，說曹操也曾三請諸葛亮。故事說：

諸葛亮有個叔伯弟弟叫諸葛誕，他見曹操如此愛賢求才，便也前去投在曹操的帳下。曹操與他交談，見他奇謀出眾，非常喜歡，便把他留在自己的身邊，每次布陣行兵，總要問問他的見解。諸葛誕見曹操如此重感情，講義氣，便又向曹操推薦諸葛亮並說：「我的計謀要是與哥哥諸葛亮比，還不及九牛一毛。」

諸葛亮《前出師表》：「出師未捷身先死，常使英雄淚滿襟。」

曹操本來認為諸葛誕是最得力的謀士之一，現在聽說諸葛亮比諸葛誕還要強許多，十分高興。於是，他瞞著諸葛誕，派了一個使臣，帶著許多金銀珠寶去請諸葛亮。

過了些時間，去請諸葛亮的使臣回來了，但並沒有把諸葛亮請來。曹操問使臣，使臣說諸葛亮是個古怪人，他在門外掛了一個大招牌，上面寫著十二個大字：「求知己者請進，送珠寶者莫入」。諸葛亮的家人見我帶著金銀珠寶，連通報一聲都不肯。任憑我唾沫說乾，舌頭說尖，竟連諸葛亮是個什麼模樣也沒見著，只好趕回來復命。

諸葛誕忙對曹操說：「諸葛亮是個胸懷大志、腹有良謀的正人君子，不是那愛錢如命的貪財奴。將軍若眞心要請，不親自臨門，也得親筆寫封信去，將自己的抱負寫出來，使他知道你請他的用意。」

曹操聽了，知道諸葛亮也是和自己一樣，不重錢財只重道義，三分喜歡中又增加了三分敬佩，便連夜寫了一封信，派諸葛誕親自前去請諸葛亮。

諸葛誕趕到隆中，見到了諸葛亮，先遞交了曹操的信，接著又把自己在曹營的所見所聞敘說了一遍。諸葛亮看了曹操的信，覺得曹操和自己的抱負、志向完全相同，心中便有八分歡喜。聽了諸葛誕一番話語，又加了兩分歡喜，當即說，願下山助曹。可事不湊巧，正當諸葛亮準備第二天下山赴曹營時，他的父親在晚上突然發了急症，不等天亮便去世了。諸葛亮是個有名的孝子，只好給曹操寫了一封信，訴說了自己的不幸，並約定：只要七七四十九天孝期守滿了，一定下山相助。

曹操自從得了諸葛亮打算下山相助的書信後，是吃飯想，走路想，睡覺也想，總想早點見到諸葛亮。他每天掰著手指頭算，巴不得這七七四十九天一下子就過去。才過了一個多月，他就等不及了，親自帶著諸葛誕和大將典韋以及幾名親信，化裝成商人，前往隆中。他的想法是：最好把諸葛亮馬上請去，萬一不行，同君一席話，勝讀十年書，先當面談談也好。

當時正是隆冬時節，大雪紛飛。曹操爲了早日見到諸葛亮，一路上馬不停蹄，緊走急行。眼看離隆中只剩下不足一百里的路程了，曹操卻不幸染了風寒。第一天，他還想撐持著病體趕路，誰知上馬要人扶，騎馬坐不穩，只得住進了一家客店。第二天，第三天，竟水米不沾。他看到自己病情嚴重，短時間內是不會好的，便寫了兩封信，一封信送到襄陽劉備那裏去，叫劉備派人駕馬車前來接他到襄陽治病；另一封信叫諸葛誕送給諸葛亮，敘說自己不幸途中染病的情況和朝夕思念之心。

諸葛誕還沒把書信接到手，一旁的大將典韋早就發了火。他一貫認爲，讀書人不過是老鼠進書箱——只會咬文嚼字，上陣打仗還得靠刀槍劍戟。特別是曹操冒著風雪親自來請諸葛亮，他是一百二十個不願意。現在見曹操累病了，更是惱恨諸葛亮。聽說叫諸葛誕先送個信去，他就搶過話來，說：「這些讀書人臭架子太大，倒不如讓我前去。諸葛亮肯來便罷，若推三阻四，我就雙手把他一提，甩在背上把他背來！」說完，從諸葛誕的手上一把抓過曹操的親筆書信，也不管曹操同意不同意，跳上馬背就走。曹操曉得典韋的脾氣從來是說一不二，何況勸阻也已來不及，只好叮囑諸葛誕，要他莫讓典韋胡來。

典韋在馬背上狠抽了幾鞭，早就把諸葛誕甩得老遠老遠。典韋來到諸葛亮的家中時，正碰上諸葛亮在給父親做長孝齋。典韋把曹操的書信交給諸葛亮的家人，要家人進去通報。不一會兒，家人出來說，我家先生請來七七四十九個和尚，正在打醮念經，七天之內，不能見客。先生吩咐，要我等引你到客房安歇，只等孝期一滿，再盛情相待！

典韋一聽，火冒三丈，把豹眼一瞪，高聲吼道：「你家先生哪來這麼多的臭規矩！我家主公這次冒風雪前來相請，並且還累病了。他卻至今不肯相見，是何道理？等我進去問他！」

諸葛亮的家人一見這種架勢，嚇得趕緊閂門。典韋卻早就伸出了雙手，只一推，家人連同門板一起倒在了地上。典韋也不管他們，三腳兩步就沖進了屋裏，大吼一聲：「諸葛亮，快快收起你那臭規矩，隨我去見我家主公！」

正在念經的和尚見了典韋，以爲是闖進了活閻王，嚇得躲的躲，藏的藏。偌大的一個經堂，只剩下身穿孝衣、跪在地上磕頭的諸葛亮一人。諸葛亮像沒事兒似的，等磕完了最後一個頭，才站起身來打量了典韋一眼，心平氣和地問：「你莫不是濮陽水中救曹操的典韋麼？」

典韋心裏吃驚：他從沒出門，怎麼曉得我呢？但典韋仍然是吼聲吼氣地說：「既知是我典某來了，就該趕快隨我下山，去見我家主公！」

「不去又怎樣？」

「我先捏斷你的腿，然後背也要把你背下山去！」

諸葛亮眉毛一揚，說：「你想捏斷我的腿？別誇口了！」

「什麼？你當我眞的捏不斷你的腿？」典韋一跳半尺高，點著諸葛亮的鼻子說：「濮陽城的千斤大梁，在我手裏像根麵條。你的腿就是銅打鐵鑄的，我也只消用兩個指頭，就把它捏得粉碎。」

諸葛亮說：「咱倆不妨先打一個賭再說。不要說捏斷我的腿，能捏斷我腿上的一根汗毛，就算你有眞本事，我即刻下山，去見曹公。否則，你就不要再跟我囉嗦。」

典韋心想：諸葛亮莫不是被我嚇懵了！拿根汗毛跟我打賭，不是明擺著讓我贏嗎？便回答說：

「我若連汗毛也捏不斷，任憑你發落。」

諸葛亮捲起褲腳，從腿上扯下一根汗毛，交給典韋。典韋將汗毛接在手裏，用兩個指頭捏緊一使勁，然後張開一看，汗毛不曾有半點損折。他心裏覺得奇怪，再次使出全身力氣，大吼一聲，連屋頂上的雪也震得紛紛往下落。可是張開手一看，汗毛還是沒有損折半點。他嚇得撲通往地下一跪：「先生是活神仙了。典某雖有牛力，卻不能動先生一根汗毛。今日冒犯先生，聽憑發落！」

諸葛亮是又好氣又好笑，他把袖子一甩，說：「你給我滾下山吧！」諸葛亮叫典韋「滾下山」，意思是叫典韋快走。哪知典韋是個莽夫，肚子裏只有一根直腸子，轉不了半點彎兒。聽諸葛亮這麼說，他就連馬也不要了，眞的從山頂一直滾到山腳，回去見曹操。

直到典韋滾下了山，諸葛誕才趕到隆中。待他一再解釋賠禮之後，諸葛亮才消了氣。不過，諸葛亮還是那句話，父孝在身，七七四十九天孝期一天也不能少。若要下山相助曹操，也得等孝期滿了才行。

故事後來還說典韋從山上滾下去見了曹操之後，曹操就曉得壞了大事，病情又重了三分。他休養了二十多天，才勉強能騎馬走走了。他病好的第一件事，就是上隆中會諸葛亮，打算親自向諸葛亮道個歉，讓典韋也去負荊請罪，然後再請諸葛亮下山相助。

後來由於來此前劉備也爲達到請諸葛亮出山的目的，讓張飛等人幹了一種嫁禍曹操而使諸葛亮錯怪曹操的勾當，於是諸葛亮便跟隨劉備了。

曹操三請諸葛亮的故事，只是反映了他能對眞正人才確實極盡籠絡之能事，予以厚待的一個側面。綜觀曹操一生用人，對許多來投之人確能以厚待之。

忠孝之人，宜堪重用

曹操接受的是傳統儒家思想的教育，自己也是在二十歲時被舉為孝廉而踏入仕途的，對忠孝還是持肯定態度的。初平三年（西元一九二年）曹操任兗州牧後，曾任命東平人畢諶為別駕。後張邈叛變，扣押了畢諶的母親、弟弟和妻子兒女。曹操知道後，對畢諶說：「你老母在張邈那邊，你可以離開我這裏到那邊去！」

畢諶趕緊叩頭，說自己沒有異心，曹操為此大加稱讚，還感動得流出了眼淚。誰知畢諶一離開曹操，就找機會逃出投奔了張邈。後來曹操打敗呂布，畢諶被活捉，大家都替畢諶擔心，以為這一下肯定活不成了，誰知曹操卻說：「一個孝順父母的人，難道會不忠於君主嗎？這正是我所要訪求的人啊！」

不僅畢諶沒有給治罪，還讓他去做了魯國相。從這件事不難看出，曹操還是十分欣賞並提倡孝道的。像畢諶這樣的人在曹操陣營中不是個別的。邢顒（字子昂）德行卓著，時人有「德行堂堂邢子昂」的讚譽，曹操任命他做了廣宗長。後因舊主死去，邢顒擅自棄官奔喪，有關部門向曹操舉報，曹操卻說：「邢顒忠於舊君，有一致之節。」不僅不加追究，後來還任命他做了司空掾。鄭渾的高祖父、父親都是名儒，本人德行突出，曹操聽說後，就把他召為掾屬。曹操宣佈孔融的罪行，也是說他不孝。在第三道求賢令中，曹操還把推舉「至德之人」放在了首位。

曹操手下有個叫梁習的，原為郡主簿，歷代乘氏、海西、下邳縣令，後還朝任司空府的西曹令史，又調任西曹屬。梁習任職所到之處皆有政聲。但在梁習任西曹屬時，一事惹惱了曹操。當時一個叫王思的也任西曹令史，因彙報情況不合曹操要求，曹操大怒，竟要將王思處以重刑。施刑人員來到，正好王思外出了，梁習便替王思前去接受質問，被曹操關押起來。

王思這時在外聽說，即飛馬趕回，主動承擔了死罪。這事情到此已經很糟糕了，論事實，梁、王二人必有一死。偏偏二人的表現感動了曹操：梁習不替自己辯白，王思也不推卸責任。倒是曹操驚惶了，不禁感歎——

「哪裡想到我軍中有兩個義士呢！」

不僅沒治二人的罪，二人反因禍得福，雙雙提拔爲刺史，王思兼豫州刺史，梁習兼併州刺史。

婉言以勸「要官者」

封建時代不乏跑官、要官、賣官買官者，尤其是王朝末期，往往「美缺袖中商」，公開爲官爵開價碼。東漢後期這種情況十分普遍。但曹操當丞相後頗有一番作爲。但曹操時對要官者不採取一刀切的辦法，而是針對不同情況，給以不同處理。

曹操平定冀州後，就下令恢復鹽鐵官營，任命王修爲司金中郎將。建安十七年，王修給曹操寫信提出工作上的建議，但他流露出鹽鐵工作平凡，影響建立功業的情緒。因此曹操給王修寫了封長信，肯定鹽鐵官營事業的重要，鼓勵王修安心工作：

「你修身養德，名揚本州，忠誠和才能構成了你的功績，爲世人所稱頌，名實相符，遠遠超過他人。我從心裏瞭解你，十分深刻，十分熟悉，並不只是耳聞目睹啊。考察先代賢人的議論，多認爲鹽鐵之利，足以供應軍隊和國家的開支。當初我設立司金中郎將，考慮不委屈你，別的就沒有勝任的。所以給你的教令上說：『古代遏父當陶正官時，人們靠他的陶器使用，到他的兒子嬀滿被封爲陳侯；近代桑弘羊官做到三公。這是預先告訴你的好兆頭。』這是我要用你的本意啊！恐怕一般人不懂得我這個意思。

從這次以來，在朝廷的官吏，每當有一個顯要的官職，常常首先推舉你，聽到軍師袁渙同一些士大夫的議論，也認爲不應跳過你去用別人，然而我堅持將要有所確定，因爲軍師的職位雖然高於司金中郎將，到了建立功業，司金中郎將卻比軍師更爲重要。我的眞心實意，完全可以使你瞭解，你對我的瞭解也完全可以深信不疑。但是恐怕別人見識短淺，並以自己的淺見度人，無中生有，將會說：『前後多次選舉，每次都沒有用你，卻使你埋沒停留在司金中即將的職位上。張某李某尚且超過了你，這是主人待你不優厚的結果啊！』我擔心有這種謠言冒充事實，流言蜚語擾亂視聽。假若眞有此事，也希望你會像鍾子期那樣不致錯聽。如果沒有，多加防備又有什麼壞處呢！

過去漢宣帝看到少府蕭望之有宰相之才，有意把他調出，讓他擔任馮翊郡地方行政長官。從正卿這職位調去，好像是降職了。皇上讓侍中去傳達自己的意思說：『你任平原太守的時間不長，所以又派你到三輔的馮翊去試一試，並非對你有所疏遠。』我猜測宣帝的用意，確實是準備這樣做的。希望你尊重自己的功業以符合我的心願。我要像公叔文子和他家臣那樣和你同時升官，他家臣只是什麼人啊！（你難道不如他嗎？）」

史載王修得曹操信後，觸動很大，後來屢有功績，曹操遂把更重要的職位交給他。

曹操以鼓勵爲用人之策，對不媚權貴者尤大加稱許。平虜將軍劉勳原爲曹操寵信，「貴震朝廷」。他曾向杜畿索取河東特產大棗，杜畿托故拒絕。後劉勳犯法處死，曹操發現了杜畿拒絕劉勳的信，對他的不媚權貴，不結私好，十分讚賞。因此特在全國發一份通報。文曰：「以前孔丘對於顏回，每談到他就不能不讚美，這既是喜愛他的感情發自內心，又是像在馬群中找出一匹好馬作爲領頭的一樣。現在，我也希望大家都仰慕高山，並效法他的好德行。」

融合族群，不畫地自限

西元二二〇年，曹操病死於洛陽，一時間，魏國籠罩在悲哀中。這時，有人給曹丕進言說：「趁這個非常時期，應當把各城的守官，換成大王家鄉的人。」話沒落地，魏郡太守徐宣厲聲喝道：「現在舉國一致，人心向魏，爲什麼把守官全換成譙沛人？這不是傷害大家的感情嗎？」

曹操一生征戰，創立魏國，所任用的文臣武將，來自於全國各地。他的家鄉譙縣（今安徽亳縣）及鄰郡，也出了不少人，但重要幹部並不多。徐宣一聲斷喝，制止了這個以家鄉劃線，組織用人「小圈子」的餿主意，保證了曹操葬禮的順利進行及魏國各項工作的正常運轉。

「小圈子」這個詞不知是誰人創造，它形象概括的正是這樣一種怪現象：看人總是有遠有近，用人總是有親有疏；遠近親疏的界線，或以鄉屬籍貫而分；或以同學故舊而劃；或以意氣相投而定等等，形式多樣，不一而足。把劃進這個圈內的人視爲可靠中堅，把圈以外的統統視爲陪襯。如果這個解釋不錯，那給曹丕進言的，就是鼓動曹丕以鄉屬籍貫關係確定親疏，劃個小圈兒。

誰搞「小圈子」必然要丟掉大多數，越想用「少數中堅」控制大多數，就越是控制不住，最終是失敗。試想，當時曹操屍骨未寒，如果把各城的守將全換成譙沛人，廣大官兵肯定不能接受，那天下不大亂才怪。徐宣敢於厲聲一喝，說到底，也是由於有絕大多數人的力量作後盾。

曹操剛死時，徐宣這樣的人站出來說話還管用，等曹丕當了皇帝，卻再也不能阻止他向「小圈子」的軌道上急滑了。只是曹丕死得早，他的圈子沒有圓起來。到了曹丕的兒子曹睿又死後，創業的功臣死的死，老的老，掌握實權的曹爽，正式把這個圈子搞成了。從這裏開始，曹家的江山也就變成司馬懿的了。

曹爽是曹眞的兒子。曹睿死時，命他和司馬懿一道輔佐小皇帝曹芳。曹爽的本事遠遠比不上司馬懿，又想獨掌大權，他想來想去，先通過小皇帝的手把司馬懿明升暗降爲「太傅」。實現了這一步，曹爽即把四個弟弟全提拔上來，安插在重要崗位，緊接著，又把與自己和弟弟們意氣相投的、曹睿時限制使用的何晏、鄧颺、李勝、丁謐、畢軌等幾人，劃進了圈內。正在曹爽自以爲得意時，被司馬懿一舉摧垮了。

縱觀三國，搞小圈子的何止一個曹爽呢？

最早因搞「小圈子」而喪失絕好機會的恐怕是袁紹了。袁紹呑併公孫瓚後，由於北方地盤大，開始搞袁氏小圈子。他派長子袁潭任青州都督，沮授勸諫袁紹說：「這一定會成爲禍亂的開始。」袁紹不聽他的意見，說：「我想讓我的每個孩子各守一州。」又讓第二個兒子袁熙爲幽州太守，外甥高幹爲并州太守。沮授又給袁紹講了一個「逐兔分定」的故事以勸諫：「世人常說一隻兔子跑到街上，很多人追逐它，一個人捕住了，企圖得到它的人就會停止行動，這是兔子已經歸捕獲者的緣故。年齡相同的就看誰賢能，德行相當就用占卜來決定，這是古代的制度。希望你在思考從前成功失敗的教訓，在下想一想逐兔分定的道理。」袁紹說：「我想讓四個兒子各自佔據一州的土地，來看他們的才能如何。」沮授退出時說：「禍患大概會從這裏產生吧！」袁紹搞小圈子不但讓將帥寒了心，也讓謀略家們離他而去，後來袁紹兄弟相殘，終於敗亡。

劉備、孫權死後，其繼承者也搞小圈子。劉禪把諸葛亮教導他的「近賢臣，遠小人」整個顛倒過來，近小人，遠賢臣，嚇得連姜維這樣的大將都不敢在成都駐。孫權的兒子孫亮，用人唯宗室是舉，連被父親指定的顧命大臣諸葛恪也信不過，縱容宗室霸孫峻把諸葛恪殺掉了。蜀吳兩國，都是因先在用人上出了問題，亂了幹部隊伍，喪失了民心，而後被魏國一一滅掉的。

魏足智謀之士，昏主用之而不危

曹操死前，給他的後繼者存留下一份大家業：這家業不是三分天下有其二，也不是魏國公、冀州牧，而是一大批能征善戰、謀略響噹噹的人才。這是曹魏天下能維繫五十餘年的關鍵所在。曹操在三國梟雄中以能用人爲後世推許。從實際功效而言，曹操先死，而蜀、吳故主仍在，但無論是孫吳，還是諸葛劉，都沒能奈何曹魏。這就是曹操給子孫留下的最厚重的家底起了作用。對此，明末清初的大思想家王夫之在他的名著《讀通鑒論》中曾這樣寫道：

「曹孟德推心以待智謀之士，而士之長於略者，相踵而興。孟德智有所窮，則荀彧、郭嘉、荀攸、高柔之徒左右之，以算無遺策。迨於子桓之世，賈詡、辛毗、劉曄、孫資皆坐照千里之外，而持之也定。故以子桓之鄙、睿之汰，抗仲謀、孔明之智勇，而克保其磐固。

孔明之北伐也，屢出而無功，以爲司馬懿之力能拒之，而早決大計於一言者，則孫資也。漢兵初出，三輔震驚，大發兵以迎擊於漢中，庸詎非應敵之道；乃使其果然，而魏事去矣。漢以初出之全力，求敵以戰，其氣銳；魏空關中之守，即險以爭，其勢危；皆敗道也。一敗而漢乘之，長安不守，漢且出關以搗宛、雒，是高帝破項之故轍也，魏惡得而不危？資籌之審矣，即見兵據要害，敵即盛而險不可逾，據秦川沃野之粟，坐食而制之，雖孔明之志銳而謀深，無如此漢然不應者何也。資片言定之於前，而拒諸葛、挫姜維，收效於數十年之後，司馬懿終始所守者此謀也。」

王夫之最後得出結論說：「魏足智謀之士，昏主用之而不危。故能用人者，可以無敵於天下。」

曹操是打天下之主，曹丕基本上說是坐天下之主。他在重用文士方面可以說秉承了父法。但他的這種用人方式是否能夠像其父親那樣可以「無敵於天下」，又當別論。

曹丕，字子桓，是一個文武全才。他從五歲起習武，八歲時已能騎射，箭法日益嫺熟，可以左右開弓，「弓不虛彎，所中必洞」。又學擊劍，拜名師多人，博采雜揉，自成一派。他善使雙戟，能持雙以禦單，持單以破雙，「每爲若神，對家不知所出」。當時奮威將軍鄧展手臂修長靈活，會用五種兵器，其絕技爲「空手入白刃」——以徒手戰勝持刀劍者。曹丕與之宴飲，談論劍法。酒酣耳熱之際，以所食甘蔗爲劍比試。交手數合，即多次擊中鄧展雙臂，左右大笑。鄧展不甘服輸，要求再次比試，結果只一回合即被擊中腦門，坐中驚視。曹丕曾與族兄曹眞狩獵於鄴城西郊，一日之內手獲獐鹿

九、雉兔三十。一次隨父獵獸，為虎所逐，運氣於弓，返身勁射，虎應聲倒斃。其父誇獎不已，當即讓他率領一支精銳騎兵。

曹丕承父遺風，不但武功了得，文治功夫也不差。

曹丕在成為太子之前，就與許多文士有交往，久而久之，就結為朋友。立為太子尤其是當了皇帝，與文士們的友情不但未受影響，反而與日俱增。《魏略》記下的他與吳質的幾次通信，言辭誠懇，關心備至，實是感人。

頭一封信，問候遠在前線的吳質，抬頭便是：「季重（吳質字）無恙！道路雖局，官守有限，願言之懷，良不可任。足下所治僻左，書問致簡，益用增芳。每念昔日南皮之遊，誠不可忘。」接著，把他們在南皮如何博弈、遊玩、讀書、食宿等，一一數來，並將自己玩時雖有許多隨從，但在文學上缺少知心人的煩躁，也如實告知，最後滿懷深情地告致吳質要「自愛」。

第二封信，是建安二十三年（西元二一八年）寫的，信中再一次追憶了他們「行則同輿，止則接席，觴酌流行，絲竹並奏，酒酣耳熱，仰而賦詩」的無窮興致，深深地表達了對不幸過早去世的文士朋友的惋惜之情：「昔年疾疫，親故多離其災，徐（幹）、陳（琳）、應瑒、劉（楨），一時俱逝，痛何可言」。在這封信中，曹丕還告訴吳質，他將早逝文友的遺作，選編了一個集子，並對這幾位文士的人品和作品，談了自己的看法。「偉長（徐幹）獨懷文抱質，恬淡寡欲，可謂彬彬君子；德璉（應瑒）常斐然有述作意，才學足以著書，美志不遂，良可痛惜；孔璋（陳琳）章表特健，微為繁富；公幹（劉楨）有逸氣，但未遒耳，至其五言詩，妙絕當時；元瑜（阮瑀書記翩翩，致足樂也；仲宣（王粲）獨自善於辭賦，惜其體弱，不足起其文，至於所善，古人無以遠過也。」最後，他問吳質，有沒有新的作品？如有，他盼望著早日一睹。這封信對各文士作品的評論，構成了曹丕後來《典論·論文》的基本思想。范文瀾先生在《中國通史》中說：「曹丕居太子尊位，曠蕩不拘禮法，例如王粲葬時，曹丕率眾文士送葬。曹丕對文士們說，仲宣愛聽驢叫，我們都叫一聲送他。於是墓前響起一片驢叫聲。這可以想見曹丕和文士們日常相處的態度。

父親死後，曹丕並沒有急於黃袍加身，而是賑災恤老，收養遺棄，同時蠲免全國賦稅，讓老百姓均沾實惠，「衷心」擁戴魏氏政權。而這些又都是從乃父那裏學來的，同時和他任用賢人有直接關係。

【第四章】

波詭雲譎，腹有良謀用奇兵。

戎馬倥傯，是曹操一生的主旋律。「棄袍割鬚」、「借頭撫眾」、「割髮代首」等等成語，已成為曹操智慧的替代詞。他的「勝一人難，勝二人易」的「兩虎競食」之計被稱為第「三十七計」。用兵如神的曹操連諸葛亮都評價為「智計殊絕於人，其用兵也，彷彿孫吳。」

霸首當多智勇

許多雄霸天下的人，大多具備超乎常人的智勇，並且在青少年時代就表現出來。被魯迅稱爲「至少是個英雄」的曹操，在少年時代就運用智慧與機勇做事。在面臨對自己不利的時候，他不膽怯，而是勇敢。不是抱怨，而是想辦法，伺機改變。總是能機警靈活的應付事態。

十幾歲的曹操，由於出身於宦官家庭，幼時沒有受過傳統儒學教育，又因孩提時母親不幸早逝，缺少親人的管教，因此形成了放浪不羈的品性，喜歡飛鷹走狗，耍槍弄棒。這一點，被他的叔父看在眼中，很不以爲然，認爲這是不務正業，不能繼承家業、爭列名門。因而他的叔父經常在曹操的父親曹嵩面前說曹操的壞話，曹操因此多次受到父親的教訓。久而久之，曹操內心大爲不滿，於是叔侄間一時成了對頭。曹操打算伺機報復。

有一天，曹操在路上碰上了叔父，便故意倒在地上，假裝中了風。他歪著脖子，張著大嘴巴，臉上的肌肉抽搐。叔父一見此種情景，叫曹操不要亂動，好好休息，便急忙跑去告訴曹嵩。當曹嵩同幾個隨從慌慌張張趕來時，見曹操口臉如故，好端端地站在那裏，神態和平時一樣，好像什麼事都沒發生過。曹嵩感到奇怪，便問道：「你叔父說你剛才中了風，難道這麼快就好了？」曹操裝作委屈的樣子，回答說：「我從來沒有中過風呀！這是怎麼說的？大概是叔父不喜歡我，在背後說我的壞話吧！」於是曹嵩心生懷疑，此後弟弟再反映曹操的情況，他不再信以爲眞。曹操也就深爲得意，比以前更加放縱了。

顯然，曹操這是通過類似於栽贓的做法而使自己的對頭失去了信譽，從而使形勢發生了有利於自己的變化。這已明顯帶有使用計謀的色彩。

另一則傳說，也明顯帶有少年曹操使用計謀的痕跡。

據說，曹操有一次同袁紹一起去觀看別人的婚禮，打算乘機將新娘子搶走。他們先溜到主人的花園中藏起來，等天完全黑下來，便使出一個調虎離山之計，猛然放聲大喊：「有小偷！」參加婚禮的人們紛紛從房內湧出來，曹操乘亂鑽進房內，手持鋼刀威逼新娘，將新娘劫持出來，同袁紹會合，循原路逃回。匆忙間路沒有走好，袁紹一下掉進了帶刺的灌木叢中，怎麼也動彈不了。曹操情急智生，又大喊一聲：「小偷在這裏！」袁紹一急，也不知從哪裡來的力氣，一下就從灌木叢中蹦了出來，於是兩人一起逃脫了。

少年的曹操充滿機警聰敏，這使他能夠死裏逃生。據說，一次袁紹同曹操翻了臉，派人乘著夜黑去刺殺曹操。刺客來到曹操住處，隔著窗戶用短劍向曹操擲去，稍微低了點，沒刺著。曹操估計，下次再擲，一定會高一些，於是緊貼著床席躺下。當短劍再次飛來時，果然高了，又沒刺著。

少年曹操還有一種超乎常人的「勇」。據說，曹操十歲時，獨自在渦河中游泳，突然間有條蛟龍向他逼來。曹操不僅沒有驚退，相反奮力進擊，蛟龍無隙可乘，只得悄悄地遊走了。曹操事後沒對任何人提起這事。後來有人看見一條大蛇，嚇得往後狂奔，曹操見了，不由得笑道：「我碰上蛟龍都沒有害怕，你這個人看見一條蛇怎麼就怕成這個樣子呢？」眾人聽了，趕忙連聲追問，方才得知底細，無不對曹操的勇敢感到驚異。

曹操少年時代確已顯示出詭譎奸詐的性格，同時也顯示出了果決機智和不怕死的精神。後來曹操領兵打仗，危急中多次靠他這種少年的智勇而死裏逃生。

曹操在濮陽的危難就是這樣解脫的。有一年，曹操圍困呂布佔據的濮陽，雙方在濮陽城展開一場激戰。由於濮陽大姓田氏在城內策應，曹操得以親率部隊從東門順利攻入城內。進城後旋即將東門燒掉，表示有進無退，志在必得。但接下來的巷戰卻進展不利。呂布先以騎兵衝擊青州兵，青州兵奔退，曹軍陣勢被打亂。呂布乘勢大舉進攻，曹軍抵擋不住，紛紛後撤，局面一發不可收拾。曹操自己也被沖散，在後撤時被呂布的騎兵截住。但這些人不認識曹操，反而問曹操：

「曹操在哪裏？」

曹操情急智生，趕緊朝前面一指：

「那個騎著黃馬逃跑的就是！」

呂布的騎兵信以爲眞，撇下曹操，自去追趕騎黃馬的人去了。曹操趕忙沿著原路朝東門衝去。這時東門的火燒得正旺，曹操不顧一切，突火而出，左手掌被燒傷，由於跑得太急，又一頭從馬背上摔了下來。部將司馬樓異正好趕到，忙將曹操扶上馬背，兩人一陣狂奔，總算回到了大營。

諸將不見了曹操，無不感到恐慌，等到見了曹操，這才放下心來。爲了鼓舞士氣，曹操不顧傷痛，親自到各營撫慰，表彰有功的將士。並命部隊抓緊時間製作攻城器械，準備再次攻打呂布。

靠著曹操的這種智勇，後來終使自己成了稱雄一方的霸主。

自古英雄出少年，許多人在青少年時代就富於智慧和勇敢，並且能用智慧的手段處事，以機敏的反應解難，從而成爲少年早達的那一類人。

與曹操一樣，三國時代許多人是年輕有志、有名、有爲的。

孫堅十七歲就已初露頭角，後來則「由是郡、縣知名，薦爲校尉。」史籍中雖未說清是否立即當上了校尉，但知名肯定是從那時起的。

孫堅死後，董卓問：「其子（孫策）年幾歲矣？」或答曰：「十七歲。」（又是一個十七歲）董卓欺他年輕，「遂不以爲意。」後來，長史楊大將對袁術說：「孫策據長江之險，兵精糧廣，未可圖也。」這個「獨戰東南地，人稱小霸王」的孫策，死時才只二十六歲。可見不應小看年輕人。

馬超，年方十七，英勇無敵。王方欺他年幼，躍馬迎戰，戰不到數合，早被馬超一槍刺于馬下。戰場上交鋒，這全得靠眞本領，當然是年輕力壯者占上風。後來劉備所封的「五虎大將」，其中的第四名便是馬超。若非馬超確有功夫，這「五虎將」的封號是不會輪到他的。

周瑜、諸葛亮死的時候，分別爲三十六、五十四歲。這就說明，他們都在很年輕的時候就開始做大事、應付大場面了。龐統死時，也只有三十六歲。但他不是病死的，如果不在落鳳坡遇上意外，這位鳳雛先生以後還會大有作爲的。

棄袍割鬚，巧設疑陣

自古以來，兵家推崇出奇制勝。而許多奇蹟的出現，是和戰略家的謀略分不開的。所以中國有「不戰而驅人之兵」、「上兵伐謀」之論。曹操幼讀兵書，是個出色的戰略家和謀略家，他是第一個爲兵書之聖——《孫子兵法》作注的人。他從陳留起兵到洛陽去世，奮戰三十餘年，曾創建並率領過百萬大軍，參加大小戰役近五十次，戎馬一生，戰功顯赫。他既嚴於治軍、又善於用將，是中國歷史上極有造詣的軍事統帥和軍事理論家。

曹操在積累豐富作戰經驗的基礎上，對中國古典軍事哲學也作過卓越貢獻。他在用兵方面最突出的是發揮了孫子的「兵無常勢、水無常形，臨敵變化，不可先傳」的思想，反對刻板用兵，因而成就了歷史上少有的作戰範例。其特點是善於掌握敵情，臨機應變，以求克敵制勝，用一句話來表述，也就是因事設奇。譎敵制勝。變化如神。西晉史學家陳壽替曹操寫傳，稱他是「非常之人，超世之傑」，唐太宗讚譽他「以雄武之姿，當艱難之運」。都主要是指這一點而言。曹操在巨野敗呂布是通過巧用地形造的奇兵，敗袁紹救白馬之圍則是通過避實就虛，聲東擊西而造的奇兵。

呂布是東漢時期一位出類拔萃人物。五原郡九原（今內蒙古包頭西北）人。字奉先，善弓馬，當時號爲「飛將」，最初服役於并州刺史丁原部下，後殺丁原歸附董卓，又與王允合謀殺董卓。之後任奮威將軍，封溫侯，割據徐州。當時的呂布眞可謂是威風凜凜、不可一世。但在曹操眼裏，呂布乃驕橫自大、輕功冒進之徒，且「有勇無謀，不足慮也」。按照孫子說的，「必死，可殺也」（只知與敵人死拼，並不可取），和吳子說的「夫勇者必輕合，輕合而不知利，未可也」的論斷，曹操曾兩次設伏，使呂布的兵馬死傷大半。

第一次，當曹操起事不久之時，曾中了呂布謀士陳宮的巧計，貿然進入濮陽城，但曹操足智多謀，進城前採納了劉曄的建議，留三分之二的軍隊在城外，只率三分之一入城。入城後，被呂布認出，曹遂「棄袍割鬚」，得以逃脫；後又遇大火，手臂鬚髮，盡被燒傷。但他不慌不忙，神情泰然。對身邊的謀士郭嘉說：「今只將計就計，詐言我被火傷，已經身死。布必引兵來攻，我伏兵于馬陵山中，候其兵半渡而擊之，布可擒矣！」郭嘉聽後連連讚賞，此乃良策。於是命令軍士掛孝發喪，到處聲言曹操已死。當呂布得知曹操被火燒傷肢體、到寨身死的消息後，果然點起軍馬，殺奔馬陵山來。卻未想到，在接近曹操營寨時，一聲鼓響，伏兵四起。呂布雖經力戰而脫逃，卻折了不少兵力。最後只得敗歸濮陽，堅守不出。這次伏擊戰，大大減殺了呂布銳氣。

興平二年（西元一九五年），呂布從東緡（今山東金鄉縣東北）與陳宮一起率兵萬餘人前來進攻駐軍在乘氏（今山東巨野）的曹操。當時曹操爲了解決緊迫的軍糧問題，將絕大部分士兵派去搶收小麥，守城的士兵不到一千人。曹操爲了應急，讓婦女也拿起了武器，走上城樓，加強防衛。

曹操決定巧妙地利用地形，出奇兵打敗呂布。曹軍大營的西面有一座大堤，大堤南面有一片樹林，林深樹密，幽深莫測。呂布懷疑林中有曹操的伏兵，告誡部下說：「曹操多詐，千萬不要闖到他的埋伏圈中去。」於是小心翼翼地在大樹林以南十多里的地方安下營寨。第二天，呂布前來攻城。曹操利用大堤作文章，把一半兵力隱蔽在大堤裏面，另一半暴露在大堤外面。呂布見堤外兵力不多，率兵前進，兩軍剛一交手，埋伏在堤內的士兵突然一擁而出，步兵騎兵齊頭並進，將呂布打得大敗，一直追到呂布的大營才停了下來。

呂布吃了敗仗，不敢久留，連夜撤軍，逃向定陶。曹操率軍追趕，經過激戰，將定陶（今山東定陶縣西北）攻下。呂布見大勢已去，帶著殘兵敗將向徐州逃去，投奔劉備。曹操分兵收復了兗州的郡縣。

建安五年（西元二〇〇年），曹操和擁有強大軍事力量的袁紹在官渡（今河南中牟）一帶展開激戰。袁紹派遣郭圖、淳于瓊、顏良等將領進攻駐守在白馬城的曹軍。袁紹自己親率一路大軍進駐黎陽，準備要南渡黃河，軍勢雄壯，兵鋒直指曹操的大本營——許都。白馬城的守將東郡太守劉延頻頻向曹操告急，曹操親自統率大軍向北進發，援救白馬城。這時候，謀士荀攸向曹操獻計說：「現在我們的兵少，恐怕打不過袁紹，應當分散他的兵力才行。您先到延津，作出將要進兵渡河攻擊袁紹兵方的姿態，這樣袁紹必定分兵西來同我對抗，然後輕兵偷襲白馬城的袁軍，攻其不備，就能捉住顏良了。」曹操很贊同荀攸的計策，就調兵遣將，準備渡河。袁紹接到曹軍動向的報告，果然中計，急忙調兵西進，阻擋曹軍深入。曹操虛晃一槍，領兵日夜兼程直接奔向白馬城，到了距白馬城還有十多里路的地方，顏良得知曹操殺將過來，大驚失色，匆忙迎戰。曹操派張遼、關羽首先出陣，打敗了袁軍，殺死顏良，於是解除了白馬城的圍困。

西晉王沈在談到曹操用兵神奇的軍事才能時說：「其行軍用師，大較依孫、吳之法，而因事設奇，譎敵制勝，變化如神。自作兵書十餘萬言，諸將征伐，皆以新書從事，臨事又手爲節度，從令者克捷，違教者負敗。」裴松之在評官渡之戰時也說曹操「百戰百勝，敗者十二三而已」，「機變無方，略不世出」，也肯定了曹操的軍事才能。

羔羊替罪，借頭撫眾

身經百戰，總是難免會遇到極困難之時，而曹操卻能用他的超人智慧，一次次的化險爲夷。其借頭撫眾之說頗爲典型。

有一次，曹操率十七萬大軍外出打仗，與敵方相持很久不能取勝，十七萬人每日耗糧巨大、諸郡又連年饑荒大旱，接濟不上。曹操想催促軍隊速戰速決，敵方李豐等卻閉門不出。曹軍相持了一個多月後，糧食到要用完，只得寫信給孫策求救，借了糧米十萬斛，仍不能滿足支配。

曹操心中非常著急，一天他把總管全軍糧餉的糧官叫來，問他現有糧食還能支持幾天。糧官說：「照正常用法，只夠支援三兩天了。」曹操沈吟了好一會兒，說：「這件事務必嚴守秘密，一點兒不能洩漏。不然的話，將士們聽說沒糧食吃了，必定驚惶不安，軍心一亂，局面將不可收拾。另外，請你務必想出一個辦法，用現有糧食多維持幾天，只要堅持三天，我就能解決一切問題。」糧官說：「惟一的辦法，是在分發糧食時不用大斛（一種量米的容器，古時一斛爲十斗），一律改用小斛發放，這樣能多維持幾天。」曹操說：「就按你的辦法做吧。」糧官提出個問題：「軍士們吃不飽肚子，會產生怨心，那怎麼處理？」曹操笑了笑說：「我會有辦法的。」

實行小斛分糧以後，曹操秘密派人去各營中觀察士兵的反應，果然聽見士兵們紛紛抱怨：「飯都不給吃飽，這仗還怎麼打！」有的人大喊：「我們捨生忘死打仗廝殺，長官不把我們當人看待，老子不幹了。」

還有自作聰明的人故意神秘地談自己的推測：「我看，定是敵人把我們的糧道截斷了，後方運糧過不來，曹丞相也沒了辦法。咱們不是戰死，也會餓死。」這些議論都被密探們報給曹操。

當天晚上，曹操把糧官叫來，對他說：「我今天要借你一件東西，來穩定軍心，平息怨氣。你千萬不要吝嗇。」糧官問：「丞相要借什麼東西？」曹操說：「我需要用你的頭來示眾。」糧官大吃一驚：「我……我……我沒犯什麼罪。」曹操說：「我知道你沒罪，但是不殺你示眾，立刻就要發生兵變了，那時你我全都死無葬身之地。我不會忘記你今天這一大功，以後一定會妥善照顧你的妻子兒女。」說完，不容糧官再開口，下令刀斧手把糧官推出帳外，就地斬首，用高竿挑著人頭在營中示眾，並張榜宣佈：「糧官苛扣軍糧，貪污自肥，今已依軍法處決。」全軍官兵見到佈告和人頭，都信以爲眞，埋怨情緒都打消了。

曹操又趁機激勵將士，做了美餐，飽吃一頓，下令傾全力向敵人發起總攻。經過一場血戰，打垮了敵人，奪得了敵人糧草輜重。一場危機就這樣度過去了。

據《三國志．武帝紀》載：建安二年（西元一九七年）「袁術欲稱帝於淮南，使人告呂布。布收其使，上其書。術怒，攻布，爲布所破。秋九月，術侵陳，公東征之。術聞公自來，棄軍走。」袁術逃跑之後，其部李豐等大將固守壽春（今安徽壽縣），兩軍曠日持久相持不下，致使曹操軍隊在糧草供給上產生困難，這個智謀故事就發生在此時。

曹操爲了應付缺糧問題，先是決定以小斛散糧，激起眾怨，然後又向主管散糧的軍吏借頭，嫁禍於人，以平息眾怨。這樣通過故意傷害個別人的利益，博得大多數士兵的同情，讓士兵在心理上認爲曹操確有缺糧困難，從而通過此計，把士兵由於小斛散糧對曹操的怨恨，轉化爲對糧官的怨恨，轉移了士兵的注意力，達到了平息眾怨的目的。

獨闢蹊徑，以迂為直

在山窮水盡，腹背受敵的情況下，如何使自己找到出路或方法，脫離險境，最後反敗爲勝，往往是衡量一個軍事家是否具備大智勇的試金石。曹操一生百戰，很多時候以他的高超謀略化險爲夷。曹操在安眾（今河南鎮平）大敗劉表和張繡則是通過挖地道的方式而出奇制勝的。

建安三年（西元一九八年），曹操第三次南征張繡，將張繡包圍在穰縣。五月，劉表派兵來救援張繡，截斷了曹軍後路。曹操當時想要撤退，而張繡率兵來追殺，曹軍無法前進，只好連接各營逐步向前推進。曹操給荀彧寫信說，「賊兵追我，我雖然每天只能前進幾里路，但我預測到了安眾，肯定會打敗張繡。」

曹軍到達安眾以後，張繡和劉表的軍隊合在一起據守險要之處，曹軍腹背受敵。曹操乘夜間命人開鑿地下五十四條通道，把軍需輜重全部運過去，然後埋伏奇兵。天明以後，敵人以爲曹操已逃走，就全軍追來。曹操出動伏兵配合步兵、騎兵夾擊敵人，將敵人打得大敗。

七月，曹操回到許縣。荀彧問曹操「你在戰前預測敵人必敗，依據什麼?」曹操說，「敵人攔截我撤回的軍隊，和我置於死地的將士作戰，我由此預知肯定能戰勝敵人。」

《孫子·軍爭篇》中有「歸師勿遏」的話，意思是返回駐地的軍隊不要去阻擋。《孫子·九地篇》中還有這樣的話：「投之亡地而後存，陷之死地而後生。」「疾戰則存，不疾戰則亡者爲死地。」意思是說，將部隊置於沒有退路的死地，士兵就會拼死決戰，去奪取勝利。曹操的安眾之戰便是對這一軍事思想的成功運用。當然，曹操在戰術上也作了巧妙安排。曹操連夜鑿地道將輜重和一部分兵員轉移，給對手造成已經逃跑的錯覺；而在後面卻留下了一支精銳的伏兵，自己留下親自斷後，當敵人來追擊時，自然就能打他一個措手不及，取勝也就是必然的了。將士英勇戰鬥也是取得勝利的一個關鍵。在這場戰鬥中，曹仁、李通等人都出了大力。曹仁開始未隨主力行動，而是帶著所屬部隊別攻他處，配合主力攻勢，共俘獲敵方男女三千多人。當曹操撤軍，被張繡追擊，作戰不利，士氣下降時，曹仁激勵將士，振作精神，從而一鼓作氣擊敗了張繡，曹操對此十分讚賞。李通本來率部駐守汝南西界，當劉表派兵援救張繡，曹軍處於不利時，他率部連夜趕到，帶頭衝鋒陷陣。戰鬥結束，回到許都後，曹操任命他爲裨將軍，封建功侯。

如果說，曹操敗劉繡是獨闢蹊徑而勝，那麼，擊敗烏桓則是用另一種戰法，即以迂爲直，以患爲利。

曹操在官渡一戰後，勢力大增，加之袁紹敗回鄴城後，不久便因積郁成疾，發病而死。這樣，便爲曹操進一步統一北方提供了極有利的時機。他早已奪占青州，此時又先後佔領冀州、幽州與并州。那個時候，袁紹的兒子袁尚降了烏桓，企圖藉助烏桓的力量恢復袁氏在河北的統治。曹操爲徹底消滅北方豪強勢力，以根絕後患，遂決定率領馬步三軍，向烏桓所在的遼東地區進發。但既要平定烏桓，必須經歷長途跋涉之苦，而在當時的交通和技術條件下，有諸多困難。當他親率三軍，兵車數千輛，向前進發時，但見黃沙漠漠，狂風四起，道路崎嶇，人馬難行。而曹操的謀士郭嘉偏偏又重病纏身。曹操曾一度打算即刻回軍，但郭嘉卻勸阻說：「兵貴神速。今千里襲人，輜重多而難以趨利，不如輕兵兼道以出，乘其不備而攻之，只是應找到一個好的嚮導。」

《孫子兵法》裏說：「不瞭解列國諸侯的計謀，不能與其結交；不熟悉山林、險阻、沼澤等地地形的，不能行軍；不使用嚮導的，不能得地利。」又說：「在戰爭中爭取先機之利所以困難，是因爲必須把從表面上看是遙遠的和迂回的彎路變爲實際上是近便的直路，是要把困難變爲有利」。正當曹操爲尋求嚮導而愁眉緊鎖之時，有人推薦說，袁紹的舊將田疇深知此境，操即刻召見。

田疇好讀書，善擊劍。田疇說：「這條路每年秋季都要積水。說它淺，車馬卻通不過；說它深，又不能通航。舊北平郡的郡治在平岡，那裏有路可出盧龍塞，直達柳城。從光武帝建武年間以來，這條道路就已崩壞，隔絕了將近二百年，但是還有一條小路可以通行。如今番虜以爲丞相要從無終經過，現在遇雨不能前進，因此防範鬆弛，毫無準備。如果暗自將軍隊撤回，再繞道從盧龍口翻越白檀天險，到塞北空虛地帶，路途既近，又便於行走，在烏桓毫無準備的情況下，突然襲擊他們，踏頓的首級就可以不戰而擒了。」曹操稱善，於是就佯作撤軍，而且在路旁豎一塊大木牌，上寫：「方今暑夏，道路不通，且待秋冬，再來進軍。」

北虜探馬看見了木牌，眞的以爲大軍已經遠去了。曹操就命令田疇率領他的部眾替大軍作嚮導，登上徐無山，直出盧龍塞，經過平岡，越過白狼堆，離烏桓老巢柳城僅剩下二百里路時，烏桓單于親自臨陣，與曹操大軍交戰。曹軍大勝，斬敵很多，向北追趕敵人，直至柳城。曹軍回師，論功行賞，曹操封田疇爲亭侯，田疇卻堅決辭讓不受。

割髮代首，將帥悅服

孔子說：「假如能端正自身的行爲，那麼治理國家還有什麼困難呢？不能端正自身的行爲，如何端正別人呢？」

亂世的人心可以說是最浮燥而不可測的，其進退行止會帶有很大的隨意性、衝動性。因此，一個人在亂世統領一班人馬，如果不能從自身的角度加強修養，嚴以律己，以身作則，有錯必糾，則很難令人信服，他人的支援也會大打折扣。

在曹操的軍營中，歷來講究依法治軍，而當他自己「制法而犯法」的時候，則是一個嚴峻的挑戰，曹操「割髮代首」之舉則令部下深爲懼服。建安三年（西元一九八年）三月，曹操再度親臨淯水東岸。這次曹操仍留下荀彧及程昱這對最佳搭檔駐守許都，自己帶領荀攸、郭嘉、曹仁、曹洪、于禁、呂虔、許褚等浩浩蕩蕩出發。一路上，麥田已成熟，因聽到軍隊路過，居民嚇得四處逃散，沒有人敢留下來收成。

曹操有感於漢末以來戰禍連連，軍紀太壞，平民受苦最烈，聽說有軍隊到來，無不談虎色變，逃之夭夭，因此，向各軍下達指令：「吾等奉天子明詔，出兵討伐叛逆，與民除害。方今麥熟之時，不得已而起兵，大小將校，凡過麥田，但有踐踏者，並皆斬首，軍法甚嚴，爾民勿得驚疑。」

官兵聞知，經過麥田時，無不小心翼翼，皆下馬以手扶麥，遞相傳送而過。偏偏只有下命令的曹操，自己輕鬆自如地坐在馬上，欣賞著隨風起伏的黃金色麥田，對這次命令的政治效果，正在得意地暗自估評著。

不意馬到之處，麥田裏突然飛出一隻鳩鳥，曹操的坐騎嚇了一跳，竄入麥田中，踐壞一大片麥。曹操緊急之下，腦筋一動，立刻到主簿處請罪。

主簿很爲難地表示：「軍令怎可用在丞相（當時曹操已由獻帝授以丞相職位）身上呢？」「我自己下的命令，怎可先不遵守，這樣如何讓別人心服呢？」曹操說完，便作出一副準備自殺的模樣。

郭嘉看出曹操的心意，立刻阻攔，並表示說：「古者春秋之義，法不加于尊，丞相統領大軍，怎可自戕？」

曹操想了很久，面帶嚴肅地說：「既然春秋有法，不加於尊，我姑且暫免死刑，但仍以頭髮代替之。」

說完，拔劍割下髮，交給主簿，並傳送各軍營示眾：「丞相踐麥，本當斬首號令，今割髮以代。」

於是全軍悚然，沒有人再敢輕忽軍令，紀律大整。

將自己的頭髮割下來擲在地上，表示自己受了髡刑。髡刑是古代剃去頭髮的一種刑罰。在封建社會，人們認爲身體髮膚是父母給的，毀傷了它就是不孝。因此，割髮被列爲一種刑罰。曹操的割髮，即表示受了髡刑，又有以髮代首的意思。在封建統治者宣揚「刑不上大夫」「罰不加於尊」的情況下，曹操能夠表示自己不置身於法外，這還是難得的。這也表明曹操對以法治軍的重視。

在漢末三國那個時代，凡是能夠立得住的將領，大都具備這種嚴於律己，以身作則的品質。諸葛亮自降三級、姜維引咎自責和司馬炎引二敗爲己過也都屬此類。

《三國演義》第九十六回「孔明揮淚斬馬謖，周魴斷髮賺曹休」中寫了諸葛亮自動降職三級的故事，是律己之美談。

馬謖失街亭，諸葛亮認爲自己有不可推卸的責任，也應受罰。依法斬馬謖後，親自動手書寫表文，上疏後主劉禪，要求免去丞相之職。後主閱後，經過反復考慮，同意了諸葛亮的意見，免去丞相之職，降爲右將軍，行丞相事。

蜀將姜維被魏國大將鄧艾在段谷打敗後，士卒離散，四處逃亡。將士都埋怨姜維，隴西地區也騷動起來，百姓不得安寧。姜維引咎自責，上疏請求後主貶官削職，降爲後將軍，代理大將軍職務，部下感服。

魏扶南大將軍司馬炎，命征南將軍王昶、征東將軍胡遵、鎮南將軍毌丘儉討伐東吳，與東吳大將軍諸葛恪對陣。毌丘儉和王昶聽說東征軍兵敗，便各自逃走，朝廷將懲罰諸將。司馬炎說：「我不聽公休之言，以至於此，這是我的過錯，諸將何罪之有？」這一年雍州刺史陳泰請求與并州諸將合力征討胡人，雁門和新興兩地的將士，聽說要遠離妻子去打胡人，都紛紛造反。司馬炎又引咎自責說：「這是我的過錯，非玄伯之責。」百姓聽說大將軍司馬炎能勇於承擔責任，敢於承認錯誤，莫不歎服，都想報效朝廷。司馬炎引二敗爲己過，不但沒有降低他的威望，反而提高了他的聲名，可謂智矣。如果司馬炎諱敗推過，將責任推到下邊，必然上下離心，哪會還有日後的以晉代魏的局面呢？

由於曹操和諸葛亮等統帥在治理軍隊、治理國家時嚴於律己，所以他們在軍民心目中有極高的威信，做到了有令必行，有禁必止，軍隊的士氣旺盛、戰鬥力強。

樹立威信的要素很多，嚴於律己首當其衝。古人云：人非聖賢，孰能無過。其實聖賢也不一定無過。像諸葛亮這樣比較全面的人不也有失誤嗎？關鍵是能不能像諸葛亮、曹操那樣有自知之明，有自我發落的勇氣。

將帥的威信從律己中來，這是一個既淺顯又深奧的道理。「身不正則令不從，令不從則生變」。對於雄霸天下的人來說，有了這種威信，就有了感召天下的力量源泉。

離間用計，智敗馬超

曹操在使用離間計戰勝對方時，也做的非常自然，不露蛛絲馬跡，使對手難辨眞假，不覺中計。在與馬超、韓遂的鬥爭中就是這樣。

關於曹操巧用離間計鬥馬超、韓遂，《三國演義》和《三國志》的記載基本相符。《三國演義》「曹操抹書間韓遂」部分是這樣記述的：

在潼關一帶的幾次較量中，曹操曾幾次被馬超所困。一天，曹操在臨時築起的土城上，又見馬超引數百騎直突其大寨之前，往來如飛，勇不可擋。他恨恨地說：「馬兒不死，吾死無葬身之地矣！」但曹操畢竟久經戰陣，老謀深算，他暗想：如果用計是可以擊敗馬超的。於是，他分軍爲二，密令徐晃、朱靈渡河而西，在馬超大營背後結下營寨，對馬超、韓遂採取前後夾攻的陣勢。馬超得報大驚，遂與韓遂商議對策。部將李堪獻策說：「不如割地求和，雙方暫且罷兵。等挨過冬天，到春暖花開再作計較。」馬超對此議雖然猶豫不決，但韓遂及部將卻覺得可行。於是，便派使者向曹操提出割地請和之事。曹操當時未置可否，只是打發使者先回，說來日派人回話。

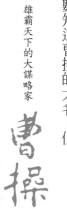

曹操部下賈詡對他說：「兵不厭詐，可以先答應他，然後用反間計，令韓遂、馬超兩相猜疑，則一鼓可破矣！」曹操聞計大喜，立即回書韓、馬說：「等我慢慢撤退兵馬，然後再歸還你們的河西之地。」佯裝罷兵言和。馬超認爲，曹操奸雄難測，雖然許和，也須嚴加提防。於是，他與韓遂也分軍爲二，分頭輪流注視曹操和徐晃的動靜。曹操得知西涼兵的部署後，對賈詡說：「大功即將告成！」

第二天，正好是韓遂與曹操對壘，曹操在眾將護衛下出營。韓遂的部卒多數知道曹操的大名，但卻沒有見過他的面。曹操出陣後，西涼兵爭相觀看。曹操在陣前大聲對他們說，「你們想看看我曹公嗎？我也是人呀，並沒長著四隻眼睛兩張嘴巴，與常人比，只不過智高謀多罷了。」曹操接著便使人約韓遂會話。於是，曹操和韓遂各棄甲仗，輕裝單馬出至陣前。二人馬頭相交，互相對答。曹操開口便說：「我與將軍之父同舉孝廉，我曾尊他爲叔父。我也與將軍一起踏上仕途，轉眼已經多年了。將軍現在妙齡多少？」韓遂回答說：「已經四十歲了。」曹操接著又說：「記得昔日在京師時，我們都是青春少年，不想現在已是中年。怎樣才能夠使天下太平無事，我們再一起歡樂相處呢？」曹操只是頻頻地敘說舊事舊情，一直不提及眼下的兵戰之事，說完又大笑不止。在旁觀者看來，這不像是戰場上敵對雙方的統帥，倒像一對久別重逢的故舊知交。就這樣，兩人談了約一個時辰，便告別回馬。馬超聽說這一情況後，立即追問韓遂，韓遂具實以告。馬超疑心重重，根本不相信曹、韓二人只談往事，不言軍情，他擔心這其中有什麼交易瞞著自己。但又抓不到眞憑實據，只好無言而退。

曹操回寨後，即與賈詡談了陣前約談韓遂之情，賈詡認爲，此意雖妙，但仍不能離間二人。隨即他再上一計說：「馬超乃一介武夫，不善於識別計謀。丞相可以專爲韓遂親修一書，在書中的要害之處，自行塗抹改易，令其朦朧看不清，然後單送與韓遂，設法使馬超知道此事。」賈詡認爲，馬超一定會索書觀看，看則必生懷疑，再聯想到日前陣戰約談之事，就要因疑生亂。他建議曹操再暗自聯結韓遂部將，讓他們離間韓、馬。這樣一來，馬超也就不難對付了。曹操立即按計修書一封，並故意多遣從人將信送到韓遂大營。馬超知道後果然產生了懷疑，他便直接到韓遂處索要書信。馬超一見信上改抹的字樣就問韓遂，韓遂也納悶異常，他告訴馬超說：「原信就是這樣，不知何故。」任韓遂怎樣解釋，馬超就是不信。馬超埋怨韓遂不出力殺賊，忽生異心的不義之舉。韓遂無法辯白，只得說：

「你如果不相信我的話，明天我再到陣前騙出曹操會話，到時一槍結束了他。」馬超這才滿意地說：「如果眞這樣，方見叔父的眞心。」

第二天，韓遂引五將出陣，馬超藏在寨門後邊。韓遂讓人到曹操寨上喊話，再次約丞相攀談。這次曹操卻令曹洪引數十人出陣，曹洪來到韓遂面前幾步遠的時候，只在馬上欠身對韓遂說：「夜裏丞相拜託將軍的話，切莫有誤。」說完撥馬便回。韓遂正在愣神，怒不可遏的馬超已拍馬舞槍突出陣前，幸虧韓遂部將勸住，才怏怏回到大寨。回營後韓遂對馬超說：「賢侄且勿生疑，我絕無反心。」但馬超硬是不信，仍十分怨恨地離去了。韓遂部將見馬超如此無理，就勸韓遂投降曹操。曹操聽後大喜，答應事成之後給韓遂及其部將加官晉職，並約定當夜放火，裏應外合，共同對付馬超。馬超當夜雖然預知其謀，也斬殺了韓遂的幾員部將，並將韓遂的左手砍掉。但因西涼兵內部的自相殘殺和曹操四面圍攻，被打得大敗。經過拚死爭鬥，馬超最後只帶領龐德、馬岱等三十餘騎，逃回西臨洮。死拚砍打使曹操連遭挫折，用此一計卻令西涼二十萬大軍傾刻瓦解。

這個故事所依據的歷史史實在《三國志》、《資治通鑑》等史書中，都有程度不同的記載。對照《三國演義》中關於這個故事的描寫與信史的記載，就不難發現，故事中的主要情節和人物，在歷史上實有其事其人。在有的地方，羅貫中幾乎將有關歷史記載不加修飾地全部搬到小說之中。如曹操與韓遂陣前相會時對西涼兵眾所講的那段話，就屬於這種情況。據《武帝紀》注引《魏書》說：「賊將見公，悉於馬上拜，秦、胡觀者，前後重遝，公笑謂賊曰，汝欲觀曹公邪？亦猶人也，非有四目兩口，但多智耳。」胡前後大觀。但是，小說與史實明顯不同或者經過改易的是：韓遂當時並沒有投降曹操，他在被曹操戰敗以後，仍然西走涼州。

總之，曹操這個「離間計」的實施，主要通過三個步驟，第一步是通過他與韓遂陣前敘舊，令馬超生疑，讓韓遂說不清楚；第二個步驟是通過他改抹書信，又令馬超增疑，更使韓遂有口難辯；第三個步驟通過曹洪拋出那幾句話，終於激得馬超勃然大怒，舉槍動武，加深了馬、韓之間的裂痕。三個步驟，一招新過一招，一計毒于一計，又做得天衣無縫，使人難辨眞假，充分表現了曹操的奸詐多智，也表現了馬超的粗暴輕率，成敗之間在此不難看出因果。

殺降不祥，孟德不為

曹操除初期起兵，爲報父仇大開殺戒外，一般不殺降。

人在面臨絕境時，大多有三種狀態，一是坐以待斃，二是全力掙扎，以死相拼；三是竭盡自己的智慧，積極地尋求擺脫的辦法。第二三種狀態給那些暫時得勢的征服者以深刻警示，就是斬草除根固仍重要，但「置人於死地」也往往容易激起更大的反彈力，反而可能會瞬間成敗易位。因而在征服者已經把被征服者置於必敗之險境的同時，必當考慮要給其留有一點生的餘地，以期避免由以死相拼導致的反彈力而可能導致的角色互變。曹操是有置於死地而得勝經歷的人，但他差一點也犯了讓別人能夠置於死地而得勝的錯誤，這一點則多虧採納了堂兄曹仁的意見。

河北平定之後，曹仁跟隨曹操包圍壺關。曹操下令說：「城破以後，把俘虜全部活埋。」連續幾個月都攻不下來。

曹仁對曹操說：「圍城一定要讓敵人看到逃生的門路，這是給敵人敞開一條生路。如果你告訴他們只有死路，敵人會人人奮勇守衛。而且城池堅固糧食又多，攻它則會傷亡士兵，圍守便會曠日持久；今日陳兵在堅城的下面，去攻擊拼死命的敵人，不是好辦法。」

曹操採納了他的意見，城上守軍投降了。

亂世之主，一生百戰，勝敗在所難免。而每一戰的勝利，都可能有一批降者，如何對待降者，霸主們或殺或留，自有一番主張。雖然對於降者斬盡殺絕的做法，可以起到斬草除根的作用，但是英明的霸主往往是不殺降的。

曹操一生不殺降的事很多，收編青州黃巾軍即爲其一。

曹操打敗于毒的黑山軍後，於兗州東郡有了立足點，做了名副其實的東郡太守，名聲大震後，採納陳宮策略，決定先平定黃巾，再圖取天下。於是曹操向青州黃巾軍發起進攻。當黃巾軍退至濟北時，已是寒冬十二月，衣食接濟很困難。曹操敦促黃巾軍投降。經談判後，黃巾軍數十萬人向曹操投降，願意接受他的指揮。曹操非常高興，宣佈既往不咎，一個也不加傷害，將其中的老幼婦女缺乏作戰能力的，全部安排在鄉間從事生產，挑選其中精壯者五六萬人，組成「青州軍」。這樣，曹操的軍事力量大增，他終於有了一支同其他勢力抗衡的武裝隊伍。

同時，對於像張繡那樣降而復叛，叛而復降，曹操多次南征，並致使愛將典韋、長子曹昂、侄兒曹安民在南征中喪生的投歸者，也不計較其殺子侄及愛將之仇，並表示熱烈地歡迎，立即任命他爲揚武將軍，表封他爲列侯，還與他結成兒女親家，並爲己子曹均娶了張繡的女兒。在後來的官渡之戰中，張繡爲曹操打敗袁紹立下了戰功。

因此曹操的一生，雖然殺了很多人，但他的不殺降，確實是壯大自己的力量，而向天下人顯示自己的寬闊胸懷和不計私怨的品格，從而取信於天下，爭取更多的智慧之士歸附他，起到了積極的作用。

勝一人難，勝二人易

成為霸主的人，必須具備某一方面的超乎常人的見識與智勇。所說的見識必當包括對主、客觀（或敵我雙方）情況的基本認識和正確估計。所說的智勇，就是在這一基礎上無所畏懼的行動。在這方面，曹操多次體現了他超乎常人的特質。

當袁紹已經吞併了公孫瓚，佔有四州之地，部署兵力十多萬，打算進攻許都時，曹操的諸位將領們都認為不可抵擋，曹操卻說：「我瞭解袁紹的為人，志向高而缺乏智謀，外表強硬而內心怯弱，猜忌刻薄而缺少威嚴，兵力雖多而佈置不精，將領驕橫而政令不統一，土地雖廣，糧食雖多，卻正好作為我的貢獻。」

見識超常，智勇非凡，在曹操戰馬超、韓遂前的過程中更得到了充分的體現。《三國演義》上有這樣一個細節，曹操與馬超在潼關之下對峙，探馬來報韓遂率十萬大軍增援馬超，曹操聽了開懷大笑，眾將不解。後來曹操自己解釋是：「勝一人難，勝二人易。」

正史不見如此記載，只有類似的戰術運用。

當時正是曹操擊敗馬超、韓遂的渭南大捷之後。回想幾個月來的兩軍交戰情況，雖然打勝，但一些將領對曹操的戰略戰術仍不理解，有人就問：

「仗一開始打起來的時候，敵人占守潼關，渭水北岸防守空虛，主公不從河東渡河西擊馮翊，卻屯兵潼關之下與馬超對立，待廝殺了許多時日才去渡黃河，這是什麼道理呢？」

渭南之捷是曹操赤壁敗北之後所取得的一次大勝利，對掃除大家心頭的陰影，對徹底解除來自西北的軍事威脅有巨大意義，所以，曹操便振振有詞地回答了大家。他說：

「敵人擁兵守著潼關，渭北以北防守雖然空虛，但我們要是對河東用兵，對方必定分兵把守黃河邊上的各個渡口，這樣，我們想要渡河也渡不過去了。所以，我只屯兵關下，作出持久攻堅的樣子，使敵人也把兵力集結到潼關上來，使黃河西岸的防守眞正處於空虛無備狀態。這樣再出其不意地讓徐晃、朱靈二將軍領兵渡河，因之便不費什麼力氣就攻佔了黃河西岸。由於徐晃、朱靈在河西站穩了腳跟，有戰鬥力，因而也就可以成功地牽制敵人，我大軍也就可以順利地北渡黃河。如此情勢，若急於做成，則欲速則不達，緩而圖之，反可迅速奏效。過了河，我軍又以兵車相連，建起柵欄甬道，使兵士穩固向南推進。敵人見狀以爲我軍怯戰，弱而不足慮，而大軍有柵欄掩護又使敵人無法攻擊。渡渭水之後，我大軍又深溝高壘，堅守不戰，是爲了進一步使敵人產生驕慢輕我的心理。令人失笑的是，馬超無謀，如此局面他不去率領兵卒加固城防，添築堡壘，卻要來找我們割地講和。答應他求和的要求，實際也是爲使他們鬆懈戒備，我們也獲得休息的時日。到後來，有了機會，我軍捏成拳頭，迅猛攻擊，立即產生迅雷不及掩耳的效果。這個用兵之道盡在變化與以變應變之中。」

諸將聽完，恍然有所領悟。但戰事初起，關中諸路人馬每到一部，曹操都喜形於色，諸將又問道理。曹操又解釋說：

「關中是一個大平原，如果馬超、韓遂等各自守住險阻，大軍一個個地去攻打，攻城奪隘，艱苦尤甚不說，時間少說也得一兩年。而他們卻自己集中到一塊兒了，人數固然多，好像很強大，卻實際是一盤散沙，沒有一個統一的指揮，卻可能互相牽制，這就使得我們有機可乘，一舉消滅他們，這就比一個個地去收拾他們方便多了，我怎麼會不高興呢？」於是，眾將敬服。

曹操到底是不可多得的帥才。遠涉山川，馬超、韓遂又不是尋常對手，他自己對馬超的評價也是：「馬兒不死，我無葬身之地矣！」英雄固然有虎膽，但到底也是尋常的血肉之軀，哪有不畏敵的！畏而不怯，但黑雲蓋頂時，猶能見雲隙之外的勝利霞光，這實是曹操魅力所在。在這裏，曹操實施勝一人難，勝二人易的策略，尤其值得玩味。

知己知彼，百戰不殆

《孫子兵法．謀攻》說：「知彼知己，百戰不殆；不知彼而知己，一勝一負；不知彼，不知己，每戰必敗。」

這是孫子對戰爭實踐的總結。這已成爲千古名言。

曹操想討伐劉備，諸將都怕發兵之後袁紹要抄曹操的後路。曹操猶豫不定，去問郭嘉，郭嘉說：「袁紹爲人秉性遲緩而多疑，劉備剛起兵，眾心未附，急攻之，備必然失敗，這是存亡的關頭，不可失去時機。」曹操說好，遂東征劉備，劉備去投奔袁紹，袁紹果然不出兵。

孔明巧擺「空城計」也是運用這種謀略思想取得成功的典型例子。孔明知漢中咽喉街亭失守，怕司馬懿斷其歸路，急分兵遣將佈置撤軍。忽然十餘次飛馬急報：「司馬懿引大軍十五萬，望西城蜂擁而來！」這時孔明身邊別無大將，只有一班文官和二千五百軍兵在城中。眾官聽得這個消息，盡皆失色。惟有孔明不慌不忙，傳令：偃旗息鼓，大開四門。自己披鶴氅、戴綸巾，引二小童攜琴一張，於城樓之上，憑欄而坐，焚香操琴。司馬懿一見，大疑，急令退軍。孔明彈琴竟退了司馬懿十五萬大軍。當次子司馬昭問其故時，司馬懿答道：「亮平生謹慎，不曾弄險。今大開城門，必有埋伏。我軍若進，中其計也。」司馬懿老謀深算，精通兵法，每戰必先「知彼」而後戰，他素知孔明爲人「謹慎」，決不會擺空城計以冒險。但他只知往日的孔明，而不知今日的孔明。孔明爲何往日未曾冒險而今日卻冒大險？司馬大軍退後眾將問其故，孔明答說：「此人料吾平生謹慎，絕不弄險；見如此模樣，疑有伏兵，所以退去。吾非行險，蓋因不得已而用之。」司馬懿之所以退，只因其只知往日孔明「謹慎」而不知今日孔明敢冒險，即不知彼；司馬懿擁有十五萬大軍，孔明困守區區一小城，即使滿城設伏兵，何堪一擊。他思不及此是因對敵估計錯了，忘記自己軍力勝孔明百倍，這就是不知己。司馬懿既不知彼又不知己，這便是他敗退的原因。孔明之所以一反平生謹慎的作風，敢於冒大險擺空城計，正如他自己所說的「蓋因不得已而用之」。因爲司馬懿十五萬大軍快臨城下時，他身邊只有二千五百軍兵，要戰戰不過，要逃逃不了——棄城而逃，必不能遠遁，定被司馬懿所擒。在要戰要逃都不行的情況下，孔明只有擺空城計一法了。這說明孔明很清楚自己所處的危境及其必須做的事，可見孔明「知己」。孔明敢擺空城計，因他知司馬懿深懂兵法，且爲人謹慎又多疑；又知司馬懿料其「生平謹慎，必不弄險」，這就是既知其人，又料其知我，故得出結論，必疑我有疑兵，必不敢進。

可見孔明「知彼」之深。孔明知彼又知己，這便是孔明的「空城計」取得成功的原因。

圍魏救趙，計得兗州

大概每個英雄的成長都有依附於人的時候，但是，如果你所依附的人是一個想永遠控制並利用你的貪婪而又狹隘之輩的話，眞正的英雄就必須在寄人籬下的同時思考自己的未來，營造自己的根基。曹操依附袁紹時就是這樣。

袁紹不僅看到曹操和黃巾軍廝殺而內心高興，而且還覺得必須對曹操加以利用，使他替自己守住冀州的南大門，並透過曹操使自己的勢力伸展到黃河以南，使冀、青、兗三州連成一片。所以他熱心地加封曹操爲東郡太守。曹操當然明白袁紹的如意算盤，但他勢力比袁紹弱得多，也必須利用袁紹，至少不能違逆袁紹，否則，袁紹打董卓不行，但對付他剛開張的那點人馬卻是不費氣力的。因此，曹操很乖巧地接受了袁紹給他的職務，做起了東郡太守，並將治所從濮陽遷到東武陽（故城在今山東莘縣南），又趁機舉鮑信爲濟北相，以爲自己的羽翼。從這一舉動看，曹操已有了明確的自己經營兗州、青州的意向。

到了初平三年（西元一九二）春，曹操屯兵頓丘（今河南清豐），突然探馬來報，義軍于毒之部隊，正進兵東武陽，曹操也立即駐兵攻擊于毒西山的大本營。眾將不解，爲什麼不回救東武陽？曹操始講出一番道理：

「從前孫臏要救援被魏軍攻打的趙國，卻只去攻打魏國首都。耿弇想要趕走駐守西安（在今山東淄博西北）的張藍，卻只去攻打與西安互爲犄角的臨淄。這兩人都達到了目的。現在我先去攻于毒的大本營，于毒必然回救，東武陽的危險不就消除了嗎？如他不回救，我們摧毀他的大本營，于毒照樣打不下東武陽。」

諸將明白，于毒果然回救，東武陽之圍不救自解，行至中途，又正中曹操埋伏。至此，黃河以南的黑山義軍基本被曹操消滅。

同年夏天，兗州（占地相當於今豫東北、魯中南大部，故城在今山東金鄉縣西北）告急，任城（故城在今山東濟寧市）相鄭遂被殺，兗州刺史劉岱陣亡。劉岱死後，州中無主，東郡人陳宮即對曹操說：「今兗州沒了首長，無法執行王命，請讓我去州裏說說話，讓您來接任兗州刺史。如您得了兗州，也就有了爭天下的資本了。」這對曹操自是求之不得的事了，沒有阻攔之理。陳宮到兗州，找來兗州別駕、治中等要員說：「曹孟德有經營天下之才，如讓他來做兗州牧，則一定能擊垮黃巾，使兗州重歸太平。」鮑信也出面勸說兗州官吏，大家贊同，曹操便不費一兵一卒得了兗州。從此，曹操自己的實力也逐漸強大起來。

輕兵對敵，以快制勝

曹操霸業之成，與他主張辦事宜雷厲風行果斷迅速的作風是分不開的，曹操在政治上如此，在軍事上更是如此。曹操遠襲烏桓的成功，就是以輕兵致快而達到的。

曹操遠征途中，狂風四起，狂沙飛揚，道路崎嶇、人馬難行。曹操有些後悔，意欲回師。這時，水土不服、病臥車上的郭嘉仍然鼓勵曹操。他說：兵貴神速。我們千里遠襲，輜重多而難以趨利，不如輕兵兼道以出，掩其不備。曹操又一次聽從了郭嘉的建議，拋下笨重裝備，快速通過盧龍塞，直搗單于庭。

我國兵學家非常強調快速用兵的重要性。孫子說：「兵貴神速，不尚遲巧」；「兵貴勝，不貴久。」先發制人貴速，主動攻擊貴速，捕捉戰機貴速。用兵神速有以下好處：第一，速能乘機。戰場上情況變幻莫測，戰機稍縱即逝，只有快速行動，才能捕捉戰機，遲緩、拖拉將會坐失良機；第二，速能達成進攻的突然性，先發制人，以迅雷不及掩耳之勢，使對手猝不及防，在短時間內，從軍事到心理造成爆炸性效果；第三，用兵是人力、物力的消耗過程，迅速行動，可在較快時間裏解決戰鬥，從而減少戰爭消耗。

曹操遠襲烏桓的成功，主要得益于郭嘉的「輕兵」戰術。輕兵作戰，是兵家用兵的一大法寶，對於長途遠襲的軍隊來說，尤其如此。有兵貴神速，以快致勝，最爲典型的還是曹操手下大將司馬懿克日擒孟達之事。

魏帥司馬懿克日擒孟達，是中國歷史上速戰速決的一個典型戰例。魏主曹丕死後，曹睿繼位。諸葛亮抓住這一有利時機，北伐中原。同時，通過散佈謠言，促使曹睿將魏國名帥司馬懿削職回鄉。這時，出任新城太守的孟達，由於不受曹睿重用，並受朝中多人嫉妒，便趁機秘密聯結諸葛亮謀反。當時，屯住宛城的司馬懿得知這一重要消息，決意前往平叛。但是按規定，他要發兵，必須先報在洛陽的魏主，待准奏後才能進兵。可是，從宛城到洛陽往返一千六百里，要走半個多月，從宛城到新城有一千二百里，要走十多天。如果等魏主降旨後再前往平叛，將會因拖延一個月時間而貽誤戰機。爲了爭取時間，以快制勝，司馬懿臨機處置。他三管齊下，一面採用緩兵計，給孟達去信，假作勸慰；一面派人火速向魏主報告；一面當機立斷，直接發兵討伐叛軍。司馬懿率部隊日夜兼程，直奔新城，八天趕了一千里。當司馬懿大軍突然出現在城下時，孟達大驚失色，他原估計司馬懿最快也要一個月才能到達，因而疏於戒備。司馬懿一鼓作氣，奮力攻城。孟達措手不及，兵敗身亡。司馬懿僅用了十六天就平定了叛亂。

兵貴神速，爲兵法要策，它要求的是快速用兵。速度在戰爭中有著特別重要的意義，其實做其他事情，速度也在很大程度上決定著成敗。

畢其功於一役

雄霸天下的曹操在軍事上能夠通過「以利誘敵，致敵於死」來展示他的特殊本領。

當曹操解了白馬之圍後，正欲收兵後撤，忽聞河北名將文醜爲報關羽斬顏良之仇，率領大軍，渡過黃河，追殺過來。曹操急令以後軍爲前軍，以前軍爲後軍，糧草先行，軍兵在後，迎戰文醜。眾將見曹操擺出這種奇怪的陣行，都很疑惑。呂虔問：「糧草在先，軍兵在後，何意也？」曹操回答：「糧草在後，多被剽掠，故令在前。」呂虔又問：「倘遇敵軍劫去，如之奈何？」曹操說：「待敵軍到時，卻又理會。」糧草輜重行至延津，果然被文醜劫去，前軍也被驅散。曹操聽到消息，便把軍隊引到一座山上，令軍士解衣卸甲休息，並盡放馬匹。不一會，文醜領軍趕來。眾將都勸說曹操趕快收馬撤退，只有荀攸說：「此正可以餌敵，何故後退？」曹操急以眼色示意，不讓荀攸再說下去。此刻，文醜軍剛打了勝仗，趾高氣揚，忽見許多馬匹，十分高興，一哄而上，四處搶馬，「軍士不依隊伍，自相雜亂」。曹操見時機成熟，命令將士齊從山上殺下，敵軍頃刻大亂，人馬相互踐踏，文醜在亂軍中被關羽斬于馬下。曹操大獲全勝，糧草馬匹全部奪回。慶功宴上，曹操對呂虔說：「昔日吾以糧草在前者，乃誘敵之計也。惟荀公達知吾心耳。」

在這次戰鬥中，曹操採用的是以利誘敵的計謀。將士爭功，戰場爭利，這是軍事上的普遍現象。因此，示利於敵，以利爲餌，是軍事謀略家誘敵克敵的有效手法。

大凡魯莽、衝動的將領，多貪財圖利心切，只要示之以利，便會不顧一切，追逐誘餌，輕易地鑽入對方的圈套。即使一些有頭腦的人物，由利而誘，也會喪失理智，思進不思退，慮勝不慮敗，貪功不計危，見利不見害，察眼前而昧長遠，得有形而失無形，聽諂言而失忠良。

古人云：「患生於多欲。」以小利離間對手，使之彼此爭鬥，自己坐收漁人之利，這是三國中一些高明謀略家經常使用的詐術。

關羽水淹七軍，擒了曹將于禁，斬了曹將龐統，又緊緊攻打樊城，曹操大驚不已，甚至想到遷都避禍。這時，司馬懿建議曹操派使臣「去東吳陳說利害，令孫權暗暗起兵躡雲長之後，許諾事平之日，割江南之地以封孫權」。這一招果然收到了奇效，孫權爲利而動，從關羽背後插了一刀，樊城的危機頓時煙消雲散。

又如，收留了被曹操打敗的呂布後，曹操生怕劉、呂二人聯合起來對付自己，便召集手下文武共商大計。謀士荀彧獻上了一計，他說：「今許都新定，未可造次用兵。有一計，名曰『二虎競食』之計。現在，劉備雖然掌管徐州，但未得詔命。因此，可奏請詔命，實授劉備爲徐州牧，並密與一書，讓劉殺掉呂布。事成則備無猛士爲輔，亦漸可圖，事不成，則呂布必殺備矣：此乃『二虎競食』之計也。」

以上二例的具體策劃，都是投之以小利，引起敵對勢力的爭鬥，使其兩敗俱傷，達到鷸蚌相爭、漁翁得利的目的。

【第五章】

執掌權柄，賞罰慎當匡天下。

賞罰乃人主之權柄。曹操用討字訣從漢獻帝那裏巧借大權，如虎添翼。曹操明於賞罰。有人說他「勳勞宜賞，不吝千金，無功望施，分毫不與」，也有人說他「懸法設禁，貴賤如一」，這些都肯定了曹操賞罰得當而使天下歸心的做法。而如何把握好執法、賞罰、褒貶之分寸，曹操的作法會給後來者更多的啟示。

秉公執法，不畏強勢

曹操走上仕途不久，就顯出了他的凌厲威勢。他不僅敢於背叛他的家族，而且他秉公執法，敢於向強權挑戰，體現了曹操那種敢做敢爲，我行我素的霸王本性。

靈帝熹平三年（西元一七四年），二十歲的曹操被地方推舉爲孝廉。孝、廉原是漢代選舉官吏的兩種科目，孝指孝子，廉指廉潔之士，後來合稱孝廉。在西漢武帝之後，有了孝廉的資格，就可以做官了。

開始時曹操被任命爲郎（帝王侍從官的總稱），接著由京兆尹（相當於郡太守）司馬防（司馬懿父親）推薦，出任洛陽北部尉，正式踏上了仕途的第一站。

洛陽是東漢的首都，負責查禁盜賊維持治安的尉（相當於縣尉）不止一人，分部管理。洛陽北部尉負責洛陽北部地區的治安工作，可以說是京城北區的警備隊長。由於洛陽是在皇帝腳下，權貴又多，管好治安是件重要工作，當然也是很不容易做好的工作。

當時京城地區的治安情況很不好，經常有突發事變，爲了保證皇帝等的安全，當時政府規定了京城地區嚴格的治安條例。曹操上任後，爲了把治安工作搞好，忠於職守，將自己管轄的四道城門修繕完好，並製作了若干五色大棒，掛在城門的兩邊。然後申明禁令，凡是違反治安條例的，不管是平民百姓還是豪紳權貴，一律用五色棒打死。這樣一來還眞的起作用了，在一段時間內治安情況良好，無人敢於違犯。

過了幾個月之後，一件棘手的事情發生了。宦官蹇碩的叔父，仗著他侄兒的權勢，根本沒把曹操放在眼裏。

蹇碩其人壯健而有武略，這時雖不過是一個六百石的小黃門，職位不算高，但因隨侍皇帝左右，負責溝通內外和上下之間的聯繫，手中握有一定權力。其人又深得靈帝寵信，是一個前途未可限量的人物（十餘年後，蹇碩被靈帝任命爲上軍校尉，居統領禁軍的西園八校尉之首）。整個宦官集團這時正處於炙手可熱的時期。

一天蹇碩的叔父違禁夜行，曹操手下的人把他拿住。曹操喝問說：「你是何人？爲什麼違犯禁令夜間出行？」回答說：「我姓蹇，宮中的蹇碩是我的侄子。」曹操聽後，氣得火冒三丈，又喝道：「夜間出行，違犯禁令，當受重罰，你不知道嗎？」回答說：「我有急事才出來。禁令是爲了防止變亂，像我這樣的人，哪能有作亂之理？你不應當處罰我。」曹操說：「我不管是什麼人，只要違犯了禁令就要制裁，徇私枉法的事我是不能幹的。」接著便把他押到城門處，當著眾百姓的面，宣佈罪行。然後毫不留情地用五色棒把他活活打死。這一來，起了殺一儆百的作用，此後，洛陽城的治安情況比以前更好了。史書上記載說「京師斂迹，莫敢犯者。」

這件事轟動了洛陽城的大街小巷，老百姓都稱讚曹操不畏權勢、堅決執法的行動。當然也觸動了漢靈帝身邊那些被寵信的宦官，蹇碩對曹操就恨之入骨。但由於曹操是按照治安條例辦事，輿論又多是讚揚曹操的。蹇碩欲加害曹操可又抓不著把柄，只好慫恿有關部門把曹操升爲頓丘縣令，使其離開京城。

英雄本色，要有所作爲，則必須敢於弄險，所謂「疑行無名，疑事無功」。從曹操的這一作爲來看，他所表現的風範足可觀其一生。或者說他一生處事在某一方面總是不疑懼、不畏怯，甚至是敢於獻身的。

恩威並施，審當賞罰

晉代傅玄《傅子．治體》曰：「治國有二柄，一曰賞，二曰罰。賞者，政之大德也。罰者，政之大威也。」告訴人們治理國家有兩個是最基本的東西，一個是通過獎賞來激勵百官，體現當政者的大德；另一個是通過懲罰來約束百官，體現當政者的威嚴，這兩者都是控制人的手段。

曹操十分注重明賞罰。宛城一戰，曹操大敗。事後他深刻地總結了經驗教訓，認爲失敗的主要原因在於自己平時放鬆對軍隊的嚴格管理，致使執法不嚴，軍心渙散，士卒不知有法，臨陣潰散。爲此，他重新制定了一套行軍作戰紀律。

事實上，曹操歷來堅持有功即賞，有罪即罰。當十八路諸侯共討董卓時，董卓的勇將華雄連斬聯軍數員大將，諸侯中無人可敵。此時，尙爲平原縣令劉備手下一名馬弓手的關羽挺身請戰。袁術當即怒斥，命人趕出。而曹操卻說：「此人既出大言，必有勇略，試教出馬，如其不勝，責之未遲。」結果，關羽片刻間便提華雄之頭來見，這就是有名的「溫酒斬華雄」。袁術對此大怒：「量一縣令手下小卒，安敢在此耀武揚威！都與趕出帳去！」曹操卻反駁：「得功者賞，何計貴賤！」

大功大賞則是曹操行賞罰的一大特色，曹操獎賞張遼在天柱山以勇破陳蘭就體現了這一點。陳蘭、梅成據六縣反叛。曹操派于禁、臧霸去討伐梅成，張遼監督張郃、牛蓋等討伐陳蘭。梅成假意降于禁，于禁因此退兵。梅成就率領他的部下投奔陳蘭，轉入灊山。灊山中有座天柱山，山勢陡峭，高二十餘里，道路艱險狹窄，步行只能一人通過。陳蘭在山上安營，張遼想進攻，眾將說：「咱們兵少，道路艱險，不能深入攻敵。」張遼說：「咱們和他們一個對一個，正所謂勢均力敵，只有勇猛的人才能取勝。」於是在山下安營紮寨，然後進攻，殺了陳蘭、梅成，俘虜了他們的部下。曹操後來論功行賞時說：「登天山，履峻險，俘獲蘭、成，是蕩寇將軍張遼之功。」於是給張遼增加食邑，並給他持節，可在軍中先斬後奏。

個人有功，獎賞個人，集體有功，則慰勞全體是曹操行賞罰的又一個重要特徵。曹操率軍進入漢中郡的治所南鄭，順利接收了張魯留下的財物珍寶，對張魯的做法深表滿意。又得知張魯本有歸順之意，於是派人前去巴中慰問說服，以期早日把張魯爭取過來。

這次軍事行動，在山區行進了將近千里的路程，爬山越嶺，經歷了不少艱難險阻，但最後終於奪取了勝利。曹操非常高興，大擺宴席慰勞全軍將士，大家無不興高采烈，多日的辛勞，一下子拋到了腦後。

設而不犯，犯而必誅

曹操一生，特別注重依法治軍、治政，貫徹賞罰嚴明的原則。由於長期處於戰亂狀態，他推行的法治，突出表現在治軍方面。他在《孫子兵法》的注釋中，強調了「以法治軍」的原則，並提出「設而不犯，犯而必誅」的主張。指出有了軍法，就必須嚴格執行。還強調說：「禮不可治兵也。」治軍應按軍法從事。

因此在曹操的一生中，他制訂了許多法律性的令文，如《論吏士能行令》、《敗軍抵罪令》、《封功臣令》、《軍令》、《戰船令》、《步戰令》等等，很多是具體、明確的法律性條文。當其子曹彰要率軍北征烏桓時，曹操還囑咐他要按王法從事。

曹彰字子文，少時善射御，膂力過人，格殺猛獸，不避艱險。代郡烏桓反，曹操以曹彰為北中郎將。臨行時，曹操告誡曹彰說：「我和你在家為父子，受命為君臣，行動時要按王法從事，你應該慎重。」曹彰北征，進入涿郡界內，叛胡數千騎突然到來。當時兵馬還未集合，只有步兵千人，騎兵數百。曹彰聽從田豫的計謀，堅守要害，敵人才退走。曹彰追擊敵人，親自搏鬥，戰鬥半天，鎧甲上中了數箭，鬥志卻更加昂揚，乘勝追擊，到了桑乾，離代郡二百多里。長史和諸將都認為兵馬剛剛經過長途跋涉，勞頓不堪，又有上面的命令，不許過代郡，所以不同意深入代郡。曹彰說：「率領軍隊進兵，哪里能取勝就去哪裏，還管什麼命令？胡人逃走未遠，若追擊一定能打敗他們。遵守命令，放走敵人，不是良將。」於是上馬，命令軍士說：「後退者斬首。」奔走了一天一夜追上敵人，大破敵軍，斬獲俘虜數以千計。曹彰於是賞賜將士，部下都非常喜悅。

何夔在司空府任職，因曹操「性嚴，掾屬公事，往往加杖，夔常蓄毒藥，誓死無辱，是以終不見及」。何夔是一條硬漢子，認為「士可殺而不可辱」，身藏毒藥，一旦公事出錯，受杖責之前即服毒自盡。也許正因為他愛惜生命才以毒藥自戒，所以為官一生從不出錯。

推行法治、審當賞罰，法律本身的得當也至為重要。在魏國建立之初，就存在著刑法過於嚴重的傾向。後來曹操採納尚書郎高柔的建議予以更改。

魏國初建時，鼓吹（官職名）宋金等人在合肥叛逃，按法要考治其妻兒。曹操還嫌太輕，要加重處罰。於是，主審官奏請將其母親、妻子和兩個做官的弟弟全部斬首。尚書郎高柔上書曹操說：「士卒逃亡，確實可恨；但逃亡者中亦有後悔的。我認爲應該對逃亡者的妻子予以寬大，這樣，不僅可使敵人不信任逃亡者，還可促使逃亡者回心轉意。像以前那樣的處置，逃亡者完全絕望，若再加重處罰，使現在軍中的士卒人人自危，今後怕要相隨而走了。可見，刑罰過重非但不能制止逃亡，反而會促使更多的人逃亡。」曹操聽後稱善，立即採納了高柔的意見。

曹操能夠按王法行事，確實是他能夠成就霸業的一個重要因素。曹操自己在死前也深以爲然，在他的遺囑當中就有「我在軍中依法辦事是對的，至於小的忿怒，大的過失，不應當效法」的話。

出手不凡，當攏人心

爭天下，勝敗決定於人心向背，故說「得人心者得天下。」人心包括民心、軍心、部屬之心，這「三心」互相關聯、互相影響，缺一不可。曹操、劉備、孫權爲圖天下都注意爭取人心，順應民願。

劉備雖說是中山靖王之後，實無可考，自己也無靠山，他起自民間，是一個織履之徒，一個很普通的平民百姓，後能建立蜀國，全靠自己的本事。他最大的本事是善於攻心，故很得人心。他攜民渡江，荊襄軍民感其德誓死相隨；摔阿斗、遺眾將以結將心，使眾將死心塌地爲之效力；三顧草廬，表示其求賢若渴，以魚水關係相待，表明對孔明信任無間，使孔明感其誠，下山相輔，鞠躬盡瘁，死而後已。即使是奪人之國，首先考慮的還是人心，他入川是爲謀蜀，但他不納龐統之策，反對殺其主奪其國，趁駐守葭萌關拒張魯之機，廣施恩惠，收拾民心；及起兵奪蜀，不擾民，優待俘虜，故甚得人心，入成都時，百姓香花燈燭，迎門而接。因人心歸附，蜀漢政權極其鞏固。

曹操得將士之心，是因其賞罰分明，史稱他攻城拔邑，得美麗之物，則悉以賜有功，勳勞宜賞，不吝千金，無功望施，分毫不與，四方獻御，與群下共之。

曹操在重大決策上，也特別注重民心向背。取冀州後，有人勸說曹操應當恢復古代設置的九州，那麼冀州所管轄的地方就能擴展，天下就易歸服了。曹操打算採納這一意見，荀彧說：「要是這樣，冀州就應該獲得河東、馮翊、扶風、西河、幽州、并州這些土地，所兼併的地方就太多了。前一陣子您戰敗袁尚，捉到審配，四海之內都爲之震驚，一定會人人擔心不能保住自己的土地，擁有自己的軍隊；現在使他們分別歸屬冀州，人心都將動搖。況且很多人都去遊說關西諸將採取閉關自守的辦法；現在如果聽到這消息，關西將領們認爲一定會被依次地剝奪權力。一旦形勢發生變化，即使潔身守善的人，也會轉而被迫幹出壞事，那麼袁尚能夠推遲他的滅亡，袁譚就會懷有二心，劉表就能保住長江、漢水之間的地域，天下就不易謀取了。希望您能趕緊率軍首先平定黃河以北地區，然後修復原來的京都洛陽，向南逼臨荊州，譴責劉表不向天子朝貢，那麼全國之人都會理解您爲國的誠意，人人內心安定。等天下安定後，才商議恢復九州制，這才是國家長遠的利益。」

曹操於是將設置九州的動議擱置起來。同一時期，曹操還通過減免賦稅，來爭取人心。因此，曹操能夠成就大事決不是偶然的。

孫權也得人心。孫權一見魯肅，交談甚悅，來賓告退時，獨留魯肅，邀他入內室，共坐在榻上對飲，虛心請教，魯肅因此傾心與之談圖天下的策略，孫權聽後大爲讚賞，「拔魯肅於凡品」。魯肅得遇明主也竭力相輔。曹操大軍南下，吳國危急，眾文士主張投降，獨魯肅堅持聯劉抗操。曹操被打敗，魯肅從前線回來，孫權遠接，持鞍下馬迎候，對其敬重如此。孫權用人，疑之不用，用之不疑，因其信任人，人也效忠他。周瑜率軍操，操派其同窗好友蔣干勸周瑜歸降，周瑜大義凜然申明，他「遇知己之主」，「情同骨肉」，「禍福共之」，其效忠于孫權之志堅定不移。孫權還在生活上對部下關懷備至，有患病的，常送醫送藥上門，甚至親自監護。由於君臣休戚與共，終孫權之世，東吳安如磐石。

策略正確，人心嚮往，三國之興，實由於此。在古代能建國、治國的都靠這兩條。

化敵為友取信天下

不計私怨，胸襟博大，是取信於人的一個重要資本。

其實，成大事的人，心胸也不一定眞正總是像人們想像那樣始終寬廣似海，博大無垠。如果眞是這樣，那他一定淡化了競爭。因此，欲想有一番作爲，那怕自己本來並不具心胸寬廣的本性，亦應磨練自己，養成一種博大胸襟，尤其要把握時機、選擇好物件，樹立起自己襟懷寬廣的形象，這樣才更有利於聚攏士人，供己驅驅。

曹操三次南征張繡，第一次失敗，第二次獲勝，第三次互有勝負，基本上打了個平手。曹操未能消滅張繡，但張繡也沒有足夠的能力進攻許都，南邊的局勢暫時平穩下來。在這種情勢下，曹操接受荀彧的建議先東征呂布，平定了徐州，並打敗了袁術。而在南征張繡過程中，張繡曾把曹操打得措手不及，將曹操的愛子曹昂、心腹戰將典韋等都殺死了。

建安四年（西元一九九年），曹操與袁紹在官渡一線對峙。曹操忽然想到要把張繡弄到身邊以對付袁紹，而這時袁紹爲了對付曹操，也派使者來到穰城，約張繡出兵進攻許都，同時給賈詡寫了一封親筆信聯絡感情。當時袁紹勢力強大，張繡打算答應袁紹。這期間，多虧了賈詡之功，當時賈詡出人意料地當著眾人對袁紹的使者說：

「你回去告訴袁本初，他們兄弟之間尚且不能相容，怎麼能容得下天下國士呢！」

兄弟不能相容，指袁紹、袁術反目成仇、互相攻伐的事。賈詡這麼一說，毫無思想準備的張繡不由得大驚失色，脫口而出：「您怎麼這樣說呢？」

但賈詡胸有成竹，話已說出，使者只得動身回冀州復命去了。

事後，張繡私下惶恐不安地問賈詡：

「您這樣處理，我們今後怎麼辦呢？」

賈詡的回答又出乎張繡意外：

「不如投靠曹公。」

張繡爲難地說：

「袁強曹弱，我們又同曹操結下了冤仇，去投靠他怎麼行呢？」

賈詡不慌不忙說出一番理由：

「將軍所說的恰好就是我們應當投靠曹公的原因。第一，曹公奉天子以號令天下，名正言順，從公義出發，我們應當歸附他。第二，袁紹強盛，我們以不多的一點兵力去歸附他，他肯定不會看重；而曹公還比較弱小，得到我們這支兵力，肯定會感到很高興。第三，凡有志于建立王霸之業的人，肯定不會斤斤計較個人的恩怨，目的是要以此向天下人表明他胸懷的博大，我看曹公就是這樣的人。這件事請將軍不必再疑慮。」

張繡見賈詡說得入情入理，也就不再說什麼了。這年十一月，張繡率部到許都投歸曹操。曹操果然十分高興，親熱地拉著張繡的手，爲之設宴款待，並立即任命張繡爲揚武將軍。曹操還讓自己的兒子曹均娶了張繡的女兒，兩人做了兒女親家。

曹操對賈詡自然也是親熱異常，拉著賈詡的手說：

「使我取信於天下的，就是您啊！」

意思是說，他同張繡爭戰多次，並曾被張繡打得大敗，兒子、侄兒及愛將典韋都死在張繡手下，但現在張繡卻對他這樣表示信任，率兵前來投歸，我曹操也要信用張繡，既往不咎，替天下人做出一個不計私怨、寬宏大量的榜樣。

曹操不會忘記給他提供了這個機會的賈詡，因此他對賈詡所表示的不僅是歡迎，更多的是感激。他給予賈詡的封賞，也是很夠意思的，開始就上表舉薦賈詡爲執金吾，封都亭侯，很快又提升賈詡爲冀州牧。因冀州還在袁紹手裏，因此留參司空軍事。從此，賈詡同荀彧、荀攸、郭嘉等人一起，成爲曹操身邊的重要謀士。

張繡內心十分感激曹操對他的信任，後來每次作戰都異常英勇。官渡之戰，他因力爭有功，被提升爲破羌將軍。在南皮參加擊破袁譚的戰鬥後，封邑被增加到二千戶。曹操對張繡的信用也是始終如一的，給予張繡的封賞總是超過其他將領。當時因戰亂連年，戶口減耗嚴重，十戶人家不過還剩一戶在，因此諸將的封邑沒有能夠滿千戶的，而張繡的封邑達到二千戶，大大超過了其他將領。曹操這樣做，其實還是要保住這個「樣板」，讓他繼續發揮作用。

建安十二年（西元二〇七年），張繡跟隨曹操北征烏桓，死於途中。其子張泉繼承了封爵，後因參與魏諷謀反，被殺，封邑隨之削除。

厚待歸順者

曹操厚待歸順者的事情有很多。

建安十九年（西元二一四年）十一月，張魯帶著全家來到南鄭，向曹操表示臣服。曹操親自出城迎接，立即任命張魯爲鎮南將軍，封閬中侯，食邑一萬戶，以客禮相待。張魯的五個兒子也都被封爲列侯，曹操還讓自己的兒子彭祖娶了張魯的女兒。

曹操對於張魯表現了異乎尋常的優待。爲《三國志》作注的裴松之認爲張魯雖有歸附之心，但畢竟是戰敗以後才來投降的，而曹操卻將他封爲萬戶侯，五個兒子也全都封了侯，曹操的著眼點不僅僅是爲了優待張魯一個人，而是以張魯爲榜樣，影響、動搖和吸附與張魯類似的方面割據者。在曹、劉、孫三方鼎立的局面下，只有在經濟實力、軍事實力和所施恩信等方面都超過對手，才有最後取勝的可能，曹操對此自然不會不明白。此外，漢中僻遠艱險，得來不易，以後要堅守更不易，必須施以重賞，以安固人心、利於今後，這大概也是曹操的一種考慮。

還有一個劉雄鳴，情形與此類似。劉雄鳴是藍田人，年輕時以採藥打獵爲業，常居覆車山下，每天早晚出入雲霧之中，從不迷路，人們說他能興雲吐霧。李傕、郭汜爲亂時，不少人前去歸附他。馬超反叛時，他不肯隨從，被馬超打敗，後去投曹操。曹操拉著他的手說：

「我剛進關中時，夢得一神人，這神人就是你吧？」

於是以厚禮相待，任他爲將軍，讓他回去招攬部屬。誰知劉雄鳴回去後，部屬不肯投降曹操，逼著他一起反曹，於是聚眾數千人，扼守武關道口。曹操派夏侯淵前去討伐，獲勝，劉雄鳴南奔漢中。曹操平定漢中，劉雄鳴無處可逃，又來投降曹操。曹操一見，拉著他的鬍鬚說：

「老賊，眞把你捉住了！」但並未予以追究，而是恢復了劉雄鳴的官職，把他調往渤海了事。

此外，程銀、侯選在建安十六年（西元二一一年）曾隨馬超一起起兵反抗曹操，兵敗後南逃漢中，這時也來投降曹操，曹操同樣既往不咎，也都恢復了他們原有的官爵。這些措施，對安撫人心無疑具有很大的作用。

褒賞人才，頗見真情

於賞罰之間，更著一個情字，則不論受賞與受罰，心都將敬之服之。於是，它必將感召士人心甘情願地爲其馳驅效命。

曹操佔據荊州後，一一論功封賞。劉琮被任爲青州刺史，封列侯。劉琮請求留在荊州，曹操於是下令，以「雖封列侯一州之位，猶恨此寵未副其人」由此，同意劉琮辭去青州刺史之職，改任他爲諫議大夫參同軍事。劉表治理荊州多年，有一定根基，曹操是不可能再讓劉琮在荊州任職的。諫議大夫秩祿雖高，但並無實權，曹操對劉琮實際採取了明升暗貶的做法。

劉琮以下，蒯越等十五人被封侯。蒯越字異度，原爲大將軍何進的東曹掾。勸何進誅宦官，何進猶豫不決，蒯越知其必敗，出奔劉表，成爲劉表的重要謀士。官渡之戰時，劉表持觀望態度，蒯越曾勸劉表歸附曹操，劉表不聽。曹操早想得到蒯越，平定荊州後，即任蒯越爲光祿勳，並給荀彧去了一封信，說：「不喜得荊州，喜得蒯異度耳。」

表達了自己得到蒯越後異常興奮的心情。

荊州名士韓嵩也得到了重用。韓嵩字德高，官渡之戰時也曾勸劉表歸附曹操，劉表拿不定主意，決定派韓嵩先到曹操那裏去探聽一下虛實。韓嵩推辭說：

「將軍如打算歸附曹公，派我前去可以。如果還在猶豫，就最好不要派我去。因我到許都後，如天子給我一官半職，我推辭不掉，我就成了朝廷的臣子，對將軍來說就成了故吏了。到那時，就不能再替將軍效力了。希望將軍慎重考慮才是！」

但劉表仍堅持要韓嵩去，韓嵩只得遵命。到許都後，韓嵩果然被任命爲侍中、零陵太守。韓嵩回到荊州，對朝廷和曹操讚不絕口，並勸劉表把兒子送到許都去做人質。劉表勃然大怒，認爲韓嵩背叛了自己，要將韓嵩斬首。韓嵩鎮定自若，對劉表說：

「是將軍辜負了韓嵩，韓嵩沒有辜負將軍！」

接著將臨行時說的一番話覆述了一遍。劉表仍然怒氣未消，但因韓嵩說得在理，妻子蔡氏又出面替韓嵩說情，只得將韓嵩囚禁起來了事。曹操到荊州後，立即把韓嵩從監獄中釋放出來。當時韓嵩正在生病，曹操就在其住處將大鴻臚的印綬授給他，把他當成至交好友對待。曹操還請韓嵩品評荊州士人的優劣，凡韓嵩推舉的一律予以任用。

曹操同時重用了大將文聘。文聘字仲業，原爲劉表大將，劉表讓他北擊曹操。劉琮投降時，文聘不肯跟他一起投降，說：「我不能保全荊州，只有等著懲罰而已！」曹操渡過漢水後，他才前來投附。曹操問他：

「您怎麼來得這麼晚呢？」

文聘回答：

「早先我不能輔佐劉荊州（劉表），以致使荊州丟失。荊州雖已丟失，但我還想據守漢水，這樣活著可以不負於孤弱，死了可以無愧於死者。但計劃仍然難以實現，以致弄到這個地步。我內心深感悲痛和慚愧，沒有臉面早來見您！」

曹操聽了，不禁爲之動容，說：

「仲業，您眞是一個忠臣啊！」

於是仍將兵權交給文聘，讓他同曹純一道去追擊劉備。平定荊州後，因江夏與孫吳接壤，民心不安定，又讓文聘擔任江夏太守，並賜爵關內侯。

汝南王雋，年青時同曹操交好，後避居武陵。獻帝都許後，征爲尙書，不就。劉表見袁紹強大，私下與之往來，王雋曾加以勸阻。後死于武陵，曹操得知消息後十分悲傷。平定荊州後，曹操特地將王雋遷葬江陵，親自到江邊迎接靈柩，並上表封爲先賢，表達了對亡友的緬懷之情。

一諾千金，不違生死約

古人諺曰：「得黃金百斤，不如得季布一諾。」這是說守信的重要。人無信而不立，己能守信，人始信之；如其無信，人必不信。作爲一國之主，一軍之帥，都必須以堅守信用爲根本。孔明之所以能「受六尺之孤，攝一國之政，事凡庸之君，專權而不失禮，行君事而國人不疑」，關鍵就在於他始終堅持以「信守」爲基本準則。曹操雖以奸詐而名，但他同樣又有著守信的一面。

曹操打敗呂布，同時俘獲了替呂布出謀劃策的陳宮，在殺陳宮及對待其家人的問題上，表現了曹操很講信義的一面，當曹操聽劉備之言決定殺呂布的時候，曹操轉過頭去，問陳宮道：

「公常自以爲智計有餘，今天怎會弄到了這個地步呢？」

陳宮用眼睛瞪著呂布說：

「只因他不聽我的話，以至弄到這個地步。如果他能按我的想法去辦，是不會被你活捉的。」

曹操笑著問：「你看今天這事該怎麼辦呢？」

陳宮平靜地回答說：

「我作爲人臣卻不忠，作爲人子卻不孝，理應當奔赴刑場就死。」

曹操惋惜道：

「你去死了，你母親怎麼辦呢？」

陳宮長歎一聲，說：

「我聽說打算以孝治天下的人，是不會害死人的父母的。我老母是死是活，只能由你來定奪，不是我能決定的！」

曹操又問：

「那麼你的妻子、孩子又該怎麼辦呢？」

陳宮回答說：

「我聽說打算施仁政於天下的人，是不會殺絕別人的後代的。我妻子、孩子是死是活，也只能由你來定奪。」

曹操聽了，不再說話。過了一會，陳宮要求道：

「請把我拉出去處死，以彰明軍法。」

說完自己往外走，軍士也阻攔不住。曹操見了，無計可施，只得流著眼淚在後面送行，陳宮竟然頭也不回。曹操下令將呂布、高順同時推出，一起縊殺。

曹操縊殺呂布等人後，將其首級送到許都示眾，然後將其埋葬。他沒有忘記陳宮的臨終之言，特地將其老母迎來奉養，直到去世。其女兒長大後，又替其完成了出嫁事宜。對其家人的關心、照顧，比當初陳宮在世時還要周到。

曹操在接受袁譚求和先打鄴縣的決策上也體現了守信這一點。

辛毗是三國時期曹魏著名韜略家，在曹操剿滅北方袁氏勢力等軍事、政治重大決策方面，建有重大功績。辛毗最初跟著哥哥辛評追隨袁紹。在曹操任司空時，徵召辛毗，辛毗當時沒能從命。等到袁尚在平原郡攻打他哥哥袁譚的時候，袁譚派辛毗到曹操那裏求和。

當時曹操正要征討荊州，駐紮在西平縣。辛毗見曹操後轉達袁譚向他求和的意思，曹操聽後非常高興。幾天以後，曹操又想先平定荊州，不接受袁譚的求和，而想使袁譚、袁尚自相殘敗。

幾天後曹操擺酒設宴，辛毗看曹操的臉色，知道事情有變化，對郭嘉講這件事。郭嘉稟告曹操，曹操對辛毗說：「袁譚可以信任嗎？袁尚是否一定可以打敗？」

辛毗回答說：「您不要問他們是誠信還是欺詐，只應當研究當前的形勢。袁氏本來是兄弟互相攻伐，不認爲別人能在他們中間插手，只認爲天下可由他們自己定奪。現在有了向您求救的一天，就可以知道了。袁尚眼見袁譚困頓但不能攻下，這說明他已經精疲力盡了。在外邊被別人打敗，在內部謀臣被誅滅，兄弟之間互相爭鬥，土地一分爲二，連年爭戰，而士兵的鎧甲頭盔上長滿蟣虱，加上旱災蝗害，饑餓和災荒一起到來，國家糧倉裏沒有糧食，行人沒有攜帶的乾糧，上天報以天災，下面人事困頓，百姓不論愚蠢還是聰明，都知道袁氏會土崩瓦解，這正是上天滅亡袁尚的時候。兵法上說，即使有石頭壘成的城牆和像注滿沸水的護城河以及百萬士兵，但沒有糧食，仍然不能守住。現在如果前去攻打鄴縣，袁尚不返回救援，鄴縣就不能自己守護。返回救援，那袁譚會在他的後邊跟著進擊。憑藉您的武威，對付走向窮途末路的敵人，打擊疲弊無力的賊寇，和急風掃除秋天的落葉沒有兩樣。上天把袁尙交給您消滅，您卻不攻取而去攻打荊州。荊州物產豐富人民安樂，郡國上下沒有空子可鑽。仲虺說過：「攻取亂國，欺侮行將滅亡之國。」現在二袁不努力考慮長遠利益而在內部互相爭鬥，可算是亂子；家居的人沒有吃的，行路的人沒有乾糧，可算是行將滅亡了。他們過了早上不考慮晚上怎麼過，人民的生命不能延續下去了，卻不去安撫他們，您還想等到以後，以後可能會豐收，又可能會自知滅亡而改過自新，提高道德修養，那就會喪失得以用兵的最重要的條件了。現在趁著他請求救援的機會去安撫百姓，得到的利益沒有比這更大的了。況且四方的敵人，沒有比黃河以北的袁氏更強大的了；黃河以北平定了，那就會軍威大盛而使天下震動。」

曹操說：「說得好。」於是答應和袁譚講和，去討伐袁尙。

第二年攻下鄴縣，上表推舉辛毗爲議郎。此事不僅表明曹操善納人言，更主要表現了他在處事上雖也有短暫的動搖，但很快便能下定決心，能明而斷的特色。

大亂之世，英才要擇主而事

身居亂世，群雄並起，風雲莫測，對於一個要有所作爲的人來說，每一個選擇可能關係到死生禍福的重大問題。因此，跟什麼人，做什麼事等都不可草率爲之。

《三國演義》雖是文學作品，但是它所描寫的智囊人物的擇主也是有代表性的，歸納起來可以分爲三類：一類諸葛亮、魯肅、程昱式的人物，他們胸懷全局，不肯輕舉，以待天時，選擇明君；一類是荀彧、郭嘉、法正式的人物，他們動中選擇，分析對比，被迫「跳槽」，追尋明主；再一類是李儒、陳宮、賈詡式的人物，他們擇非明主，滿腹經綸，付之東流。從這三類人物身上，可以看出，對於智囊人物來說，「擇君」是何其重要。只有君臣相濟，或者爲君所用，才能得以發揮智囊人物的雄才大略。因而，封建時代的知識份子都十分重視「擇君」。周瑜曾引用東漢初年馬援對劉秀說過的一段話：「當今之世，非但君擇臣，臣亦擇君。」其中君擇臣是不足爲奇的，而「臣亦擇君」就難能可貴了。安身立命往往在此一舉。

初平四年（西元一九三年）曹操率軍征伐徐州時，陳留太守張邈與陳宮等人背叛曹操迎接呂布，郡縣紛紛回應，只剩下鄄城、範城、東阿城三城未動。當吏民們又聽說陳宮將親自率兵奪取東阿縣城時，十分恐懼。曹操勝敗未卜，且後方又有強敵追趕，對三城縣令來說更顯得十分關鍵。這時，曹操的智囊謀士經過范城，對范城縣令靳允說了這樣一段話：「現在天下大亂，英雄並起，必定會有聞名於世，能平息天下大亂的人，這是聰明人要愼重抉擇的。得到明主的人昌盛，失去明主的人必敗。陳宮叛迎呂布而很多城邑都回應，好像能有所作爲。但從您這裏看來，呂布算是什麼人呢？這個呂布，性格粗暴而缺少親信，強橫而不懂禮儀，只不過有匹夫之勇而已。陳宮等人因呂布勢力強大而勉強結合，不可能盡心輔佐他。兵雖多，終究不會獲取成就。曹使君智慧謀略當世無二，大概是天授。你一定要堅守範城，我守衛東阿，我們便可以建立田單一樣的功業。是據守范城建立功勳，還是順從邪惡使母子共同滅亡？希望你仔細斟酌。」

靳允聽了這番話後，大受感動，流淚說：「我不敢有二心。」

這時陳宮派出的汜嶷已兵臨范城，靳允佯裝求見汜嶷，埋伏兵馬將他殺死後，率兵堅守范城。不僅爲人屬下的縣令靳允面臨這樣的去從抉擇，在大亂之世，許多人都經歷過這樣的抉擇過程。

甘寧投奔東吳就是這樣。

甘寧字興霸，巴郡臨江人。甘寧率僮客百人往依劉表。劉表是一介書生，不懂軍事。甘寧知表終必無成，恐怕一朝土崩，並受其害，想去東吳，但黃祖擋在夏口，無法通過。孫權討黃祖，祖軍敗，幸得甘寧斷後，射死吳將淩操，才救出黃祖，黃祖仍不能用寧。黃祖的都督蘇飛屢次推薦甘寧，祖都不用。蘇飛對甘寧說：「我屢次推薦你，可是主上不能用，日月如梭，人生幾何，請速離去，或能遇到知己。」甘寧說：「雖有其志，但不知到何處去。」蘇飛說：「我推薦你爲邾長，你可以藉機逃走。」於是投奔東吳而去，孫權給甘寧以特殊待遇，並視如老臣。

在一千多年前，由於地域交通的阻隔，資訊傳遞受到一定的影響，如果沒有深入的瞭解，很難對某一位豪強作出十分準確的判斷。這是導致智慧之士跳糟的外在原因。董卓之亂揭開豪強混戰的序幕，袁紹發難董卓，天下豪強雲集回應，因而名噪一時。他不僅憑藉四世三公之資歷，而且有著誅宦官、抗董卓、橫刀長揖出京門之壯舉，所以雄冠中原，士多歸附。就連比袁紹有才略的曹操，發矯詔在討伐董卓時，還主動提出讓袁紹做盟主。荀彧、郭嘉也委身於袁紹，實不足爲怪。荀彧、郭嘉可貴之處，是不以袁紹對他們個人的器重作爲判斷「擇君」的是非標準，而把對人主的認識作爲自己的選擇，這就超乎尋常了。在冀州，袁紹把韓馥趕下臺，把荀彧奉爲上賓。但荀彧經過一段時間觀察，看出袁紹只是布衣之雄，「終不能成大事」，便毅然離開袁紹，投靠了曹操。郭嘉亦是如此，儘管袁紹對其敬重，並給以禮遇。但他看到袁紹不善用人，優柔寡斷，絕非統一天下的人主，也離開了袁紹。

從靳允不叛曹操、甘寧投奔東吳、郭嘉、荀彧背袁投曹以及曹操拒受董卓之召，並兩次拒絕依附袁紹的事情來看，大亂之世，人們的去從抉擇尤爲關鍵，人們不能不三思而行。

建霸業之人，可以義動之

曹操在消滅呂布的戰爭結束後，還得到了許多有用之才。臧霸等人就是此時收降的。對這些人的任用方法與態度也在一定程度上體現著曹操是否具備王者之風。

臧霸、孫觀、吳敦、尹禮原爲陶謙部將，陶謙死後他們成爲泰山郡一帶的地方割據勢力，後歸附呂布。呂布敗亡後，臧霸逃往他處躲藏起來，曹操把他找到，給予款待，讓他去招降吳敦、尹禮、孫觀等人。然後，曹操將這些人全都任爲郡守、國相，劃出青州、徐州靠海的一些地方，委託他們管理，從琅琊郡、東海郡和北海國中分出部分地方，設立了城陽郡、利城郡和昌慮郡，讓臧霸做了琅琊相，吳敦做了利城太守，尹禮做了東海太守，孫觀做了北海國相。

此外，曹操還通過臧霸收降了徐翕和毛暉。徐翕、毛暉原爲曹操部將，後來背叛曹操投奔了臧霸。曹操讓劉備給臧霸傳話，讓他把這兩個人的頭顱割下送來。臧霸不同意，對劉備說：「我之所以能夠自立，就因爲我不肯去做這一類不義的事情。我受曹公生全之恩，不敢違命，但建立王霸之業的人是可以義動之的，希望將軍能夠替我去說明一下。」

劉備將臧霸的話轉告了曹操，曹操大爲感歎，立即召見臧霸，對他說：「這是古人才能做到的事情，而您卻做到了，這正是我所希望的啊！」

於是不僅不再追究徐翕、毛暉的罪過，還任命他們爲郡守，加以重用。顯然，曹操在這時若執意命臧霸按照他的話去做，他在臧霸及時人眼中的形象或地位就會是另一番景象了。這就從某一點說明了曹操是一個可「以義動之」的建立霸業之人。

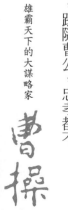

其實，很多志向高遠之士，都是可以用道義感召的。

曹操調董昭擔任徐州牧一事便也說明此理。袁紹派遣大將顏良攻打東郡，曹操又調董昭擔任魏郡太守，跟隨曹操征討顏良。顏良死後，曹操進軍包圍鄴城。當時袁紹同族人春卿擔任魏郡太守，在鄴地中，他的父親元長在揚州，曹操派人迎來。董昭寫信給春卿說：「聽說孝順的人不背離父母去獲得功利；仁義的人不背棄君王來謀求私利，有志之士不乘局時動亂而僥倖獲取成功，聰明的人不以虛假奸詐之道而危害自己。您的父親過去躲避內亂，南遊百越一帶，並非疏遠兒女，而是陶醉於吳會的山水。明哲的人見識深遠，認爲這樣做是很恰當的。曹操憐惜他堅守志向，離群索居，所以特地派使者前往江東，迎來送往，現在快到此地了。即使你處於偏僻平靜的地方，依賴有仁義道德的主人，位置像泰山一樣穩固，身體像喬松那樣挺健，從道義來說，仍然應當離開，捨棄百姓而伺奉父親。況且邾儀父開始同隱公結盟時，魯人雖褒獎他，但不記錄爵位。然而凡未經君王下令，不能尊以爵位，這是《春秋》所闡明的大義。何況你現在所依託的是一個危機之國，接受的是假託的命令呢？如果與不逞之徒爲伍，而自己父親的安危卻不能體恤，不能說是孝；忘記祖宗所居住的是漢朝，安于擔任不是正道的爲職，很難說是忠。忠孝都已廢除，說不上是智。再說你曾經被曹操以禮相召，你親近同族人而疏遠父母，依靠袁紹而遠離王室，留戀不正當的俸祿而背叛知己，遠離幸福而接近危亡，拋棄明白的道義而蒙受奇恥大辱，不也很可惜嗎！如果你能迅速改過，輔佐皇帝奉養父親，跟隨曹公，忠孝都不喪失，榮譽功名都很顯赫，你應該考慮長遠計劃，早日決出上策。」鄴城平定後，任命董昭為諫議大夫。

歷史上很多高人出來做事，許多時候不是重金收買的，而是以道義感召的。用人者應以此為鑒。而能否以道義感召志向高潔、才能出眾的人替你做事，不僅是用人謀略問題，還是用人者的品質素養問題。

不能縱虎歸山

漢獻帝建安三年（西元一九八年），呂布派高順攻打劉備於沛，劉備大敗。曹操遣夏侯惇救劉備，也被高順所打敗，曹操親自率兵征討呂布。兵臨城下，給呂布去信，呂布想投降，陳宮因自己得罪過曹操，所以不同意呂布去降。呂布領千餘騎兵出戰，不利，諸將都有二心，所以每戰都不順利。曹操攻城很急，呂布上下離心，其部將把陳宮綁起來，歸順了曹操。不久呂布也降。呂布對曹操說：「明公所患不過於布。今布已降，再也不用憂慮了。」曹操想釋放呂布。劉備在旁邊對曹操說：「明公不見呂布之事丁建陽與董太師嗎？」劉備所說丁建陽與董太師之事，是指呂布先後投靠的丁源與董卓兩人，後來呂布因故都與兩人鬧翻，成為殺害兩人的人。主簿王必也說：「布乃強虜，外邊還有他的部下，不可寬恕。」劉備又對呂布說：「本想放你，可是主簿不准。」曹操採納了劉備的意見，縊殺呂布，陳宮、高順等人也被斬首。

斬草必當除根，而放虎歸山，終必受其害。劉巴在此方面可以說是很有先見之明的。

劉璋遣法正去迎劉備。劉巴勸劉璋說：「劉備有雄才大略，是非常之人，他來益州我們必受其害。」劉備到益州後，劉巴又對劉璋說：「如果讓劉備去討伐漢中的張魯，就像放虎歸山一樣，將會受其宰割。」劉璋不聽，巴閉門稱疾不出。劉備攻成都，曉諭大小三軍說：「有害劉巴者，滅三族。」後劉備得劉巴，十分高興。

這裏劉璋沒能像曹操那樣聽劉巴之言斬草除根，放虎歸山，終究遭害。而劉備則慧眼識人，對能夠高瞻遠矚、洞明事物機理的劉巴給以厚待，足以給人深刻的啓示。

曹操做事情不僅能夠斬草除根，排除後患，且還深諳「刀下留人」之道，如他對張邈的做法就是如此。

張邈字孟卓，山東壽張人，年輕時任俠仗義，賑濟貧困，士眾多歸張邈。曹操、袁紹都和張邈友善，拜張邈爲騎都尉、陳留太守。董卓作亂，曹操與張邈起兵，汴水之戰，張邈命衛茲率兵隨曹操。袁紹既爲盟主，十分驕傲，張邈責備袁紹。袁紹命曹操殺張邈，曹操不聽，對袁紹說：「孟卓親友也，理當容之，今天下未定，不宜自相殘殺。」邈知道後，感恩戴德，常思報效曹操。曹操征討陶謙，操對家人說：「我與邈患難至交，我若不還，往依孟卓。」回來後，與邈相見，相對哭泣，十分親近。

稱揚剛直，委以重任

在曹操獎賞的人中，有些人不慕名利，不貪封賞，還有些人頗有骨氣，不媚權貴。對前者，曹操則儘量勸說，使其受賞。對於後者，曹操則委以重任。

馬超投奔張魯後，覺得難與張魯長期共事，又遭張魯左右的讒毀，內心常常不快，不久便到成都投歸了劉備，後來死在蜀國。打敗馬超後，曹操大封功臣，有十一人被封侯，其中楊阜被賜爵關內侯。楊阜上書辭讓，曹操給他寫了一封信，勸阻說：

「君與群賢共建大功，西土之人以爲美談。子貢辭賞，仲尼謂之止善，君其剖心以順國命。姜敘之母，勸敘早發，明智乃爾。雖楊敞之妻，蓋不過此，賢哉賢哉！良史記錄，必不墜於地矣。」

「止善」，謂阻止別人做好事。《說苑》載，魯國法令規定，魯國人從諸侯國贖回奴隸，可以到政府把贖錢領回。孔子的弟子子貢從諸侯國贖回奴隸，卻不要報酬。孔子知道了這件事，就說：「子貢是不對的，以後魯國人就不會再贖回奴隸了。」楊敞之妻，爲西漢司馬遷的女兒，嫁給楊敞。大將軍霍光謀廢昌邑王，派大司農田延年通知楊敞，楊敞不知所措，其妻代他向田延年作了堅決奉行大將軍號令的表示。曹操要楊阜誠心誠意地服從國家命令，接受封爵，不要學子貢；對姜敘母親的膽識氣節也作了高度評價，並表示這些事情都會被史官記錄，傳之久遠。楊阜讀了回信，也就不再推讓。

這期間，平虜將軍劉勳因犯法被處死，抄家時搜出一封河東太守杜畿的信。劉勳原被曹操寵信，貴震朝廷。他向杜畿索取河東特產大棗，杜畿回信托故拒絕。曹操得知這事後，對杜畿不媚權貴的做法大爲讚賞，說：

「杜畿可稱得上是『不媚於灶』的人了。」

「不媚於灶」語出《論語．八佾》：「與其媚千奧，寧媚於灶。」意思是與其巴結屋裏西南角的神，不如巴結灶神爺。比喻巴結權勢。曹操特地爲此發文到各州郡通報表揚：

「昔仲尼之于顏子，每言不能不歎，既情愛發中，又宜率馬以驥。今吾亦冀眾人仰高山，慕景行也。」

「仰高山，慕景行」語出《詩經．小雅．車》：「高山仰止，景行行止。」意思是對有德的人要像對高山一樣仰慕，對行爲高尚的人應當效法。曹操說，以前孔子每談到他的學生顏回就不能不讚美，這喜愛的感情是發自內心的，因爲他就像在馬群中找到了一匹領頭的好馬。言外之意是，杜畿也是在眾人中挑出來的賢人，可以作爲大家的表率，希望大家好好向他學習。

建安十八年（西元二一三年）十一月，曹操任命杜畿爲魏國尙書。但關中平定後，還有個如何鞏固的問題，進取漢中的軍事行動也即將提上議事日程，河東的地位和作用仍不可忽視。曹操於是決定仍由杜畿留鎭河東，並專門爲此下了一道手令：

「昔蕭何定關中，寇恂平河內，卿有其功。間將授卿以納言之職，顧念河東，吾股肱郡，充實之所，足以制天下，故且煩卿臥鎭之。」

「納言」爲古代負責傳達天子命令的官名，後以稱尙書。「臥鎭」，謂借重杜畿的威望來鎭守。西漢武帝時汲黯任東海太守，經常病臥室內，但該郡卻治理得很好。後召他爲淮陽太守，他以病辭，武帝說：「我只想藉重你的威望，讓你躺著治理淮陽。」曹操認爲杜畿建有蕭何安定關中、寇恂平定河內那樣的功勞，因此要把像大腿胳膊那樣重要、富足殷實、憑藉它足可制服天下的河東郡交給他繼續治理。杜畿沒有辜負曹操的厚望，後來曹操征漢中時，杜畿派遣五千人運送軍糧，由於工作做得細緻，運糧的人互相勉勵說：「人生有一死，不可負我府君。」竟沒有一人逃亡，圓滿地完成了支援前線的任務。

【第六章】

風雲際會，亂世稱雄。

曹操以權詐而名，但章太炎肯定他「智計之絕人，故雖譎而近正」。西晉王沈說曹操「因事設奇，譎敵制勝，變化如神」，他敗而大笑，令三軍鼓氣；他橫槊賦詩，歌以詠志。曹操文武兼備，方能脫穎而出。本章概括了曹操在為人處事上的機智靈活與詭譎莫測。

博學多藝，把握入世之資

曹操自登上政治舞臺，一直生活在戎馬倥偬之中，其政務、軍務繁忙可想而知。史書上稱他「御軍三十餘年，手不舍書，晝則講武策，夜則思經傳。」這個記載十分可信。否則，不能想像他能把那麼多的文人志士聚集在自己的周圍，也不能想像曹操自己能寫出那麼多獨具特色的「建安風骨」之篇章。史書又說他「自作兵書十萬餘言，諸將征戰，皆以新書從事；臨事又手爲節度，從令者先捷，違教者負敗」。在曹操之前，除《孫子兵法》外，沒有更系統的軍事理論書籍。曹操在熟讀前人經典的基礎上，親自寫了十多萬字的兵書，用以指導軍事行動，這本身就足以奠定他的軍事統帥地位；凡按他的命令打仗，又往往取勝，其在三軍中的威望豈能不高呢？擅於將理論應用於戰場上，這也是他比同時代群雄有更高超的領導藝術的重要保證。

青少年的曹操喜歡游泳、狩獵，也喜歡讀書。由於他天資聰穎，有人指點，條件又方便，所以進步很快。除讀《春秋》、《禮記》之類，還讀《詩經》等。

此後，曹操勤奮學習，博覽群書。他讀書與一般俗生儒士不同，不專讀儒家的書，其他諸子百家的書也都讀，而且注意經世致用，把有用的東西加以吸取。他預感到亂世將要出現，只有學好兵書才能幹出一番大的事業來。因此，他收集了兵家的各種兵法，深入學習，並擇其精要彙編成冊，題名《接要》。與此同時，他還抓緊時間鍛鍊身體，學習武藝，掌握了一些格鬥的要領，以作防身之用。

黃巾起義之後，漢靈帝認識到軍隊的重要，日益留心軍事。在動亂四起、天下擾攘的情況下，決定組織西園新軍，來加強拱衛京師的力量。中平五年（西元一八八年）八月，在西園成立統帥部，即所謂「西園八校尉」。宦官蹇碩最得靈帝寵信，被任命爲上軍校尉，連大將軍何進也得聽他指揮，成爲實際的全國最高軍事統帥。虎賁中郎將袁紹因是「四世三公」之後，他家又曾和宦官袁赦攀過本家，被任命爲中軍校尉，也就是副統帥。曹操能夠打進新軍並任要職，弄得蹇碩也不得不與這位十四年前曾經棒殺其叔父的仇人共事，除了曹操本人的才幹和已經建立起的名聲外，其父、祖的餘蔭顯然也在這裏發揮了一定作用。

光和三年（西元一八〇年）六月，靈帝詔令公卿每人推薦一個能通曉《尚書》、《毛詩》、《左傳》和《谷梁春秋》的士人，任爲議郎。曹操因通曉古文經學，又被徵召，回到議郎任上。

關於曹操的多才多藝，明代張溥在《漢魏六朝百三名家集　魏武帝集題辭》中有比較完全的論述，其中說：

「間讀本集，《苦寒》、《猛虎》、《短歌》、《對酒》，樂府稱絕，又助以子桓、子建，帝王之家，文章瑰瑋，前有曹魏，後有蕭梁，然曹氏稱最矣。孟德御軍三十餘年，手不舍書，兼草書亞崔、張，音樂比桓、蔡，圍棋埒王、郭，複好養性，解方藥，周公所謂多才多藝，孟德誠有之……漢末名人，文有孔融，武有呂布，孟德實兼其長。」

曹操不僅具有傑出的音樂才能，有很深的書法藝術造詣，而且還精通圍棋，與山子道、王九眞、郭凱等圍棋好手齊名。對養生之術也頗有研究，懂得方藥，擅長氣功。據裴注引《魏書》，曹操對建築工藝、器械製作也頗在行，「及造作宮室，繕治器械，無不爲之法則，皆盡其意。」在官渡之戰中，曹操曾下令造發石車，估計像發石車這一類軍用器械，曹操是有相當研究的。曹操還善出字謎，長於「蹴鞠」，也就是很會踢球。當時有個叫孫叔材的人，以善蹴聞名，曹操就將他留在自己身邊。

還值得一提的，是曹操對於飲食文化也有相當的研究。據說用他的「九醞酒法」釀造的九醞春酒，是一種甘甜可口的好酒。曹操還曾寫下食譜性的文章《四時食制》，其中涉及的全屬魚類。名爲《四時食制》，其實不可能眞正照此安排食譜。但曹操卻能記錄整理得如此詳盡，魚的產地、形狀、顏色、習性、用途乃至吃法等竟然無不涉及，可謂具體而微，表明他在這一領域具有廣博的知識。

著名歷史學家吳也認爲曹操的才能是多方面的，他是當時最偉大的軍事家，第一流的政治家，第一流的詩人；此外，他還是藝術家，寫一筆好草字，懂音樂，有很高的文化水平。劉備、孫權都遠不如他。

由此看來，曹操確實是一個多才多藝的多能霸主。

曹操好學，在當時是產生了廣泛的影響的。孫權的大將呂蒙原來學識氣質不高，孫權勸他好好讀書，以增長知識，呂蒙以軍中事務繁忙爲辭。孫權就勸他說：「以前光武帝劉秀帶兵作戰時，手不釋卷，曹孟德也自稱老而好學，你爲什麼不以他們爲榜樣而自我勉勵呢？」呂蒙聽了孫權的話，以劉秀和曹操爲榜樣，發憤學習，後來成爲一個才略出眾、學識淵博的人。曹丕、曹植兄弟在曹操耳提面命的教導和影響之下，更是鍛鍊出了多方面的才能，特別是在文學方面取得了突出的成就，在中國文學史上享有引人注目的地位。

敗而不餒，「笑」對挫折

眞正的大英雄是那種勇敢面對失敗及人生挫折的人。曹操其人，一如其詩，雄渾奔放，全無羈絆。

曹操的笑是十分精彩的。每當曹操身陷危難之地，特別是在軍事行動受挫的時候，總是放聲大笑，試看幾例：

曹操在濮陽中計後，手臂鬚髮都被燒傷，險些命喪于呂布之手。突圍後，眾將前來問安，曹操不但沒有頹喪，反而仰面大笑道：「誤中詭計，我一定要報這個仇！於是，曹操將計就計，詐言自己火傷身亡，引誘呂布前來攻襲，設伏將呂布打得大敗而逃。」

曹操赤壁大敗，損失了幾十萬軍隊，潰退途中，他連續三次大笑，三次受挫。第一次是在烏林之西，他笑周瑜無謀，諸葛亮少智，竟沒有在此處設下伏兵，結果笑聲未落，鼓聲大震，火光沖天，趙子龍率軍殺出，曹操落荒而逃。第二次，當曹操行至葫蘆口時，曹操又坐在疏林之下，仰面大笑，自以爲比周瑜、諸葛亮高明，但正在這時，猛將張飛又出現在面前，把曹軍殺得人仰馬翻。第三次，曹操在赤壁之戰中吃了敗仗後，帶領殘兵敗將從華容道逃走，路遇一片泥濘沼澤地，人馬無法通過，天又刮起大風。曹操命令所有老弱殘兵背草鋪路，然後讓人馬通過，又有不少人員死傷。待軍隊過去以後，曹操忽然變得異常高興起來，眾將不解，問他爲何打了敗仗還如此高興？他說：「劉備，吾儔也（和我是同一類型之人，並不高明多少），但得計少晚，向使早放火，吾徒無類矣！」不一會兒，果然劉備軍隊趕來放火，但曹軍已走遠了。

曹操的「笑」，充分表現出了一種敗而不餒的頑強性格。曹操連笑連敗，連敗連笑。曹操的「笑」是苦笑、狂笑、譏笑，但更主要的是死裏逃生而又充滿信心、穩定軍心的笑。曹操的「笑」是在困難情況下，戰勝自我的一種手段，同時，達到振奮士氣、使部屬齊心協力戰勝困難的目的。所以，曹操的「笑」與其說是一種感情的流露，不如說是一種富有韜略的修養。

三國中，劉備的「哭」也頗具特色，與曹操的「笑」形成了截然不同的性格特徵。但是劉備的「哭」主要是在困境中，喚起部下的同情，以達到振奮士氣、團結上下的目的。這也是一種謀略，一種求生存的謀略。不過，在現代的觀念中，曹操式的「笑」更能起到一種在競爭逆境中戰勝自我、激勵自我以及喚起部眾克服困難的作用。

曹操性格灑脫，即使貴爲魏公，也毫不拘禮。他常用詩歌、宴飲洗去軍中的生死憂患，不時調整情緒，堅定意志。據史料記載，曹操欣賞歌舞藝人的精彩表演，「常以日達夕」，不知疲倦。每逢這樣的場合，他總是穿著織有花紋的薄絹便服，身佩一個小口袋，裏面裝著手巾或別的小玩意兒。此時若有賓客來訪，他隨手戴一頂帽子即出門相迎，非常灑脫。他喜歡與人聊天，言語投機則盡吐肺腑之言，間或開開玩笑，又不乏輕鬆幽默之感。歡宴賓客、心緒舒暢之時，常情不自禁地伏在幾案之上，頭巾沾滿酒水肴膳。別人笑他，他也開懷大笑。

與曹操相比，袁術、袁紹、劉備等人在適應環境方面則相形見絀。袁術敗退淮南，「嘔血斗餘而死」。袁紹官渡喪師，「自軍敗後發病」而「憂死」。夷陵之戰，劉備大敗還，忿恥發病死。其心理承受能力實在太脆弱，不能轉移因打了敗仗而造成的痛苦，於是引起身體病理性劇變，很快便丟掉了性命。

能忍人所不能忍

有一種人，雖然稱不上文能治國，武能安邦，但從某一方面來看，確有一定的長處，可是他的長處怎麼也派不上用場。究其原因，是這種人的性格嚴重缺陷，狂躁得很。老子天下第一，把誰也不放在眼裏。姑且稱其謂「狂才」。狂才，狂來狂去，弄得誰也不願用他，空有大志，無法施展，下場很糟，抱恨終生。禰衡就是這樣一個人。

禰衡在三國時有一定名氣，但《三國志》裏沒有給他立傳。《平原禰衡傳》介紹他說：「恃才傲逸，臧否過差，見不如己者不與語，人皆以是憎之。」他從荊州北遊至許昌，有人對他講，你有高才，何不到陳群、司馬朗帳下去幹一番，他說，陳群、司馬朗猶如那屠夫和賣酒的人差不多，我才不去呢！有人問他，既然如此，你認爲曹營中誰最有才幹呢？衡曰：「大兒有孔文舉（孔融），小兒有楊德祖（楊修）。」聽他這口氣，有人又問，那麼荀彧總是蓋世之才吧？禰衡說：「荀彧長相不錯可借用其面弔喪。」

孔融向曹操推薦禰衡，曹操召見時不命坐。禰衡仰天歎曰：「天地雖闊，何無一人？」曹操說：「我手下數十人，都是當世英雄，怎說無人？」禰衡說：「我願聽一聽你手下都有哪些英雄。」曹操說：「荀彧、荀攸、郭嘉、程昱，機深智遠，不在漢初蕭何、陳平之下。張遼、許褚、李典、樂進，勇不可當，雖岑彭、馬武不及也。呂虔、滿寵爲從事，于禁、徐晃爲先鋒；夏侯惇天下奇才，曹子孝世間福將。安得無人。」禰衡譏笑說，「你說錯了，這些人我都瞭解，荀彧使弔喪問疾，荀攸可使看墳守墓，程昱可使關門閉戶，郭嘉可使白詞念賦，張遼可使擊鼓鳴金，許褚可使牧牛放馬，樂進可使取狀讀詔，李典可使傳書送檄，呂虔可使磨刀鑄劍，滿寵可使飲酒食糟，于禁可使負版築牆，徐晃可使屠豬殺狗，夏侯惇爲完體將軍，曹子孝呼爲要錢太守。其餘都是衣架、飯囊、酒桶、肉袋！」當時張遼在場，氣得七竅生煙，要斬禰衡。曹操止住，並說：「我正少一個擊鼓的人，就讓禰衡充當此任。」禰衡也不推辭，應聲而去。第二天，曹操大宴賓客，令禰衡擊鼓。按規矩，鼓吏擊鼓時須更換衣帽，禰衡便當眾脫下舊衣，裸體而立，渾身盡露，在座的賓客羞不敢看。禰衡自己卻面不改色，徐徐著褲。這時曹操叱曰：「廟堂之上，何太無禮？」禰衡說：「欺君罔上乃謂無禮。我露父母之形，可顯清白之體耳！」曹操說：「你爲清白，誰是汙濁？」禰衡說：「你不識賢愚是眼濁；不讀詩書是口濁；不納忠言，是耳濁；不通古今，是身濁；不容諸侯，是腹濁；常懷篡逆，是心濁！我是天下名士，用爲鼓吏，是猶陽貨輕仲尼、臧倉毀孟子耳！欲成王霸之業，而如此輕人耶？」

禰衡三番二次當面辱罵曹操，且鋒芒畢露，罵得盡情、暢快，罵的方法奇絕。讀此文，可知天下會罵人者莫若禰衡，忍辱者莫若曹操。韓信能忍胯下之辱是在成事之前，而曹操身爲丞相，地位顯赫，卻能承受一個光著屁股的人當眾指著鼻子漫罵奚落，勝過韓信十倍。不僅如此，曹操受辱但不殺禰衡，令其往荊州爲使，去說服劉表來降。後來禰衡終被劉表手下黃祖所殺。

曹操受如此大辱，心裏有什麼想法呢？書中雖然沒有直接交待，但從以後的發展中可以看出，這次受辱對曹操來說起到了砥礪意志的作用，憑曹操不殺禰衡這一點足見一斑。

放浪不羈行於世

曹操說一不二，做事謹慎威嚴。但在日常生活中，他也有「佻易無威重」，亦即舉止輕佻、並不莊重的時候。還在小時，曹操就放縱任性，不大注意對儒家經典和道德禮儀的學習。此後，他仍是順乎自然，灑脫不羈，行動上有時相當狂放浪漫。他與人交談時，常常肆意調笑，無所隱避，有時喜極大笑，忘乎所以。這種肆意調笑的個性，從其《追稱丁幼陽令》一文也不難看出：

「昔吾同縣有丁幼陽者，其人衣冠良士，又學問材器，吾愛之。後以憂恚得狂病，即差愈，往來故當共宿止。吾常遣歸，謂之曰：「昔狂病，倘發作持兵刃，我畏汝。」俱共大笑，輒遣歸不與共宿。」

丁幼陽即丁沖，曹操的同鄉好友，曾勸曹操迎獻帝都許，曹操後來任他爲司隸校尉，經常在一起飲宴談論，開玩笑肯定是很隨便的。曹操的另一個同鄉丁斐，因私換官牛被罷了官，曹操後來見到他，故意問道：「文侯，你的印綬到哪兒去了？」丁斐也知道曹操是在戲謔他。於是回答：「拿去換大餅吃了。」曹操聽後，哈哈大笑，也屬此類。

曹操喜歡聽音樂，有時一聽就是一整天，奏樂演伎的人就站在身旁，看得高興了，忘情失態是不可避免的。從與楊修有關的幾則傳說來看，曹操還喜歡猜謎，在門架上寫「活」字以表示「闊」，在裝乳酪的杯子上寫「合」字表示「一人一口」，都屬於字謎之類的玩藝。曹操爲了爭取在孫策手下任職的東萊人太史慈，派人給他送去一個小箱子，裏面只裝了一味中藥當歸，意思是太史慈應當返回北方，採取這樣一種比寫信直說更爲簡捷的方式，既反映了曹操的機智，同時也反映了他機趣詼諧的性格作風。

曹操這種性格作風浸潤於他的文風，形成了一種諧趣。前引《追稱丁幼陽令》中一句半眞半假的開心話，給全文平添出不少的生趣。又如《祀故太尉橋玄文》：

「故太尉橋公，誕敷明德，泛愛博容，國念明訓，士思令謨。靈幽體翳，邈哉獮矣！吾以幼年逮升堂室，特以頑鄙之姿，爲大君子所納。增榮益觀，皆由獎助，猶仲尼稱不如顏淵，李生之厚歎賈復。士死知己，懷此無忘。又承從容約誓之言：「殂逝之後，路有經由，不以斗酒只雞過相沃酹，車過三步，腹痛勿怪。」雖臨時戲笑之言，非至親篤好，胡肯爲此辭乎？匪謂靈忿，能詒己疾，舊懷惟顧，念之悽愴。奉命東征，屯次鄉里，北望貴土，乃心陵墓。裁致薄奠，公其尚饗！」

祭文追頌橋玄功德，在莊重典雅的鋪敘中忽然插入了橋玄生前從容不迫地與他約定的一段話：「我死之後，你路過我的墓旁，要是不用一斗酒、一隻雞來祭奠，車過三步，別怪我讓你肚子疼。」不僅寫出了橋玄生前平易風趣的個性，寫出了老少兩人親密無間的友誼，同時也爲典雅凝重的文風塗上了一抹諧趣色彩，給人以亦莊亦諧、雋妙機巧之感。「斗酒隻雞」、「從容約誓」後來還成爲典故，被文人們一再運用。

曹操不僅在記錄生活細事上運用了調侃詼諧的筆墨，一些內容嚴峻的公文文字也是這樣，不過表現較爲含蓄，含義更加豐富，意蘊更加深刻，讀來也更耐人尋味。如《整齊風俗令》連舉了四個「以白爲黑」的例子：「直不疑無兄，世人謂之盜嫂；第五伯魚三娶孤女，謂之撾婦翁；王鳳擅權，谷永比之申伯；王商忠義，張匡謂之左道。」由於所舉的都是遠離事實、大悖情理的典型例子，因而給人留下了強烈的荒誕不經、滑稽可笑之感。其中飽含著曹操譏刺仇恨的情感意味，是能於嚴冷中見出風趣的文字。

常說有其人必有其文，觀其文即可知其人，曹操的情況正是這樣。我們從曹操或寓諧於莊、或寓諧於莊、不期然地呈現出一種滑稽美的文字中，是可以隱約窺見曹操的音容笑貌、瀟灑氣度和狡獪性格的。這種特色的形成固然跟曹操高度的文化修養和能夠敏銳而深刻地感受、認識事物的能力有關，同時跟曹操幽默、風趣、灑脫、詭譎、機敏、開朗、達觀、自信等個性也有著直接的關聯。

曹操這種「佻易無威重」的個性，對他的孩子也產生了很大影響。建安十三年（西元二〇八年），曹操攻下荊州，邯鄲淳歸附曹操，曹操讓他去見曹植，曹植十分高興。當時天氣較熱，曹植請邯鄲淳入座後，不先交談，而是讓人取水來，自己先洗了個澡，撲上粉，然後披散頭髮，袒胸露臂，給邯鄲淳表演「胡舞五椎鍛」，接著「跳丸擊劍，誦俳優小說數千言」，最後才穿戴好衣帽，整理好儀容，同邯鄲淳縱論古今，暢談百家。從這裏不難看出，曹植也是具有放蕩不羈的個性的。

曹操自己「佻易無威重」，因此對具有類似個性的部屬有時也能抱有寬容的態度。郭嘉行爲不大檢點，陳群看不慣，多次當著大家的面指責郭嘉，郭嘉無所謂，仍依然故我。曹操因此反更加器重郭嘉。但因陳群能夠持正，曹操也很喜歡他，對兩種行爲、個性採取了相容並包的態度。

自漢武帝以來，由於統治者鼓吹封建的綱常禮教，因而在上下、父子、男女之間形成了一套繁文縟節，甚至連穿衣戴帽、膚髮修飾都有一套規定。在這種禮法的束縛下，一般儒生規行矩步，不敢越出雷池半步。曹操「佻易無威重」，脫盡了兩漢士人矜重虛矯的習氣，是對封建綱常禮教的蔑視，是對虛假迂腐的道德觀念的背叛，帶有思想解放的性質。這同曹操喜同部屬之間進行情感溝通，建立和諧、眞誠、輕鬆的關係，有異曲同工之效。同時，對魏晉南北朝時期無視禮教的放誕之風，也有開先路的作用。

一鼓作氣的精神

曹操做事情講究要做就要做到底。這在他整頓世風革除誹謗之風的過程中可以看得出來。曹操還注意社會風氣的整頓，特別是對一些影響內部團結，不利於政治穩定的結黨營私、造謠誹謗、顚倒黑白、挾嫌報復等歪風邪氣，大力加以革除和禁止。

建安五年（西元二〇〇年），曹操下了一道命令說：「自從國家發生禍亂以來，社會風氣敗壞，誹謗的言論，難以用來評判人們的好壞。建安五年以前發生的此類事情，一切不再追究論處。今後如用以前的事情來誹謗別人，就用他加給別人的罪，加在他自己身上。」

曹操的這一道命令是針對徐宣詆毀陳矯而發的，被稱爲《爲徐宣議陳矯令》。

徐宣和陳矯都是廣陵人，原來都在廣陵太守陳登手下爲官，後來都被曹操徵召爲司空掾屬，加以信用。可是二人相處並不和睦，常鬧矛盾。由於陳矯原來姓劉，過繼給舅父改姓爲陳，又娶了劉氏本族之女爲妻，徐宣便抓住這個弱點，在大庭廣眾之中污辱陳矯，肆意詆毀。曹操認爲這是小題大作，是對陳矯的有意傷害，不利於二人之間的團結，也不利於官僚內部的團結。爲此曹操下了這道命令。

曹操對無中生有、顚倒黑白、居心不良的匿名誹謗者，更是深惡痛絕，決心一查到底。他佔據冀州之後，有一次，在鄴城，曹操發現有人寫匿名信誹謗他人，很是氣惱，於是，他下決心查個水落石出。魏郡（治鄴城）太守國淵請求辦理此事。

國淵細看這個匿名信，發現其中很多處引用了《二京賦》（東漢張衡寫的《西京賦》、《東京賦》）。他便讓府吏選一些少年去拜師求學，並訪求能讀《二京賦》的人爲師。當訪得能讀《二京賦》的人之後，就把選來的學生送到他那裏就學。然後府吏乘機請這位老師寫一份便箋，把便箋同誹謗書信相比較，結果發現二者同出一人之手。國淵當即把這個人收捕拘留，立案審問。最後完全弄清楚了他作案的情況和動機。事過不久，曹操遷升國淵爲太僕，居列卿之位。

建安十年（西元二〇五年）九月，曹操在派兵攻打高幹前，又下了一道《整齊風俗令》：「結黨營私，是古代聖賢所痛恨的。聽說冀州的風俗，父子分屬兩派，互相誹謗。歷史上有過這樣的事：直不疑沒有哥哥，別人卻說他與嫂嫂私通；第五伯魚三次娶沒有父親的孤女爲妻，有人卻說他毆打岳父；王鳳擅權，谷永卻把他與申伯相比；王商忠義，張匡卻說他搞歪門邪道。這些都是以白爲黑，欺騙上天和蒙蔽君主的例子。我想整頓社會風氣，像以上這四種現象不除掉，我以爲是恥辱。」

這類顛倒黑白，誹謗誣陷的事例，不單純是個人的品德修養問題，而是關係到朝廷政治能否清明，曹操集團的統治能否穩定的大問題。因此曹操下決心要除掉這種弊病。

在軍事征戰中，曹操也表現了那種對敵人窮追不捨的做到底的精神，曹操打袁尚就有如此表現。

建安九年（西元二〇四年）七月，曹操率軍圍攻袁尚軍所控制之鄴城時，袁尚回救鄴城，他正如曹操所料，沿著西山而來，靠著滏水安營紮寨，夜裏派兵進攻圍城的曹軍。曹操迎戰，把袁軍打得潰不成軍，趁勢包圍袁尚的營寨。包圍圈還沒有合攏，袁尚害怕了，派原來的豫州刺史陰夔以及陳琳乞求投降。曹操不答應，包圍得更緊。袁尚趁夜偷偷逃走，去固守祁山。曹軍追擊袁尚，袁尚大敗，逃往中山國。曹國全部繳獲了袁尚的輜重，並收得了袁尚的印章綬帶、符節斧鉞，就派已投降了的袁尚的將士把這些東西舉給他們在城裏的家屬們看，城裏面人心瓦解。八月，曹操攻佔了鄴城。這裏正是靠這種窮追不捨的精神將袁尚打敗的。

得國失國為何，常以儉得之，以奢失之

曹操一生叱吒風雲，氣吞萬里。他官至丞相，受封魏王，爵祿豐厚，功成名就，可是他卻生活儉樸，甚至死後墓室蕭然，這與當時講排場、擺闊氣的豪奢之風形成強烈的對比。他活了六十六歲，臨終時遺令說道：

「吾夜半覺小不佳，至明日飲粥汗出，服當歸湯。吾在軍中持法是也，至於小忿怒，大過失，不當效也。天下尚未安定，未得遵古也。吾有頭病，自先著幘，吾死之後，持大服如存時，勿遺。百官當臨殿中者，十五舉音，葬畢便除服；其將兵屯戍者，皆不得離屯部；有司各率乃職。斂以時服，葬於鄴之西岡上，與西門豹祠相近，無藏金玉珍寶。吾婢妾與伎人皆勤苦，使著銅雀台，善待之。于台堂上，安六尺床，施幔帳，朝晡上脯糒之屬，月旦十五日，自朝至午，輒向帳中作伎樂，汝等時時登銅雀台，望吾西陵墓田。余香可分與諸夫人，不命祭。諸舍中無所爲，可學作組履賣也。吾曆官所得綬，皆著藏中。吾余衣裘，可別爲一藏，不能者兄弟可共分之。」

其中「我在軍中依法辦事是對的，至於小的忿怒，大的過失，不應當效法。天下還未安定，不能遵守古代喪葬制度。我有頭疼病，很早就戴上了頭巾。我死後，穿的禮服要像平時一樣。安葬之後，文武百官要脫掉喪服；駐防各地的將士，都不要離開駐地；官吏們都要各守職位。入殮時穿一般的衣服，埋葬在鄴城西面的山岡上，跟西門豹（戰國時的政治家）的祠堂靠近，不要用金玉珍寶陪葬」一段表述，集中體現了曹操崇尚節儉的精神。曹操的提倡節儉，反對厚葬，不同於歷史上有的統治者那樣只是說說而已，他生前一直是奉行這一準則的。

曹操自己一生不講究吃穿，也要求家人這樣做。魏明帝曹叡時，尚書衛覬在上表中說：「武皇帝（曹操）之時，後宮食不過一肉，衣不用錦繡。」曹操在《內誡令》中曾說：「我的衣被都已經使用十年了，年年把它拆洗縫補一下罷了。」曹操使用的被子、床褥之類的東西，只要暖和就可以，四周也不做什麼刺繡等修飾。他所用的器物，講究實用，不追求華美，不塗彩色油漆。他用的帷帳屏風，壞了也是縫補之後再使用，從不輕易更換。他在《內誡令》中還告誡官吏和家人說：「官吏和百姓多製作刺繡衣服，穿絲織的鞋子不得用朱紅、紫、金黃幾個顏色。以前，我在江陵得到的各種花色的絲鞋，把它給了家人，和他們約定，穿完了這些鞋子，不准再仿做。」

朱紅、紫、金黃幾種顏色表示尊貴，所以曹操下令不准絲織的鞋子用這幾種顏色。關於家人穿各種花色的絲鞋是在特殊情況下允許的，平常是不可以的。這也體現了曹操的節儉精神。

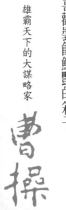

不僅如此，曹操還極力反對東漢以來的厚葬之風，其意義是非常的。因此，他在死前早就爲自己準備了四箱送終的衣服。按春、夏、秋、冬季節區分，並留下遺囑說：「臨終時，按當時季節穿的衣服入殮，不得以金玉珠寶銅鐵之類的物品隨葬。」

曹操奉行節儉，得到了妻子卞氏的大力支持。到曹丕稱帝後，卞氏仍然堅持這樣做，還嚴格要求自己的外親也這樣做，並告誡他們說：「居處當務節儉，不應當奢望賞賜。外人或許會怪我對待你們太刻薄，其實這是我自己的主張。我侍奉武帝四五十年，已經養成了節儉的習慣，無法變得奢侈起來。」

在使用器具方面，曹操說「孤不好鮮飾嚴具」。

嚴具即箱子，主要用來盛放梳蓖、毛刷等日常生活用具。曹操明確表示不喜歡裝飾鮮豔的箱子，原來所用的是舊皮攙雜新皮以製作的皮箱，用黃皮鑲在中間。後來因爲碰上亂世，連這樣的皮箱也沒有了，就改用方形竹箱，用黑皮罩在外面，用粗布襯在裏面，同時加上漆，他覺得這樣也很漂亮。《內誡令》又說：

「孤有逆氣病，常儲水臥頭。以銅器盛，臭惡。前以銀作小方器，人不解，謂孤喜銀物，今以木作。」

逆氣病是一種氣往上沖而引起頭疼的病，大概就是華佗給他針灸過的頭風病。發病時爲緩解病痛，曹操常要準備一盆水浸頭。用銅器盛水，水放久了有銅臭氣。後改用銀製成的小方器，但怕人們不理解說他喜歡銀製品，因此乾脆改用木器盛水。不難看出曹操在帶頭儉樸這個問題上是如何處處小心。曹操所用的器物，遺留後世，曾有見之者，確實是相當普通的。西晉陸雲曾給其兄陸機寫過一封信，信中說：

「一日案行，並視曹公器物……嚴器方七八寸，高四寸餘，中無鬲（隔），如吳小人嚴具狀。」

「如吳小人」，即所用同吳國普通人所用的差不多。又說「器物皆素」，即都不華麗，可見曹操所說的，所用的，都並沒有欺人耳目，他過的確實是頗爲儉樸的日子。

曹操還不准家裏薰香。其《內誡令》說：

「昔天下初定，吾便禁家內不得香薰。後諸女配國家爲其香，因此得燒香。吾不好燒香，恨不遂所禁，今復禁不得燒香，其以香藏衣著身亦不得。房屋不潔，聽得燒楓膠及蕙草。」

「天下初定」，當指平定河北之後。從那時起，曹操就不准家中薰香。後因三個女兒嫁給獻帝，不得不爲她們薰香，因此破了例。曹操後來又再次禁止燒香，即使是把香放在衣內或帶在身上也不允許。如果房內不清潔，可以燒楓樹脂和蕙草。可見曹操爲了儉樸，考慮得是非常周到的。

曹操的三個女兒嫁給獻帝，這是一件大事，但曹操對嫁娶時的奢侈之風深感不滿，因此女兒出嫁時，用的帷帳都是黑色的，隨從的婢女不過十人。

曹操奉行節儉，因而也就不貪戀財物，不積聚私產。攻城掠地所繳獲的財物，全用來賞賜給有功的將士；四方貢獻，也都與部屬分享。

曹操提倡節儉，先從自己和家人做起，並爲此作了不少硬性規定，這些規定是得到嚴格執行的。一次，曹植的妻子違令穿了錦繡衣服，恰巧被在銅雀臺上的曹操看見了，立即下令讓植妻回家自殺，這雖然做得太過分、太殘忍，但也可看出曹操提倡節儉的堅決。推而廣之，曹操還把是否節儉當作選拔官吏的條件，作爲衡量一個官吏品質好壞的標準。一時間在朝野形成了儉樸節約的風氣，並形成廉政的新風。在這方面甚至還有做得過頭的地方，比如只要一穿新衣、坐好車就被說成不廉潔，反之就被說成廉潔，只從表面現象看問題，以致被一些弄虛作假的人鑽空子，但不難看出曹操提倡節儉收到了切實的效果。對確實不廉潔的人，曹操總是認眞作出處理，比如同鄉好友丁斐因私自調換官車一度被撤職，曾爲曹操上表捏造孔融罪名的路粹違禁以低價買驢被處死，決不徇私枉法，這反過來又維護了儉樸節約的良好社會風氣。

曹操進而將節儉作爲立國之本來考慮。《度關山》詩說：「舜漆食器，畔者十國。」曹操是將奢侈提到了會導致亡國的高度來認識的。《韓非子．十過》載秦穆公問由余：「願聞古之明主得國失國何常以？」由余回答：「臣嘗得聞之矣，常以儉得之，以奢失之。」曹操是認眞記取了這一教誨的。

曹操位高權重，卻具有儉樸的美德。尤其可貴的是，他對身邊的管理十分嚴格。

曹操一生，娶妻納妃甚多，有名有姓的就達十三人，對於眾多的妻妃，曹操管理得很有條理，一不讓她們亂干政，二不讓她們揮霍。曹操的正妻卞后，有一個弟弟叫卞秉，建安時任別都司馬，官職多年沒有提升，心有怨言，想藉著姐姐的身份往上爬，曹操知道後嚴肅地說：「但得與我作婦弟，不為多邪？」升官不成，又想多弄點錢物，曹操回答得更乾脆：「但汝盜與，不為足邪。」在曹操嚴格約束下，卞后「每見外戚，不假以顏色，常言居處當務節儉，不當望賞賜，念自佚也。外舍當怪吾遇之太薄，吾自有常度故也。吾事武帝（曹操）四五十年，行儉日久，不能自變為奢。有犯科禁者，吾且能加罪一等耳，莫望錢米恩貸也。」卞后自己吃飯「菜食粟飯，無魚肉」，「請諸家外戚，設下櫥，無異膳」。曹操二十五個兒子，有的文采出眾，有的武藝超群，都與曹操手把手地調教有關。除幾個早死的外，其餘都上疆場衝殺鍛鍊，有的戰死在陣地上。曹操對曹植曾抱有極大的希望，在曹植二十三歲那一年，他專門給曹植寫了一封誡信，以自己年輕時的經歷，教導曹植進取：「吾昔為頓丘令，年二十三，思此時所行，無悔於今。今汝年亦二十三矣，可不勉歟。」

當然，作為一個政治家，是不可能充分抑制其口腹之欲、聲色之娛的。今存曹操《四時食制》一文，從中不難看出曹操對飲食有時還是相當講究的。曹操將自己的「霸府」定在鄴城後，在當時的人力物力並不寬裕的情況下，仍在鄴城興建了一些建築，有的不一定必要，至少在規模上是可以控制的。比如銅雀台高十丈，有屋一百二十間，金虎台高八丈，有屋一百零九間，就多少帶有糜費的性質。

可惜的是，曹操提倡節儉，對其子孫的影響卻是短暫的、有限的。魏文帝曹丕已開奢侈之風，至魏明帝曹睿更是變本加厲。曹睿大修洛陽宮室，在芳林園中修築水池，廣選宮女，恣意玩樂，同時賞賜無度，以致庫藏空竭。大臣楊阜、高堂隆等一再諫阻，收效甚微。既無治國安民的雄才大略，也不知道謹身守成，終於很快導致大權旁落、國運衰亡，這大概是曹操所始料未及的。

待部下、子女不徇私情

曹操一向賞罰分明，從不任人唯親。他在擬派兒子前去三地管理軍民的諸兒中，表達了他的這一作風。其令說：

「今壽春、漢中、長安，先欲使一兒各往督領之，欲擇慈孝不違吾令，亦未知用誰也。兒雖小時見愛，而長大能善，必用之。吾非有二言也。不但不私臣吏，兒子亦不欲有所私。」

在這一命令裏，他明確說明，不僅對部下不講私情，連自己的兒子也同樣看待。並決定派不違背他命令的兒子前去三個地方管理，親自把重任交給他們，體現了曹操「長大能善，必用之」的思想，這對兒子是一種莫大的鼓舞和鞭策。

「生子當如孫仲謀」，品味曹操這句由衷誇獎孫權的話，不能不使人想到：孫權到底在哪些方面比曹操的兒子強呢？

孫權在哥哥孫策率領的隊伍中當兵時，只有十四五歲。因過不慣軍中的苦日子，免不了要搞點特殊。孫策帳下主管財政的官員叫呂範，呂範這個人「性好威儀，勤事奉法」，當家理財，一是一，二是二，無論對誰，不徇私情。孫權要弄錢財私用，不能不走呂範的「後門兒」，可是呂範堅決不開，每次都請示孫策後再答覆。這惹得孫權很不高興。孫權當了陽羨這個地方的長官，在財物上還是不夠清廉，孫策就加強了對弟弟的控制，不時親自查弟弟的帳目。孫權身邊有個叫周谷的人，專為孫權在借貸往還的單據上作手腳，使孫策查不到問題，孫權自然喜歡。孫策死了，孫權掌了大權。當家才知柴米貴，於是，孫權想起年少時辦的那些事，更想起阻撓自己的呂範和討好自己的周谷。照一般人看來，這回孫權可該重用周谷，給呂範一點難堪。可是孫權偏偏不這樣。他認為，周谷改竄帳目，欺騙孫策，是個心術不正的人，不能用；而呂範一心為公，忠誠可靠，才值得重用。孫權以公取賢，使呂範在二十多年的時間裏，從一個裨將軍一直升到大司馬，替孫權破曹操於赤壁、殺關羽於麥城、治都於建業，直接或間接地立下了很多大功。呂範死後，孫權每路過其墳墓，都呼著呂範的名字，言及流涕。

曹操待子女也不徇私情，這在曹丕當太子時的一些事情可以看得出來。曹丕當太子時，也想多搞點外快私用，但懾于曹操的嚴法，在宮中還不敢胡來，於是就想出一個向家叔曹洪借貸的主意。曹洪是曹操的從弟，自曹操舉兵討董卓，曹洪就將全部家兵千餘人歸了曹操，並一心一意地跟著作戰。有一次，曹操被董卓兵打敗，連戰馬也失掉了，「賊追甚急，洪下，以馬授太祖，太祖辭讓，洪曰天下可無洪，不可無君，遂步行到汴水」，保護著曹操殺出了重圍。曹洪為打曹魏江山立下了汗馬之勞，是曹操眼裏的一等大賢，並替曹操管理家務。曹洪不肯給曹丕面子，曹丕便恨上了他。後來，曹丕當了皇帝，還恨著這件事，總想報復一下。機會總是有的。一次，曹洪的舍客犯了法，曹丕立即株連上了曹洪，把曹洪關進監獄，準備殺頭。滿朝文武出來求情，曹丕也沒鬆口。沒有辦法，曹丕的母親卞太后出了面，她對曹丕的愛妻郭后說：「令曹洪今日死，吾明日敕帝廢后矣」。這就是威脅曹丕說：「你今日將曹洪殺了，我明天便廢掉你的媳婦。」想必是郭后吹了「枕頭風」，又加上曹洪本人「泣涕屢請」，一個勁兒地給皇侄兒說好話，曹丕才給了曹洪一個免官削爵的下場。史書講曹洪性吝嗇不借給曹丕錢財，恐怕與事實不符，試想一個連命都不怕丟的人，還在乎那點家財嗎？曹洪常在曹操左右，又爲曹操管理家務，是深知曹操嚴格約束子女的。怕隨便借給太子東西，曹操知道了不依，所以不給曹丕面子，似更有些道理。

當然，待部下、子女不徇私情，也有立場發生動搖的時候。但可貴的是曹操能馬上意識到自己的錯誤，對嚴格執法、不徇私情的屬下予以讚揚。

曹操到兗州時，徵召滿寵任從事。等到曹操成爲大將軍時，召他代理西曹屬官，又任許縣令。當時曹洪的一位賓客在許縣境內多次犯法，滿寵將他逮捕並治了罪。曹洪寫信給滿寵說情，滿寵不予採納。曹洪又稟告曹操，曹操召見許縣官吏。滿寵知道曹操將要赦免罪犯，就很快將他們殺掉。事情發生後，曹操卻高興地說：「處理政事難道不應該這樣嗎？」原太尉楊彪被捕後交給許縣審理，尚書令荀彧、少府孔融等都囑咐滿寵：「只應記錄供辭，不要拷打他。」滿寵一個也不答覆，仍按法拷問。幾天後，他求見曹操，對曹操說：「楊彪通過拷問沒有另外犯罪的供辭。判決斬殺的人應該先公佈他的罪狀；這個人全國有名氣，如果罪狀不明，定會使您大失民心。我私下裏替您感到可惜。」曹操當天就赦免楊彪。開始，荀彧、孔融聽說拷打楊彪，極爲憤慨，直到楊彪被釋放了，才消除怒氣，並且與滿寵更加友善。

殷殷愛子情，曹操贈刀的故事尤爲感人。

曹操有一把寶刀名叫「百辟刀」，用作「懾服奸宄者」，爲「百煉利器，以辟不祥」之意。他讓工匠仿造了五把，自留二把，其餘分贈曹丕、曹植和曹林。曹植曾寫《寶刀賦》記此事。其序文爲：

「建安中，家父魏王，乃命有司造寶刀五枚，三年乃就。以龍、虎、熊、馬、雀爲識，太子得一，余及余弟饒陽侯各得一焉。其餘二枚，家父自仗之。」正文形容刀的鋒利，陸斷犀革，水斷龍角，輕擊浮截，刃不纖削。逾南越之巨闕，超西楚之太阿。「陸斷」二句，言其適用於水陸攻戰。「輕擊浮截」，言其省力。「刃不纖削」，言其耐用。巨闕劍爲越王勾踐所佩，太阿劍爲歐冶子、幹將所鑄。百辟刀超過了著名的巨闕劍和太阿劍，言其珍貴。

曹操還送給曹植四領鎧甲：黑光鎧、明光鎧、兩當鎧、雙環鎖鎧各一領，銀鞍一具，大宛紫騂馬一匹。大宛紫騂馬即是西域大宛的紫紅色汗血馬，非常名貴。曹植說，此馬「形法應圖，善持頭尾，教令習拜，令輒已能，又能行與鼓節相應」。它符合良馬的要求，性情溫馴，極通人性，行走疾遲與鼓音急緩節奏相應和，令人喜愛。

曹操送寶刀、鎧甲、馬鞍和戰馬給諸子，意在勉勵他們習文不忘練武，文武雙全方能適應戰爭環境。

曹操征戰之時常帶諸子隨行，諸子成人則授權領兵，使之經風雨、見世面。建安二十年七月，他擬選三子任淮南、漢中和關中的軍政長官，說：「諸子年幼之時，我皆喜愛，但成人之後要德才優秀才予重用。我言行一致，對部下不偏私，對諸子也不偏愛。」由於淮南和漢中戰局發生急劇變化，後來只有曹彰任代理越騎將軍，領兵鎮守關中。

在諸子封侯方面，曹操也堅持一個標準。曹彰、曹植、曹據、曹林四子是建安十六年首批直接封縣侯的，同年曹宇、曹玹二人封爲鄉侯。起點較低者爲亭侯，如曹幹是建安二十年第二批封侯的，爲高平亭侯，曹茂是建安二十二年第四批分侯的，爲萬歲亭侯。其原因是曹幹當時才一歲，年齡太小；

曹茂「性傲佷，少失寵於太祖」，「少不閑禮教，長不務善道」。第三批分封于建安二十一年，曹袞爲平鄉侯。鄉侯低於縣候，高於亭侯。曹袞「少好學，年十餘歲能屬文，每讀書，文學左右常恐以精力爲病，數諫止之，然性所樂，不能廢也」。直接封爲鄉侯，是由於他好學上進。

賤人暴貴，爾曹皆當出嫁

曹操頗有反傳統、反潮流的精神，他不講門第，惟才是舉；他主張薄喪，反對豪奢，尤其是他不計門第，「以愛立后，使賤人暴貴」，這是需要相當勇氣的。尤其是他敢冒天下大不韙，讓自己心愛的人改嫁，這不單是曹操心胸開闊，更是有點人道精神了。

在曹操的妻室中，比較主要的就有十五人，其中爲人們所熟知的卞氏居其二，這是按其入門時間排列的。但由於丁夫人與曹操分手，因此卞氏實際居於第一的位置。曹操封王，曹丕稱帝，因之，卞氏也順理成章地由王后而太后。當然，也由於卞氏乃曹丕、曹彰、曹植之生母，且性情賢淑，讓曹操免除家室之憂，此亦是卞氏之功德，曹操之福分。

但卞氏與曹操其人性格大有不同。卞氏作爲一女子，雖有諸多長處，尤其有美貌與賢淑的雙重「德性」，但遺憾的是出身卑賤，這在曹操的時代，可謂是天大的缺陷。

史書記載，卞氏，琅琊開陽（故城在今山東臨沂市北）人。由於家境貧寒，很小就以歌舞爲生計，出入賣藝場中。也是曹操好色沒遮攔，抑或平心論之也是卞氏福氣。一次歌舞之中，曹操看到了卞氏，怦然心動，後即納爲妾。此時曹操才二十歲，還在譙縣未正式步入仕途。

卞氏出現在曹操生活中，也許眞的有什麼意味。因這就是這一年曹操事業功名的船已緩緩出港，並由此即漸成直掛雲帆之勢，乃至起兵討袁紹，挾天子以令諸侯，統一中國北方，直至爲侯爲公爲王，人生富貴聲威已極。並且在整個曹操的功名事業和家庭生活中，卞氏一直在曹操身前身後，爲妻爲室，生兒育女。曹操並沒有因她出身低賤而看輕她。尤其是建安初年，由於淯水之難丁夫人與曹操因長子曹昂之死而鬧翻，丁夫人歸家不再理曹操，曹操無望於丁夫人，也就順理成章地將卞氏策爲正室。並沒有因卞氏的出身與藝人的經歷而另眼相看。

卞氏亦不負曹操鍾情與「立賤」之決心勇氣。

當初董卓之亂，曹操逃出洛陽赴陳留起兵，這實是凶多吉少，死生未卜的事情。曹操潛出後不久，袁術傳來消息，說曹操已遭不幸。當時卞氏仍留洛陽，跟隨曹操到洛陽的人聽此消息，頓感沮喪，擬散夥歸家。卞氏即阻止說：「曹君生死尚無定信，諸君今日走散，明天曹君還在，那時有何面目相見？即便大難臨頭，一起死有什麼可怕的呢！」

於是所有人都留下了，後來曹操聞知此事，感激萬分。不久即冊封卞氏爲正妻。

曹操敢於立賤，而讓他的妻妾出嫁，就更進了一步。

中國人文傳統的婦德，歷來注重貞操、不二嫁等名節，但曹操無所顧忌地娶有夫之婦，又「自好立賤」，如果僅僅將其看作是行爲的，情感需要上的放縱之舉，似不妥當。因爲對於當世人文，曹操至少具有以下幾重身分：征戰天下、智勇兼備的統帥，深諳中國經史禮法的學者，掌握權柄、治理國家的宰臣，並且在這種種方面，他都是開創一個時代又實實在在影響這一個時代的成功者。如此，這樣人之對女色的種種舉止，倘說全然是率意而爲，實在說不過去。

應該承認曹操能正視男女的正常生理與情感需要，正視人性的正常需求，也不把女性只當作一個觀念的負擔者，她們應是一個活生生的人，而不是貞操、名節的犧牲品。這樣，傳統的貞操觀念、名節觀念在其心目中就沒有多大的分量。自然，也無須因此掩蓋曹操放縱，有時全無道德廉恥之瑕點。或者，此二者正互爲因果，乃至爲曹操其人之一體兩面。

曹操也是人，人之怪也在這裏。

曹操鮮廉恥處令人不齒，但曹操在過人處中仍有感人處，即於男女一事中，通脫亦見諸般人性的眞誠，乃至獨到見地與行止。

他曾在《讓縣自明本志令》中說：

「……常以語妻妾……孤謂之言：『顧我萬年之後，汝曹皆當出嫁……』

目的是讓妻妾在他死後嫁人以宣示其忠誠漢室之心，然而，身爲魏王，且以周文王自況，竟有如此之言，如此之心，亦見其人敢想敢作之風。

曹操如此說，確實也是如此做的。

其結髮妻子丁夫人，因自己沒有兒子，養早亡的劉夫人子曹昂爲己子，淯水之難，曹昂隨征，死於張繡突襲之中。丁夫人因此事經常數落、責罵曹操。曹操在無以容忍之中，將丁夫人送回娘家，意在讓丁夫人平靜一下心情，夫婦之間也緩和一下緊張氣氛，再將丁夫人接回。

或者因丁夫人脾氣太倔，或者作爲人妻，其對曹操爲人更知底細，因而一去竟無返意。當曹操眞去她娘家接她回京，她正坐在織布機前織布，人報「曹公到」，丁夫人只作沒聽見，依然織她的布。

曹操走上前，撫摸丁氏的背說：「一起坐車回去吧！」

丁夫人依舊不睬，曹操無奈轉到門外又問丁氏：「跟我一起回去不行嗎？」

丁夫人仍不作聲，曹操只得說：「眞要分手了！」曹操此後便再沒找丁夫人，但仍關心她的生活。或者他覺得丁夫人還年輕，還應當有個家。他並不以爲丁氏曾爲其妻，離他而去，他就把她限制起來。或者以一種更高尚的感情言之，愛一個人，對一個人有感情，得與失都不要只爲一己之私。曹操本心是否如此？不得而知；但曹操是這樣做的，也做到了。

他要丁夫人父母將丁夫人改嫁他人，只是因爲丁夫人父母懾於曹操權勢，不敢這樣做。對於曹操，如此要求丁家是否是虛情假意，裝裝樣子？似乎不是。曹操以其權威地位，乃至其一身周圍擁有眾多姬妾，他自己還日理萬機，假如對一女子沒感情，不是眞正關心她作爲一個女人的生活，他就沒有必要如此費心思地去攛掇此事。這樣做，從另一方面說，也是符合曹操性格的。

棋高一手，好文而能善治政

任何時代，成功之神都更傾顧於那些既有專長，又有廣博知識的人。所謂「藝多不壓身」，說明人的本領越多，應付世事的才能也越多。起於微末，成就一方霸業的人往往更具備這一特質。

曹操作爲文人中的一名詩人是當之無愧的，他的許多詩作爲後代所傳誦。如他在出征塞北的時候，路過碣石山，望見東邊的大海，波濤洶湧，雄奇壯觀，曹操不禁意氣風發，氣概昂揚地寫下他的經典名作《觀滄海》：

東臨碣石，以觀滄海
水何澹澹，山島竦峙
樹木叢生，百草豐茂
秋風蕭瑟，洪波湧起
日月之行，若出其中
星漢燦爛，若出其裏
幸甚至哉，歌以詠志

這首詩被後代學者公認爲曹操最出色的寫景詩篇，清朝的文學評論家沈德潛便稱讚這首詩的作者，具有「吞吐宇宙氣象」的心胸及壯志，的確只有像曹操這樣雄才大略的英雄才作得出來。

曹操不僅是軍事家、政治家、詩人，而且可以說是改造文章的祖師。關於這一點，魯迅在談到曹操政權特色的時候，首先講到了曹操在漢魏間文風轉變中的首倡作用。

魯迅接著說明了曹操政權的特色：

「董卓之後，曹操專權。在他的統治之下，第一個特色便是尚刑名。他的立法是很嚴的，因爲當大亂之後，大家都想做皇帝，大家都想叛亂，故曹操不能不如此。曹操曾自己說過：「倘無我，不知有多少人稱王稱帝！」這句話他倒並沒有說謊。因此之故，影響到文章方面，成了清峻的風格。——

就是文章要簡約嚴明的意思。

此外還有一個特點，就是尚通脫。他爲什麼要尚通脫呢？自然也與當時的風氣有莫大的關係。因爲在黨錮之禍以前，凡黨中人都自命清流，不過講「清」講得太過，便成固執，所以在漢末，清流的舉動有時便非常可笑了……所以深知此弊的曹操要起來反對這種習氣，力倡通脫。通脫即隨便之意。此種提倡影響到文壇，便產生多量想說甚麼便說甚麼的文章。

更因思想通脫之後，廢除固執，遂能充分容納異端和外來的思想，故孔教以外的思想源源引入。」

魯迅從曹操政權的特色講到了曹操思想和漢末魏初文章的主要特色，把當時時代、政治和文章變化的關係，以及曹操所發揮的作用，作了十分清楚的闡釋。當然，此前已經有人談過類似的問題。劉師培在《中國中古文學史》中曾說：「兩漢之世，戶習七經，雖及子家，必緣經術。魏武治國，頗雜刑名，文體因之，漸趨清峻。」又說：「建武以還，士民秉禮。迨及建安，漸尚通脫。」如果再往前推，劉勰在《文心雕龍．論說》中曾說：「魏之初霸，術兼名法。」也就是劉師培所說的「魏武治國，頗雜刑名」的意思。

魯迅的說法顯然從前人那裏接受了影響，但他進一步講到了政治和文章風格的關係，指出並肯定了曹操在這一過程中所發揮的無可替代的作用。

其次魯迅還在談到曹操的創作實踐時說曹操是一個「改造文章的祖師」。他說：「在曹操本身，也是一個改造文章的祖師，可惜他的文章傳的很少。他膽子很大，文章從通脫得力不少，做文章時又沒有顧忌，想寫的便寫出來。」

「改造文章的祖師」，是魯迅對曹操所作的一個很高的評價。「改造」二字，突出了曹操的革新精神，「祖師」二字，讚美了曹操對一代新風的開啓作用。魯迅對於曹操文章的通脫感受尤深，特別舉例說：

「所以曹操徵求人才時也是這樣說，不忠不孝不要緊，只要有才便可以。這又是別人所不敢說的。曹操做詩，竟說是「鄭康成行酒伏地氣絕」，他引出離當時不久的事實，這也是別人所不敢用的。還有一樣，比方人死時，常常寫點遺令，這是名人的一件極時髦的事。當時的遺令本有一定的格式，且多言身後當葬於何處何處，或葬于某某名人的墓旁；操獨不然，他的遺令不但沒有依著格式，內容竟講到遺下的衣服和伎女怎樣處置等問題。」

確實是想說甚麼便說甚麼，確實是「十分放膽」，充分體現了「通脫」的特色。魯迅自己在創作上是想說甚麼便說甚麼的，因此他對曹操的通脫也就特別感興趣，特別予以強調，並進而從中接受了鼓舞和影響。

但是曹操又不僅僅是以一個文人身份而存在的，他更多地把文人的那種情懷用在了治政、治軍和現實生活中，如曹操在漢末以來，面對最高權力淪喪，社會秩序大壞的現實，能夠體認亂局，以建綱制，重建公共權力的威信來治理他的轄區。

在這一時期，曹操捷足先登，取得了「挾天子以令諸侯」的優勢地位，連諸葛亮都認爲「此誠不可與爭鋒」；他因地制宜，興辦屯田，恢復發展生產，解決了軍隊急需的糧食問題；他「任天下之智力」，注意發揮智囊團的作用，歷盡艱辛打敗了極爲強盛的袁紹，討平了群雄，完成了北方統一的局面，還降服了烏桓、匈奴，保障了邊境地區的安寧；他抑制豪強，扶持小農，防止兼併，整頓風俗，使社會得以安定；他厲行法治，整頓吏治，任人唯才，知人善察，使政治得以清明、統治得以穩定；他從主、客觀條件出發，決定自己不當皇帝，對軍權、政權則抓住不放，使自己身家得以保全、國家得以安定；他始終提倡節儉，反對厚葬，改變了東漢以來盛行的奢侈之風，改善了政治，減輕了人民的負擔。這些足以表明曹操是一位傑出的政治家。

戎馬倥傯，歌以誦志

曹操之所以能成就一方霸業，不僅因他具備傑出的政治、軍事才能，而且因爲他有一種傑出的文學才華，他的別開生面的文學成就也在潛移默化地潤佐著他的霸業。他能在馳騁沙場的征戰中，寫下千古華章，不能不令人們更加敬服他的才華。

《魏書》說曹操「登高必賦，及造新詩，披之管弦，皆成樂章。」而曹操「橫槊賦詩」更是成爲千古美談。他的詩作《短歌行》坦率地表白了人生恨短、壯志難酬、歌酒解憂的心態，以及力圖像周公那樣使「天下歸心」的急切而宏遠的抱負。其詩寫道：

對酒當歌，人生幾何？
譬如朝露，去日苦多。
慨當以慷，幽思難忘。
何以解憂？惟有杜康。

青青子衿，悠悠我心；
但爲君故，沈吟至今。
呦呦鹿鳴，食野之蘋；
我有嘉賓，鼓瑟吹笙。
明明如月，何時可輟？
憂從中來，不可斷絕。
越陌度阡，枉用相存；
契闊談宴，心念舊恩。
月明星稀，烏鵲南飛；
繞樹三匝，何枝可依？
山不厭高，海不厭深；
周公吐哺，天下歸心！

在曹操的《薤露行》、《蒿里行》中也都表現了他的眞實情感和創作才華。「薤露」、「蒿里」本是樂府中出殯時所唱的挽歌曲調。薤是蔬菜類植物，薤葉上的朝露瞬間即乾，比喻人生短促如露珠般易逝；蒿是一種野草，古人認爲蒿地乃死者靈魂聚居之所。然而曹操沿用樂府舊題所作的兩首五言詩《薤露行》、《蒿里行》的思想內容則完全不同。其《薤露行》寫道：

「惟漢廿二世，所任誠不良。沐猴而冠帶，知小而謀強。猶豫不敢斷，因狩執君王。白虹爲貫日，己亦先受殃。賊臣持國柄，殺主滅宇京。蕩覆帝基業，宗廟以燔喪。播越西遷移，號泣而且行。瞻彼洛城郭，微子爲哀傷。」

既嘲笑外戚何進（以沐猴喻何進）的無能和抨擊宦官們的爲非作歹（因狩執君王），更聲討董卓（即賊臣）蕩覆帝基業，焚掠洛陽及號泣西遷長安的暴行，同時表達了自我的慘痛心境。其《蒿里行》寫道：

「關東有義士，興兵討群凶。初期會盟津，乃心在咸陽。軍合力不齊，躊躇而雁行。勢利使人爭，嗣還自相戕。淮南弟稱號，刻璽於北方。鎧甲生蟣虱，萬姓以死亡。白骨露於野，千里無雞鳴。生民百遺一，念之斷人腸。」

如實描寫東漢末葉諸派軍閥勢力（即所謂之義士）藉討董卓之機而擴大實力、搶奪地盤並終於相互戕殺不休的史實，同時也如實暴露了軍閥混戰所造成的白骨遍野、千里無人煙的慘狀。

組詩《步出夏門行》又稱隴西行，本是樂府大曲調名，原古辭內容描寫遊仙者的經歷。曹操藉用此舊題塡新辭而成爲內容全新的詩章。它前頭先設「豔」，如同前奏曲，而後設四章，首章《觀滄海》，次章《冬十月》，再次章《土不同》，末章《龜雖壽》。《冬十月》和《土不同》描寫北國的時令特色、自然景象及屢經戰亂劫難後的風土人情。其中《龜雖壽》和《觀滄海》兩章。都是吟誦千古的名篇。曹操以四言詩見長，這兩章是曹操四言詩的代表。他的《龜雖壽》寫道：

「神龜雖壽，猶有竟時。螣蛇乘霧，終爲土灰。老驥伏櫪，志在千里；烈士暮年，壯心不已。盈縮之期，不獨在天；養怡之福，可得永年。幸甚至哉，歌以詠志。」

作此詩時，曹操五十二周歲，距其卒年僅十三年，大概在北征烏桓的戎馬倥傯中明顯感到體質已大不如昔，特別是他多謀善斷的軍師郭嘉於歸途中因重病「中年夭折」（享年僅三十八歲），對其心靈的觸動十分大，因而才對生命問題直截了當地發出如此深切、強烈的慨歎，作出如此思索。

亂世中的「治亂英雄」

當年擁有重兵的豪強、軍閥仗勢橫行割據，混戰不休。在北方，主要有殘暴專橫的董卓，嗜殺成性的呂布，無時不紅著血眼企圖擴大地盤的袁紹，窮奢極欲的袁術，以及在屠殺黃巾軍後盤據一方的公孫瓚、陶謙等。在南方，主要有兩股勢力，一股是孫氏（孫堅、孫策、孫權）集團，另一股是劉氏（劉表、劉備）遠支皇族勢力。除上述主要豪強、軍閥割據勢力外，還有許多地方割據勢力。大大小小乘機發起的割據勢力廝殺不止，鄉野凋敝，生靈塗炭。在東漢朝廷已無力平治天下的情況下，曹操便成爲肩負和完成這一首要重大歷史使命的佼佼者。當董卓盤據洛陽而專斷朝政時，曹操就起兵征討；接著，西元一九三年他戰敗陶謙；一九八年戰敗呂布；一九九年戰敗袁術；二〇〇年在官渡（今河南中牟東北地域）戰敗地廣兵多的軍閥袁紹，至二〇六年，袁紹割據勢力徹底滅亡。擁有重兵的軍閥既已垮台，兵力弱小的地方軍閥即俯首帖耳，惟命是從。就這樣，曹操先後各個擊敗了或強或弱的北方軍閥割據勢力，結束了中國北方的割據分裂狀態，重新恢復了統一。

而所有這一切都是和曹操傑出的軍事謀略才能分不開的。他在軍事上可謂白手起家，從無到有，這全憑自己的高深運作。他以自己的宗族家兵爲骨幹，建立了一支基本隊伍，創建了根據地，並收編了大量青州黃巾軍，使自己在軍事上立於不敗之地；他善於在戰爭實踐中總結經驗，並注意向古代兵家學習，形成了豐富的軍事思想，並爲《孫子兵法》作了注；他善於在戰略上藐視敵人，在戰術上重視敵人，打敗了不可一世的袁紹；他以法治軍，賞罰分明，加強了軍隊的紀律性，提高了軍隊的戰鬥力；他採取了先近後遠，先弱後強，各個擊破的戰略方針，終於消滅群雄，取得了統一北方的勝利；他在一些戰役中善於運用謀略（如在官渡之戰時，採取了靈活機動，聲東擊西，先讓一步，後發制人的策略；在遠征烏桓時，採用了出敵不意，千里奇襲的策略，在平定關西時，對馬超、韓遂採用了分化瓦解各個擊破的策略等），都取得了成功；他還注意把軍事鬥爭同外交手段結合起來，不失時機地離間了孫、劉聯盟，而取得了保衛襄、樊的勝利。曹操不僅具有經緯萬端的軍事指揮才能，個人的武藝也具有相當高的水準。《三國志·魏書·武帝紀》裴注說曹操「才武絕人，莫之能害」，還引《魏書》說曹操「才力絕人，手射飛鳥，躬禽猛獸」，曾在南皮射雉雞，一天就射了六十三隻。這些足以說明曹操是一位傑出的軍事家。

對於曹操的軍事才能，《三國志》作者陳壽較早給予了很高評價，他說：

「漢末，天下大亂，雄豪並起，而袁紹虎視四州，強盛莫敵。太祖運籌演謀，鞭撻宇內，攬申、商之法術，該韓、白之奇策，官方授材，各因其器，矯情任算，不念舊惡，終能總御皇機，克成洪業者，惟其明略最優也。抑可謂非常之人，超世之傑矣。」

西晉的陸機也對曹操以超世武略統一北方的功績給予了充分肯定，他說：

「伊君王之赫奕，實終古之所難。威先天而蓋世，力蕩海而拔山。厄奚險而弗濟，敵何強而不殘。每因禍以提福，亦踐危而必安。」

說曹操所建立的顯赫的功業，自古以來誰也難以與之相比；其威勢是先於天下而蓋於當世，其力氣能夠搖動大海撼動大山；無論困厄多麼險惡都能平安通過，無論敵人多麼強大都能將其毀滅；常因禍患而得到安福，步入艱危必定轉危爲安。

當代史學家翦伯贊說得好：「當曹操出現在歷史舞臺上的時候，起義的民兵已經粉碎了東漢王朝的天下，在這殘破的疆土上出現了大大小小的地主武裝集團的營壘。當時的漢獻帝除了保有一件襤褸的皇袍之外什麼也沒有了，像這樣一個皇帝還能從他手中『篡』到什麼？曹操的天下，是自己打出來的，不是從姓劉的手裏接收過來的。假如曹操痛痛快快披上皇袍，誰能說他不是太祖高皇帝，就因爲他把皇袍當作襯衣穿在裏面，反而被人抹上了一臉白粉。」

【第七章】

高屋建瓴，乾坤大略造英雄。

立身不高一步，如塵裏振衣。

曹操的成功，取決於他的居高見遠，規取大勢的戰略眼光與能力。由於他深根固本，有了根據地，才能進退自如。由於他巧借荊州，瓦解孫劉聯盟。《三國志》作者陳壽說曹操「終能總御皇機，克成洪業者，其明略最優也」。本章詮釋曹操雄霸天下的十三個乾坤大略。

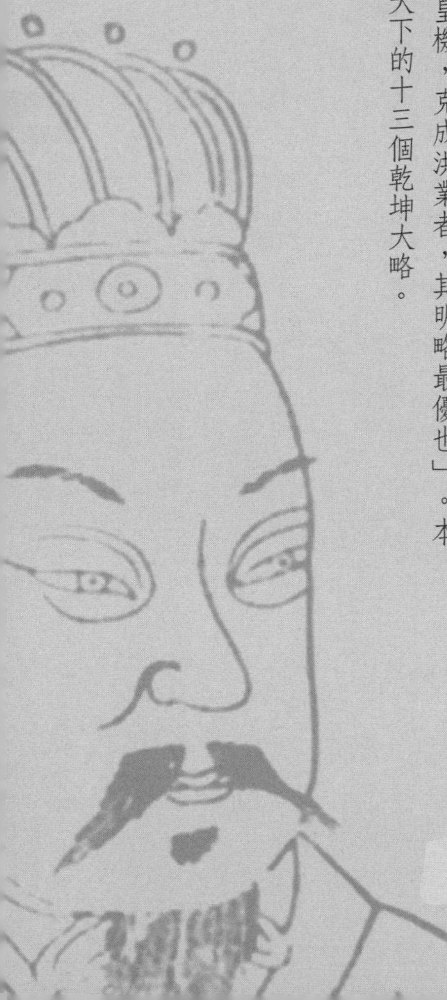

稱雄何必論時代

人的一生要有何種作爲，往往需要明辨你所處的時代，即所謂「慧眼識大勢」。如果你所設定的人生角色，悖離了時代的主體需要，那麼你對歷史進步的貢獻以及你在歷史上所留下的影響就會相對弱小。歷史上不是有「昔君好文臣好武，君今好武臣已老」的悔歎嗎？從大的方面來說，治世時代有治世時代的主體需求，而亂世時代有亂世時代的主體需求，如鋤強濟弱、安定天下等。因此，時代特徵不同，需要的英雄人物的角色也有所不同。

但是人是無法選擇時代的，而不同時代又都有那個時代的英雄，這個現象給我們以「稱雄何必論時代」的啓示。曹操可以說是處在一個所謂「亂世」的時代。正如當時的濟北相鮑信所說，「亂世的英雄不是那麼容易當的」，因爲那個時代是一個「家家欲爲帝王，人人欲爲公侯」的時代。但是曹操卻最終能夠傲立於群雄當中，成爲了一代雄傑。又一次證明了「稱雄何必論時代」的道理。

那麼，曹操是怎樣稱雄於亂世的呢？他雖然沒有給出直接的答案，但以他的霸業經歷清楚地告訴世人，要想稱雄一世，必當分辨時代特徵，設定人生角色。

曹操生於西元一五五年，死於西元二二〇年，這一歷史區段應屬東漢末年時代。

而東漢末年，正是朝廷腐敗、軍閥混戰、社會動盪不安，黎民渴望統一，安居樂業而不得的腥風血雨的「亂世」；曹操正是面對「亂世」來設定他的人生角色。

曹操認爲這樣一個動亂之世，應是一個需要濟弱鋤強、一統天下，安定社會、「取威定霸」的英雄時代。因此，曹操幾乎一開始就把自己當作「英雄」來看的，自己的人生大任就是抑制豪強、消滅兼併、發展生產、拯救民生，成就一代霸王之業。

事實上，曹操也正是在這種歷史條件下，開始從事其「治亂」活動的。

當進則進，當退則退

曹操在鎮壓穎川起義軍後，因軍功被升遷爲濟南國相。曹操在任濟南相國後，二年中「燒了兩把火」，一是罷貪官，一是毀淫祠。這使他的影響大增、政績卓著，仕途呈蒸蒸日上之勢。

但是，曹操的行動卻得罪了朝中當權的宦官，地方豪強也對他恨之入骨。曹操一方面不願意違背自己的志向去迎合權貴，一方面又考慮到已經多次觸犯權貴，再這樣下去，擔心會使全家受到連累。爲了避免發生不測之禍，曹操辭去了濟南相的職務，請求回到宮中值宿，擔任警衛，實際是要求賦閑。朝廷再次任命他爲議郎，曹操表面上雖然接受了，但卻常常裝病，不去當職。以後又辭去東郡太守，辭官回鄉。

曹操託病辭官，固然由於他在擔任濟南相時的所作所爲得罪了當權的宦官，怕遭到打擊報復，但這還不是惟一的原因。曹操早在做洛陽北部尉時就敢於棒殺小黃門蹇碩的叔父，這時雖有遭受打擊報復的危險，但畢竟還沒有發生此類事情。何況，這時他的父親曹嵩還大權在握，中平四年（西元一八七年）甚至還花一億錢買了個太尉的官做，算得是一個有錢有勢的人物，朝中有這樣的人撐腰，曹操自然也不必有太多的顧忌。他之所以託病辭官，還有更深一層的考慮。

東漢末年，岩穴隱居在名士中是十分盛行的風尚。由於隱居被人們認爲是有才能而又清高的人才做的事情，因此隱居可以提高身價，成爲當政者注目和禮聘的物件，不失爲一條做官的捷徑。曹操常因自己不曾是岩穴隱居之士而感到遺憾，他正可以利用這一機會來彌補遺憾。他還作了一個橫向比較：和他一同被推爲孝廉的人中，有的人已經五十歲了還不稱做年老，他現在不過才三十歲，即使隱居二十年再出來做官，也才同這些人剛被舉爲孝廉時的年紀相同，有什麼可怕的呢？於是，他毅然回到了家鄉，在譙縣以東五十里的地方蓋了一座幽雅的書房，打算一年中秋夏讀書，冬春射獵，文武並進，積蓄力量，以圖將來的發展。那個地方比較低窪，曹操打算利用沼澤中的泥水把自己同外界隔絕開來，斷絕賓客的來往。

曹操在家閒居的一年中，地方叛亂和黃巾軍餘眾的起事不斷，對此東漢的最高統治者，決定建立西園新軍以拱衛京師。

這年八月，靈帝爲了加強守護京師、保衛皇室的力量，組建一支新軍，在西園成立了統帥部，設置八校尉統領。西園新軍可以說是禁衛軍團，以備隨時應付可能出現的動亂局面。靈帝選中了宦官蹇碩，武官袁紹，也選中了曹操。曹操被任命爲八校尉之一的典軍校尉之職。

曹操自己說他原來有個理想是：「爲列侯當將軍。」進西園新軍當將領，是他實現這一志向的極好機會，典軍校尉這一任命，對曹操的誘惑力太大了。他不得不結束「隱居」生活，懷著激動的心情，進京上任了。

曹操能打入皇室核心武裝，並任要職，連大宦官蹇碩也要同他共事。這說明他在仕途上又邁上了一個新臺階。在一定意義上是他以退爲進策略的成功。這種成功主要是由於他本人才能突出，在政治舞臺上已經樹立了好的形象，博得了好的名聲。

曹操的一生和其他成大業者一樣，幾進幾退，都能很好地把握進退的機關，他一生的主要進退有：熹平三年（西元一七七年），曹操二十歲至二十三歲，其間一直求進仕途，由舉孝廉、為郎，出任洛陽北部尉到任頓丘令，以至到被徵召為議郎。光和元年（西元一七八年）曹操二十四歲，因故「從坐免官」，也只好歸退。光和三年（西元一八〇年），二十六歲，因能明古學，又被征為議郎，曹操立即復出，抓住時機，積極參政。中平元年（西元一八四年）三十歲時任濟南相，「在濟南頗有治績」，而中平四年（西元一八七年）三十三歲時則「征還為東郡太守，不就。」

他晚年由丞相而到魏王，漢獻帝甚至讓他享受設天子旌旗、出入警戒清道，以及冕用十二旒，備天子乘輿的待遇，但他最終確實像他在《本志令》中所說的那樣，沒有代漢稱帝。是否代漢稱帝，雖然在今天人們看來已不是衡量歷史人物忠奸以及善惡是非的標準，但在當時以及整個封建正統觀念居主導地位的封建社會來說，能夠「孝忠」朝廷，不慕虛名，勢具而不僭位竊國，從謀略的角度看，確實使曹操的形象增色不少。

深根固本，以制天下

打江山，創事業，必當有深厚的基礎。否則有如無源之水，無本之木，雖能得勢於一時，卻不能得勢於一世。因此，擴而廣之，無論做什麼事，都要深根固本，然後才可與世爭鋒。

曹操逐鹿中原之初，有勝有敗，根基未穩。他原以兗州爲根據地，爲報父仇打徐州。呂布乘虛襲兗州，據濮陽，鄄城、東阿、範縣同時告急。曹操納郭嘉意見，賣人情給劉備，從徐州撤兵退守。徐州太守陶謙死，劉備領徐州牧。曹操憤極，即傳號令，克日起兵去取徐州。荀彧入諫說：「昔高祖保關中，光武據河內，皆深根固本以制天下，進足以勝敵，退足以堅守，故雖有困，終濟大業。明公首事兗州，且河洛乃天下要地，是亦昔之關中、河內也。今若取徐州，多留兵則不足用，少留兵則呂布乘虛寇之，是無兗州也。若徐州不得，明公安所歸乎？」根與本同義，根即本，凡事之根稱本，這裏所謂「深根固本」是用以比喻要建立牢固的根據地，始能與敵人爭天下。根據當時形勢，曹操若出征，近在濮陽的呂布必攻其老巢，而當時人心歸劉備，要破之甚難。曹操如攻不下徐州，那將如荀彧所說「明公安所所歸乎？」其處境將狼狽不堪，甚至一蹶不振。因他能納荀彧之諫，先鞏固所據之地，招賢納士、訓練兵馬、養精蓄銳，出敵不意破濮陽，勢力日益強大，乃能擒呂布，敗袁紹，稱雄北方。

「深根固本以制天下」，也是蜀、吳爭天下的既定政策，因之能與魏國鼎立達近半個世紀之久。在中國古代戰爭史上，一般來說，凡能「深根固本」的都能立於不敗之地，否則往往被敵一擊便一敗塗地。因高祖保關中，光武據河內，故能進足以勝敵，退足以堅守，雖然屢敗，因後勁仍足，可以東山再起，把戰爭堅持到最後勝利。明太祖朱元璋以此爲法，先深根固本，即「高築牆，廣積糧，緩稱王」，平了南方，站穩腳跟後始揮師北上，以破竹之勢攻滅元朝，開創了明王朝。相反，唐代黃巢、明代李自成等，雖擁眾百萬，先後打敗了唐、明王朝，因沒有「深根固本」即沒有建設牢固的根據地，當敵人一聯合進行反攻，一遭大敗便翻不了身。足見「深根固本」確是爭天下的良策。

居高見遠，足智多謀

曹操之所以能夠成就霸業，還主要由於他具備一種居高見遠的戰略眼光。這在他整個爭霸過程中，都有鮮明體現，而體現尤為明顯的是在打敗呂布後的戰略部署與行動上。

曹操在兗州打敗呂布後，在他周圍的異己勢力，北面是冀州牧袁紹，東面是呂布，西面是馬騰、韓遂，南面是荊州牧劉表，對曹操形成了一種四面包圍的態勢。在曹操同劉表之間，還橫亙著一個同劉表聯合的張繡。

當時，袁紹勢力強盛，而且還沒有同曹操徹底鬧翻，曹操不可能首先對他用兵。關中馬騰、韓遂各擁強兵相爭，一時無力對東邊用兵，對曹操暫不構成威脅。東邊的呂布是宿敵，力量不弱，對曹操的威脅也最大。曹操有意解除這一威脅，但南邊的張繡虎視眈眈，如果一旦對呂布用兵，張繡乘虛襲擊後方，後果不堪設想。為了除去後顧之憂，曹操決定採取由近及遠、先弱後強的方針，趁張繡立足未久、根基不牢、力量還不算很強大時對他加以征伐。張繡果真率眾投降。

曹操兵不血刃，就取得了第一次南征張繡的勝利。有人說這是意外的成功，其實也可說是居高見遠、規取大勢的謀劃之果。

由於張繡的降而復叛，後來曹操為穩定南方，又於同年十一月和次年三月進行了對張繡的兩次南征。終於使張繡勢力受到有力打擊，於是曹操南方的局勢就相對緩和了。後來在曹操與袁紹在官渡一線對峙的時候，張繡聽取謀士賈詡的建議，拒絕了勢力強大的袁紹的結盟請求，而歸附了曹操。

規取大勢，還必須具備處理好每個具體環節之間關係的能力。還在曹操第一次南征張繡回到許都後，就開始替東征呂布創造有利條件。爲此曹操又派關中諸將征討繼董卓、王允之後曾控制獻帝的梁州軍閥李傕，李傕戰敗被殺。這期間曾和李傕一同控制獻帝的另一軍閥郭汜也被部將殺死。至此，董卓、李傕、郭汜集團宣告徹底滅亡。同時，曹操爲了集中力量對東方用兵，還採取措施穩住西方的馬騰、韓遂，派老侍中兼司隸授尉鍾繇持節督關東諸軍。鍾繇到達長安後，寫信給馬騰、韓遂，講清利害關係，勸他們不要輕舉妄動。馬騰、韓遂表示服從朝廷，並遣子入侍。

曹操還用離間分化策略使呂布與一心做皇帝的袁術火拼，袁術失敗。在袁術力量已弱的情況下，曹操乘勢宣佈袁術罪狀，率軍大舉南討。後來袁術退到淮水以南，曹操又趁走投無路的袁術去北上投奔河北的袁紹之機，派劉備等截擊袁術，在毫無能力抵抗的情況下，他只好掉頭向淮南。當他逃到離壽春八十里的江亭時，終於病倒了，連糧食都沒有，只用麥屑充饑。時值盛夏，天氣炎熱，袁術想喝一口蜜漿也辦不到。他坐在床上，歎息了許久，突然喊道：「我袁術怎麼落到了這個地步啊！」然後吐了很多血死去。袁術急於當皇帝，結果是空夢一場。

隨後，曹操將自己的勢力伸向了淮南。

在南方張繡勢力減弱，袁術被打敗而一蹶不振，西方馬騰、韓遂也被穩住的形勢下，曹操開始率大軍東征呂布。東征時，曹操陣營內部將領們意見也不一致。有些人認爲，雖然袁紹在北方對付公孫瓚，一時無暇南顧，袁術也無力進行反撲，但張繡和劉表合起來力量就大了。如果大軍遠征呂布，他們乘機就近襲擊許都，就會有危險。軍師荀攸自有看法，他說：「劉表、張繡剛打了敗仗，勢必不敢冒險前來進攻，呂布驍勇，又與袁術勾結，如果讓他得勢於淮、泗之間，時間長了，豪傑回應他的就會日漸增多。現在我們趁其初叛，眾心不一的時候，去攻打他，必然能夠成功。請主公放心好了。」

曹操認爲荀攸的看法很對，當即決定東征。最後曹操終於在下邳城（江蘇睢寧縣西北）打敗呂布。於是曹操自己的勢力又擴展到了江蘇徐州一帶。

在曹操南征張繡、袁術，西撫馬騰、韓遂，東平呂布不斷取得成功的時候，也正是北方的袁紹在河北地區鎮壓農民起義軍，同公孫瓚交兵，向四外擴張勢力得手的時候，至袁紹打敗公孫瓚止，袁紹已佔據了冀、青、幽、并四州，將黃河以北地區控制在自己手中，成爲北方唯一能與曹操抗衡的強大勢力。

於是曹操開始準備與袁紹決戰。爲了解除後顧之憂，他又搶時間果斷地急襲徐州的劉備。擊走劉備的成功，不僅使曹操對徐州的統治得以鞏固，同時避免了同袁紹較量時兩面作戰的被動局面。而這些每一個都關係生死存亡的戰略的取得，都源於曹操居高見遠的戰略眼光。

由此，曹操一生霸業的成就，不僅是靠他每一次戰役中的出奇致勝，更主要靠他的戰略眼光。他首先能起於微末，首舉義兵，樹立自己的聲威。然後馬上創造自己的優勢——「挾天子以令諸侯。」繼而又深根固本屯田養植，採取由近及遠，由弱及強的方針，使自己軍事力量得到加強，然後抓住時機，進行下一步戰略，同北方與他爭鋒的袁紹集團進行決戰，在北方統一及鞏固的形勢下，又以戰略家的氣魄，毅然南下準備消滅孫、劉兩個勢力，統一全國。同時，他不僅一方面通過武功樹立自己的軍事權威，另一面還通過控制獻帝及打擊王室勢力，不斷強化自己的政治權威，終使自己成就了天下霸業。

縱觀三國之興，都與能取大勢的全局性決策有關。除曹操而外，被曹操譽爲天下英雄的劉備，當時也是寄人籬下，東奔西逃，狼狽不堪。後納諸葛亮「隆中策」，聯合孫權，打敗曹操，佔有荊州，西圖四川，終於建立蜀國。孫權繼承父兄之業時，年僅十八，既無政績，又無戰功，終其一生未見有驚人謀略。但其超人之處是能用眾智，特別是他納魯肅「榻上策」與其抗曹之議，對於鞏固吳國政權起了關鍵作用。這些都是屬於全局性的戰略決策。

天下英才供我驅之

在中國人心目中，曹操以智、詐聞名。其實，智和詐在內容上實爲一個東西，無智不能詐，「詐」正是一種智慧表現。只是「智」似是正常的、正派的，「詐」則是奸邪的。當然，這也限於一般場合上的理解，到行軍打仗，則詐與智即從內容到說法上都合二爲一了。所謂兵不厭詐，兵行詭道。所以，說到底曹操在中國歷史上還是一個智慧人物。

關於智和用智，曹操曾和袁紹有一段精采的對話，從中可以玩味出二人不同的眼界與胸襟。

那是討伐董卓，曹操爲天下倡，大兵初起之時，袁紹問曹操：

「如果討伐董卓不能成功時，你打算到什麼地方去占地盤？」

這情景好像兩個人要辦一件事，都摩拳擦掌，勢在必得。但仍然要做失敗的準備，對袁的問話，曹操沒有回答，只是反問了一句：

「你以爲應怎樣才好呢？」

袁紹很有氣概地說：「我南面據守黃河，北面依靠燕代，再向西北吞併烏桓、鮮卑、南匈奴，然後再向南爭天下，這樣，大致可能成功吧？」

袁紹這樣說當然也是腳踏實地的，但他既知曹操本無地盤，這樣說無異於一個大富豪在一個窮光蛋面前炫耀家底。但偏偏「窮光蛋」看不上這個「家底」，他有自己的打算。他說：

「吾任天下之智力，依情理而使用之，讓人盡其才，就可以無往而不勝。」

他還說：「商湯起於亳地，周武王起於西歧，難道他們的地盤相同嗎？如果單單將地盤作爲本錢，即不知時移勢變了。」

三國爭霸的歷史確實值得人反思，沒有地盤成不了氣候，有了地盤不也一樣失敗嗎？袁紹自恃爲平天下的資本不是很快就賭光了嗎？曹操在這裏說的不是遮掩面子的話，恰恰是成大事者駕馭局面的大法則：以爲智應變。

「任天下之智力」，就必須廣召天下人才，縱觀三國歷史，凡善於用人者，皆採取此政策。而曹操通過「惟才是舉政策」，眞可謂四方雲集，總體來說，曹操的人才來源大致可分爲以下三個部分：

一是跟隨曹操一起起兵的亳縣子弟。夏侯惇、夏侯淵、曹仁、曹洪、曹純、曹休、曹眞等人，或爲宗族子弟，或爲同鄉故舊，是曹操所倚重的基本力量和心腹將領。其他親朋故舊，曹操也常給予關照。一次，曹操問別駕蔣濟：

「胡通達是一位長者，他有子孫在世嗎？」

蔣濟回答說：

「有一個兒子叫胡質，氣概謀略不如他的父親，但處事的精明卻有過之而無不及。」

曹操聽後，即召見胡質，任命他爲頓丘令。發幹長王淩因事被判處五年髡刑（一種剃去頭髮的刑罰），一次正拿著掃帚掃大街，曹操乘車路過，問是何人，左右以實情相告。曹操聽後說：

「這是子師哥哥的兒子啊！所犯的過失也是因公，放了他吧！」

子師，即司徒王允，爲誅殺董卓的主謀，後被李傕、郭汜殺死。曹操赦免王淩，顯然考慮了過去同王允的交情及王允誅殺董卓的功勞。有關部門遵照曹操意旨，立即起用王淩爲驍騎主簿，曹操後又任王淩爲丞相掾屬。

二是從敵方營壘中投奔、投降或俘虜過來的人。由於曹操在統一北方的過程中消滅了一個又一個敵手，因此這部分人所占的比重相當大。如被陳壽評爲「時之良將，五子爲先」的張遼、樂進、于禁、張郃、徐晃，其中張遼原爲呂布部將，張郃原爲袁紹部將，徐晃原爲楊奉部將。謀臣荀彧、郭嘉原在袁紹手下，賈詡原在張繡手下，等等。曹操對敵方營壘中的人才，態度甚爲寬容，不論對方原來如何賣力地反對過自己，只要此人確實有才，曹操都盡力加以羅致，主動投歸者更是來者不拒。對舊主越是忠心耿耿、矢志不渝的人，曹操既愛其才，又憫其忠，就越是想把這樣的人弄到手裏。審配效忠袁紹，被曹操俘虜後，仍不屈不撓，恨恨不已，曹操卻仍想把他留下來，就是一個突出的例子。

三是四方前來投奔的人。這些人中既有在漢末大亂中流散四方的士人，也有不少地方豪強，還有其他一些形形色色的人。曹操十分注意羅致士人和地方豪強。士人是地主階級中比較有知識、有智慧、有見識、有眼力的一群，在漢末反對宦官的鬥爭中，士人形成了一股政治勢力，產生了很大的社會影響。一些出身名門的士人，更擁有相當的號召力。如不能有效地爭取到士人的支援，政治上是很難有所成就的。地方豪強是黃巾大起義後在各地形成的一些地方割據勢力，他們聚集家兵部曲，屯塢自守，擁有相當的實力。如李典有宗族、部曲三千餘家，一萬三千多人，許褚聚集了少年及宗族數千家，任峻、李通、呂虔、臧霸等人也都擁有一定數量的家兵部曲。他們紛紛投到曹操麾下，對壯大曹操的軍事實力起了重要的作用。

曹操羅致人才的方式，除主動前來投奔和在戰鬥中俘獲的以外，一般爲徵召。曹操挾天子以令諸侯，擁有以朝廷名義徵召天下的便利。他不僅可以名正言順地徵召自己轄區內的人，還可以名正言順地徵召敵方轄區甚至敵方營壘中的人。如華歆、王朗、虞翻等人或爲孫策、孫權部屬，或在孫氏的掌握之中，曹操都以獻帝名義加以徵召。張紘爲孫策出使許都，曹操卻把他留下來，任命爲侍御史，後來想讓他輔助孫權內附，才讓他離開許都到江東做了會稽東部都尉。曹操特別注意徵召那些隱逸四方的士人，態度十分謙恭，有時還幾次三番，不厭其煩。邴原、管寧等人避亂遼東，張範等人避亂揚州，曹操都把他們召聘到了自己手下。這些人大多以超脫世俗、清高孤潔自許，曹操把他們召聘到手，不僅增強了自己的實力，還可利用他們的影響，爭取到更多的士人。曹操有時也以個人名義寫信，召聘人才。最有趣的是他給太史慈的一封信。太史慈是東萊人，先隨揚州刺史劉繇，後隨孫策，作戰驍勇，特別善射，箭不虛發。曹操聞其名，便給他去了一封信，用小箱子裝好。太史慈收到小箱子，打開後，裏面一個字也沒有，只有一味中藥當歸。「當歸」，即應當回歸北方的意思。曹操雖未能達到目的，但由此不難看出他的用心良苦及巧妙心計。

讓下屬，特別是那些有名望的下屬舉薦，也是曹操羅致人才的一個重要手段。荀彧、荀攸、郭嘉、陳群、梁習、孔融等人都曾向曹操推薦人才，其中以荀彧的成績最爲突出。曹操手下的大批得力僚屬，如戲志才、荀攸、郭嘉、鍾繇、陳群、司馬懿、郗慮、華歆、王朗、杜畿、杜襲、辛毗、趙儼、荀悅、仲長統等人，都是由荀彧識拔推薦給曹操的，荀彧身爲世家名門，名重一時，在士大夫中享有很高威信；投奔曹操後，身處尙書令要職，有延攬人才的便利；加之他好士愛才，知人善鑒，對延攬人才的態度又非常積極，因此成爲向曹操推薦人才最多的一位。荀攸也曾擔任尙書令的要職，在舉薦人才方面也做了不少工作。曹操感慨地說：「兩位荀令評論人物，時間越長越顯得正確，我一輩子也忘不了！」郭嘉則不僅親自向曹操推薦人才，還力勸曹操大力延攬人才。河北平定後，曹操從青、冀、幽、并四州徵召了不少知名人士，就是聽從了郭嘉的勸告。

曹操的部屬能夠積極向曹操推薦人才，是同曹操虛心求才的態度密切相關的。荀攸、郭嘉、鍾繇等人能夠進用於曹操，就是曹操直接向荀彧徵詢的結果。襲占荊州後，曹操又讓名士韓嵩逐一品評州人優劣，凡經舉薦的都予以提拔任用。曹操求才、用才的作風，極大地調動了部屬施才的積極性，人才也就越來越多，形成了一種良性迴圈。

曹操主觀上想大力羅致人才，同時，不少人才主觀上也想投歸曹操。出現這種情況，一是曹操以朝廷名義延聘人才，崇拜漢帝偶像的人們便會欣然而至，有些人並不滿意曹操，但看在獻帝的面上，也只得接受了召命，最後在實際上爲曹操所用。

二是曹操屢次戰勝，勢力一天天強大，有識之士看到曹操能成大氣候，因此願意依附曹操。在漢末大亂中流散四方的士人，有的在政治上不得意，有的不僅在政治上不得意，在經濟上也陷入了困境，有的甚至變易姓名隱避他鄉。這些人大都希望改變目前的處境，在政治上重新尋求到發展的機會。但戰亂之後，他們喪失了族權和門第的憑藉，得不到鄉舉里選的機會，投奔權勢者成了他們改變處境的唯一出路。曹操力挫群雄，異軍突起，使他們看到了希望，因此紛紛前來投附。有趣的是，投歸與背離往往是同時進行的，從中不難看出曹操同其他割據勢力之間的高下之別、人心向背。何夔避亂淮南，袁術到壽春後，千方百計想留他、用他，他卻認爲袁術不得人心，必生禍亂，因而想設法擺脫袁術控制，到北方做了曹操掾屬；避亂荊州的趙儼看出曹操有平定天下的才能，於是扶老攜弱北投曹操，被曹操任命爲朗陵長；裴潛則看出劉表不是「霸王之才」，最終必然失敗，從荊州南奔長沙，在曹操平定荊州後北投曹操；田疇避亂徐無山中，袁紹多次徵召，他一概予以拒絕，而曹操前往徵召，他卻立即出門上路。

由於曹操不僅能夠熱心延聘人才，而且能夠放手使用人才，使人才有用武之地，從而吸引了大批人才。在這方面，曹操也與其他割據者形成了鮮明對比。郭嘉原想投附袁紹，後來看到袁紹只想效法周公的禮賢下士，卻並不懂得用人，因而毅然離開袁紹投奔了曹操，便是一個突出的例子。

在用人問題上，如果將曹操同袁紹、劉表相比，曹操能夠以重視人才而成就大業，是非常明顯的。袁紹出身世家大族，人稱「四世三公」，「門生故吏遍天下」，劉表是當時的大名士，爲「八俊」之一，而曹操出身宦官家庭，論羅致人才的客觀條件，他是不如袁紹、劉表的。但由於他在主觀上能高度認識人才的重要性，有一套羅致和使用人才的有效辦法，終於在羅致人才方面大大超過了袁紹、劉表，並依靠自己的人才條件，最終戰勝了袁紹、劉表。可見，曹操的主觀努力，成了他能大量羅致人才的一個關鍵。「吾任天下之智力」的戰略方針，收到了預期的效果。

大業賴眾賢，不貪天之功

建安十二年（西元二〇七年），曹操在大封功臣的《封功臣令》中說：「從我起義兵討伐叛亂，到現在已經有十九年了。每戰必勝，難道是我個人的功勞嗎？這是文武官員獻策出力的結果啊！天下還沒有完全平定，我還要和文武官員一起去平定；若獨自占有這些功勞，我怎能安心呢？現在要趕快給大家評定功勞，進行封賞。」

在這個令文中，曹操認識到從起兵討伐董卓到現在的十九年，所取得的節節勝利，並不是靠他一個人的力量，而是靠眾多謀士、武將們共同努力的結果，未來的統一大業，還需要靠大家的共同奮鬥。功勞不能自己獨貪，要由大家分享。因此，論功分別封賞了很多文武官員。

有時對一些提過錯誤意見的部屬，曹操也採取鼓勵的政策。他北征烏桓回到鄴城後，所做的第一件事情就是厚賞先前反對北伐的人，就是一個突出的例子。曹操認為這些人所提的意見是「萬安之計」，希望以後「勿難言之」，從而保護了這些人。

對於部屬的功勞，曹操也能給予充分肯定，不隨意抹煞，不獨吞勝利果實，不貪天之功據為己有。這種謙遜和坦誠在替將士請功的表文中，有著更為突出的表現。如《請爵荀彧表》：

「臣自始舉義兵，周遊征伐，與彧戮力同心，左右王略，發言授策，無施不效。彧之功業，臣由以濟，用披浮雲，顯光日月。陛下幸許，左右機近，忠恪祗順，如履薄冰，研精極銳，以撫庶事。天下之定，彧之功也。」

又說：

「守尚書令荀彧，自在臣營，參同計劃，周旋征伐，每皆克捷，奇策密謀，悉皆共決。及彧在台，常私書往來，大小同策。《詩》美腹心，《傳》貴廟勝，勳業之定，彧之功也。」

認為自己舉義兵以來，與荀彧同心合力，替朝廷謀劃，所提出的建議施行起來沒有不成功的。每次取得勝利，所運用的奇妙機密的計謀都是同荀彧共同決定下來的。由於荀彧的功業，自己才獲得了成功，國家也才有了建樹。如此傾心推挹，確實是難能可貴的。

上述表文寫於建安八年（西元二〇三年），當時袁紹已死，袁譚、袁尚不和，又屢敗於曹操，曹操收定河北已是指日可待的事情了。曹操感激荀彧所做出的貢獻，表封荀彧為萬歲亭侯。荀彧認為自己沒有立過戰功，把曹操的上表壓了下來，曹操又給荀彧寫信勸導，荀彧才接受下來。建安十二年（西元二〇七年），曹操再次獎勵荀彧，寫了《請增封荀彧表》：

「昔袁紹作逆，連兵官渡。時眾寡糧單，圖欲還許。尚書令荀彧，深建宜住之便，遠恢進討之略，起發臣心，革易愚慮，堅營固守，徼其軍實；遂摧撲大寇，濟危以安。紹既破敗，臣糧亦盡，將舍河北之規，改就荊南之策。彧復備陳得失，用移臣議，故得反旆冀土，克平四州。向使臣退軍官渡，紹必鼓行而前，敵人懷利從自百，臣眾怯沮以喪氣，有必敗之形，無一捷之勢。復若南征劉表，委棄兗、豫，饑軍深入，逾越江、沔，利既難要，將失本據。而彧建二策，以亡為存，以禍為福，謀殊功異，臣所不及。」

歷述荀彧在官渡之戰中和官渡之戰後所提出的兩次重要建議，一一如數家珍。曹操認為，如果荀彧不提出在官渡堅持下去的建議，而從官渡撤兵，袁紹必定鳴鼓進攻，我軍則必然士氣沮喪，這樣就會必然失敗。如果荀彧不提出回師河北的建議，就不可能取得平定四州的勝利，而以饑餓之師南進，不僅得不到什麼好處，相反連兗、豫二州也有丟掉的可能。荀彧的建議確實關係全局，非常重要，難得的是曹操能夠予以充分認識和肯定，並在此基礎上，進而得出了荀彧謀殊功異，臣所不及的結論。作為一個控御朝政、雄圖大略的統帥，敢於承認自己的謀略和功勞比不上臣屬，這確實是非同尋常的。

曹操上表增封後，荀彧堅決辭讓，曹操又寫一封信給他：

「君之策謀，非但所表二事。前後謙沖，欲慕魯連先生乎？此聖人達節者所不貴也。昔介子推有言：『竊人之財猶謂之盜。』況君密謀安眾，光顯於孤者以百數乎！以二事相還而復辭之，何取謙亮之多邪！」

說荀彧所貢獻的計謀並不只封表中所說的兩次，而是有很多次，因爲這些計謀，使他獲得了百多次的榮耀，因而要表奏兩件事來予以報答。言辭懇切，發於肺腑。荀彧推不過，這才接受了增封。曹操還想表薦荀彧爲三公，荀彧讓荀攸出面堅決辭讓，前後達十餘次，曹操這才打消了念頭。

不僅對荀彧如此，對其他有功之臣也是這樣。如認爲荀攸自到他身邊以來，沒有哪一次戰役不跟隨著他，前後多次戰勝敵人，都是荀攸的計謀，對荀攸的功勞作了高度肯定。又《請追增郭嘉封邑表》云：「軍祭酒郭嘉，自從征伐，十有一年。每有大議，臨敵制變，臣策未決，嘉輒成之。平定天下，謀功爲高。」又說：「臣今日所以免戾，嘉與其功。」說每有重大的決策，自己主意還沒拿定，而郭嘉已經拿出成熟的意見了；自己現在能夠不出差錯，免於獲罪，郭嘉是有功勞的。

在這裏，也表達了自己不如郭嘉的意思，其謙遜和誠摯也是足可感人的。

定國之術，在於強兵足食

「民以食爲天」，軍隊也是如此。兵馬未動，糧草先行，講的是行軍打仗，如果沒有軍糧做保障，那後果是不堪設想的。隨著割據形勢的形成，各集團無不受軍糧供給問題的困擾。而曹操則通過「屯田」的方式實現了他「修耕植以蓄軍資」的戰略方針。以使自己保證在軍事上立於不敗之地。

早在初平三年（西元一九二年）曹操剛做兗州牧時，治中從事毛玠就提出了兩條重要建議，一是要挾天子以令諸侯，二是要修耕植以蓄軍資。對這兩條建議，曹操當時就極表讚賞，並積極創造條件施行。經過努力，曹操首先做到了第一條，將獻帝迎到了許都。接著，曹操開始做第二條。

修耕植以蓄軍資，其中心任務就是要通過發展農業生產，增加糧食收成，解決十分緊迫的軍糧問題。

漢末以來的糧荒已到極其嚴重的地步。由於人民的大量死亡，加之人民流落四方，大量土地無人耕種，出現了地廣人稀的局面。由于戰亂連年，水利失修，旱災、蝗災等自然災害瀕仍，一些已經耕種的土地，也往往顆粒無收，或者收之不多。這樣，就發生了全局性的缺糧問題，糧價飛漲。

面對嚴重的糧荒，不僅百姓身受其害，甚至連統治者及其軍隊也深受糧荒的威脅。獻帝在東遷洛陽途中，多次面臨斷炊的危險，隨從的官員有時不得不以棗菜代糧。到洛陽後，算是安頓下來了，但下級官員還得跑到荒野中去採摘野菜。那些大大小小的軍閥們，平時過著「饑則寇掠，飽則棄餘」的生活，等到百姓自己都餓得要死、實在無糧可搶的時候，他們的日子也就變得非常難過。袁紹的軍隊在河北，一度不得不靠採摘桑果過日子。袁術的軍隊在江淮，有一段時間僅靠捕食蛤螺充饑。公孫瓚的部將田楷在青州，因與袁紹連戰兩年，糧食吃盡，互掠百姓，弄得野無青草。劉備的軍隊在廣陵，因饑餓難忍，大小官吏和士兵竟自相啖食。有的武裝勢力，因缺糧而混不下去，還沒等到同對手打仗，就自動瓦解離散了。

曹操也曾多次遭到糧荒的困擾。他第一次東征陶謙，就因糧食困難，不得不中途退兵。他同呂布爭奪兗州，在濮陽一帶同呂布相持百多天後，也因糧食接濟不上，不得不暫時罷兵自守，一次程昱在自己的轄縣東阿替曹操籌措軍糧，想盡辦法，只勉強籌得可供三天食用的糧食，其中還雜有人肉乾，為此程昱後來頗遭非議。曹操前往洛陽迎接獻帝時，途中所帶的一千多人全部斷糧，幸得新鄭長楊沛把儲存的桑果乾拿了出來，才算度過了難關。曹操為此很感激楊沛，迎獻帝都許後，即將楊沛調去做了長社令。

糧食問題已嚴重到如此地步，到了非解決不可的時候了。然而，單靠一般的手段，或採用通常的一套發展農業生產的辦法，是不可能解決燃眉之急的。必須採用行之有效的非常手段，將勞動力和土地結合起來，以儘快獲得最大的效益。曹操從當時的實際情況出發，採納部下建議，在建安元年（西元一九六年）迎獻帝都許不久，宣佈實行屯田，將「修耕植以蓄軍資」的方針落到實處，解決緊迫的軍糧問題。

曹操實行屯田是經過充分醞釀的。首先，在棗祗提出興辦屯田的建議後，曹操極為重視，立即召集部下開會討論，大議損益，權衡利弊。在基本統一認識之後，曹操正式公佈了《置屯田令》。

屯田首先在許都周圍地區推行，以期取得經驗後再逐步推廣。曹操把原黃巾軍的一些人及從各地招募來的流民，用軍隊形式加以編制，組織成屯田民（或稱屯田客）。

曹操還派得力的將領做管理屯田的官員，在屯田過程中涉及到的一些具體問題，也都通過充分議論後再擇優定之。如在如何收取地租的問題上，就曾經歷過一番爭論。最初不少人主張採用「計牛輸穀」的辦法，即按屯田客使用國家耕牛的多少，來確定不同的租額。這個辦法已經定了下來，並開始付諸實行。但棗祗經過反覆考慮，覺得這個辦法不妥，認爲如按這個辦法，收成好的年份也只能按原來的定額收租，國家並不能增加收入，而收成壞的年份，國家還不得不減免，對國家太不利。主張實行「分田之術」，根據每年的實際收成，按一定比例收取租穀，豐收多收，歉收少收。棗祗向曹操反映這一意見，建議重新考慮，但曹操認爲已經做出決定，豐收年成也用不著再改變了。棗祗仍堅持自己的意見，一次又一次地去找曹操，曹操終於猶豫起來，於是就讓棗祗去同尚書令荀彧商議決定。

荀彧爲此專門召開討論會。在會上，軍師祭酒侯聲說：「按照租用官牛的頭數收租，是爲擴大官田著想。如果按棗祗的意見去辦，對官家有好處，對屯田客卻沒有好處。」荀彧一聽，也猶豫起來，覺得兩種辦法都有道理。因爲按牛收租的辦法，由於規定的租額是不變的，屯田客爲增加收穫，就會擴大種植面積，開墾荒地，增加官田；如實行按產量分成收租的辦法，收成增加了地租也要跟著增加，屯田客不能完全佔有自己的增產所得，就會失去擴大種植面積的積極性，但對增加國家收入又確實有利。荀彧當時難以作出最後決定，會議只好不了了之。

於是，棗祗又去找曹操，非常自信地堅持自己的意見。曹操終於被他說動，最後採納了按產量分成收租的辦法。按照這個辦法，屯田官用官牛耕種的，要將收成的百分之六十交給國家，自己只得百分之四十；如果用自己的牛耕種，收成則各得百分之五十。

就這樣，經過一番緊鑼密鼓的準備之後，屯田制度正式推行。廣漠荒涼的原野上，出現了一處處農耕的人群，在兵荒馬亂的歲月中，掀起了一個農業生產的熱潮。

建安二十三年（西元二一八年），曹操根據司馬懿的建議，在建立民屯並成功的基礎上，又在一些軍事駐地建立軍屯，組織士兵生產，建立了「且耕且守」即一面戍守、一面務農的體制。兵屯保持著原有的軍事體制，以營爲生產單位，其屯田事務最初由典農中郎將或典農都尉代管，後來由大司農委派的司農度支校尉和度支都尉專管。軍屯的建立，對於開墾荒地，減輕農民養兵運糧的負擔，起了積極的作用。

許都屯田成功之後，曹操才隨著統治區域的不斷擴大，來擴大屯田的規模，到曹魏建國後，北方有不少地方成了屯田區。內地多爲民屯，邊地多爲軍屯，最大的軍屯區在淮河南北，即今皖北、蘇北一帶，最多時軍屯官兵達十餘萬人，每年生產的糧食除自己食用外，還有大量積餘。

曹操推行屯田政策的成功，把在長期戰亂中弄得凋敝不堪的農業經濟重新復甦起來，這不能不說是一個很大的功勞。

而實行屯田給曹操帶來的直接和最大的收穫，則是解決了長期擔憂十分緊迫的軍糧問題。實行屯田後不過幾年，各地收穫到的穀物每年總量即達數千萬斛之多，基本上滿足了曹操進行統一戰爭的需要。而且這些穀物分儲各地，軍隊開到哪裡大體上能做到就地或就近供應，免除了轉運之勞，有力地支援了曹操對其他割據勢力的戰爭。

干戚濟世，止戈為武

曹操早在青年時代就喜歡研究軍事理論，仔細閱讀過能搜集到的各種兵書，摘錄了其中的重要內容，另編爲一本，取名爲《兵法接要》。爾後，他又結合史籍，從戰爭與政治、經濟、外交等的關係出發，全面地研究了戰略戰術的基本原則、官兵的素質、軍隊的訓練、軍令的制定等內容，認眞地比較分析了許多著名的戰例，在吸收秦漢時期大軍事家白起、韓信等人運用韜略經驗的基礎上，結合自己的征戰體會，撰寫了《續孫子兵法》二卷、《兵書略要》九卷、《太公陰謀解》三卷等，連同《兵法接要》、《孫子兵法注》及部分軍令，凡十餘萬言，輯成一冊，取名爲《新書》。他還命人將《新書》謄寫出來，發給每個帶兵將帥，要求他們熟讀牢記、融會貫通，征戰之中以之爲指南。曹操勤著兵書，其數量之豐、水平之高，當時無人能夠企及。可惜的是，歲月滄桑，《新書》中除《孫子兵法注》之外，其餘今已散佚，只在少數史籍和類書裏留存其名，或僅有部分片言隻語。

曹操的《新書》，建安十三年益州別駕張松前往荊州襄陽，在拜會楊修時曾見到過，宴飲之間，一看便暗誦，其超凡的記憶力連聰慧絕世的楊修也深爲驚異。就普通常識而論，洋洋十餘萬言的巨著豈能過目不忘？很有可能《新書》大量謄抄之日就已傳入益州，張松曾花功夫牢記於心，而在楊修處作客之時只大略瀏覽一遍便背誦了出來。據此推想，《新書》編成不久就已在全國範圍內流行，擁有了廣大的讀者。

曹操對古代軍事理論的最大貢獻，是整理和注釋了孫武撰寫的《孫子兵法》。

曹操在爲《孫子兵法》作注時寫了一篇序言，其大意爲：「我聽說在遠古時期，弓箭剛發明就用於戰爭了。《論語．顏淵》中孔子說，治理國家的政事最重要的就是儲備足夠的糧食和擁有強大的軍隊。《尚書．洪範》所列八個方面的政務就有掌管軍事。《周易》斷言：『軍隊爲正義而戰，主帥就吉利。』《詩經．大雅．皇矣》雲：當周文王得知密國侵犯阮國之時，赫然震怒，於是率軍出征密國。軒轅黃帝、商湯和周武王都是憑藉戰爭的手段來拯救社會的。《司馬攘苴兵法》主張，誰若故意殺害無辜者，人們就可以殺死他。仗恃武力橫行者必定身亡，只講仁義者將會國滅，吳王夫差和徐偃王就是如此。聖人使用武力要等待時機，不得已才出動軍隊。

我讀過許多兵書和戰爭史，其中孫武所著兵法極為深刻。孫武是齊國人，為吳王闔閭撰寫兵法十三篇，最初用來訓練女人，爾後被任命為將軍，向西攻破強大的楚國，進入郢都，向北威懾齊國、晉國。百餘年後誕生的軍事家孫臏，是孫武的後裔，著有《孫臏兵法》。

孫武的兵法，在論述如何周密地制訂作戰計劃和慎重地採取軍事行動方面很明確，很透徹，不容曲解。然而，人們尚未對該書作過清晰的訓釋，加上其文字繁多，在世間流行的已失去了原書的旨意，特地予以刪定和注釋。」

「干戚」指盾牌和斧子，是攻和防的兩種武器，概指戰爭。曹操認為，戰爭從人類社會開始以來一直存在著，要拯救被戰爭蹂躪的社會就必須消滅戰爭，而消滅戰爭最有效的手段也只能是戰爭。正因為曹操的戰爭觀是著眼於用戰爭去換取和平，所以他說：「聖人之用兵，戢時而動，不得已而用之。」孫武說：「非利不動，非得不用，非危不戰。」曹操注：「不得已而用兵。」對我不利則不動武，估計打不贏則不用兵，除非情勢危急則不開仗。戰爭是流血的政治，只要能用非暴力手段將意志強加於人，能避免流血就一定要避免，實在不得已才流血。孫武說：「主不可以怒而興師，將不可以慍而致戰。」曹操注：「不得以己之喜怒而用兵也。」國君和將帥都不能因一時惱怒或衝動而盲目地與敵人交戰。為什麼？孫武說：「怒可以復喜，慍可以復悅，亡國不可以復存，死者不可以復生。」惱怒可以轉為歡喜，不高興可以轉為高興，但國家滅亡了就不能再恢復，人死了就不能再存活。「故明君愼之，良將警之，此安國全軍之道也。」明君良將要對戰爭恃愼重、警惕的態度，這是關係到國家和軍隊安全的道理。也就是說，使用軍隊這個暴力工具要愼之又愼，不可憑感情用事而輕率地決定戰爭行動。此即「愼戰」的思想。

曹操又認為，既然有「不得已而用兵」的情況存在，那麼在思想上就不要輕視戰爭隨時爆發的可能性。孫武說：「用兵之法，無恃其不來，恃吾有以待也；無恃其不攻，恃吾有所不可攻也。」不要寄希望於敵人不會打來，而要依靠自己的嚴陣以待；不要寄希望於敵人的不會進攻，而要依靠自己有使敵人無法攻破的力量。曹操注：「安不忘危，常設備也。」不要幻想戰爭打不起來而麻痺大意，天下太平時要看到戰爭的危機，要從物質上和精神上做好充分的準備。此即「重戰」的思想。它與「愼戰」是一個問題的兩面，不可偏廢。

曹操一向提倡尚武精神。他在《鶡雞賦》序裏寫道：「鶡雞猛氣，其鬥終無負，期於必死。今人以鶡為冠，象此也。」鶡雞有勇猛的氣概，爭鬥時從不敗退，直到戰死。「鶡冠」見於《坊記》：「趙武靈王制鶡冠以表武士。」因此，曹操讓官兵們用鶡雞的羽毛裝飾頭盔，以顯出軍人的威武。他規定，每年立秋以後要擇日檢閱兵馬，「親執金鼓以令進退」，督促全軍認眞操練，做到常備不懈，故曹家軍官兵武藝精熟，能攻善守，作風頑強，很有戰鬥力。

政權的本質是軍隊。無論是奪取政權還是鞏固政權，都離不開軍隊。曹操慘澹經營、奮鬥終生的事業，是結束軍閥割據，使天下由戰亂分裂走向安寧統一的「霸王之業」。為了實現這個志向，他建立了霸王之兵，並始終牢固地控制著最高指揮權，使之成為名副其實的曹家軍。孫武說：「夫霸王之兵，伐大國，則其眾不得聚；威加於敵，則其交不得合。是故不爭天下之交，不養天下之權，信己之私，威加於敵，故其城可拔，其國可隳。」曹澡注：「霸王者，不結成天下諸侯之交權者也，絕天下之交，奪天下之權，以威德伸己之私。」即霸王之兵的作用爲：按自己的意志消滅全部割據勢力。這就是曹家軍的歷史使命。

爲了保證曹家軍有充足的兵源，曹操實行了募兵制、徵兵制、世兵制和軍民制。

孫武說：「將軍之事，靜以幽，正以治。」曹操注：「謂清靜幽深平正。」統兵打仗之事，要沈著鎮靜而幽深莫測，嚴肅公正而治理有方。怎樣做到呢？孫武說：「能愚士卒之耳目，使之無知。」要善於蒙蔽官兵們的視聽，使之對於軍事行動的計劃毫無瞭解。曹操注：「愚，誤也。民可與樂成，不可與慮始。」「愚」，指使官兵迷誤。「民可與樂成，不可與慮始」，意爲只可與百姓同享成果，不可與之共商大業，引自《商子．更法》：「愚者暗于成事，智者見於未萌；民不可與慮始，而可與樂成；……論至德者不和于俗，成大功者不謀於眾。」原指商鞅對變法維新成功的自信，曹操用以作爲實行愚兵政策的理論根據。類似的話孔子也曾說過：「民可使由之，不可使知之。」百姓只能受役使，不能讓他們知道爲什麼受役使。孫武、商鞅、孔子和曹操都是站在統治者的立場上講話的，可見愚兵政策是愚民政策的延伸。

孫武在具體解釋怎樣「愚兵」時說：「易其事，革其謀，使人無識；易其居，迂其途，使人不得慮；帥與之期，如登高而去其梯；帥與之深入諸侯之地，而發其機；焚舟破釜，若驅群羊而往，驅而來，莫知所之。」改變軍事部署的行動謀略，不使官兵知道爲什麼要改變；改變部隊駐地，行軍走迂迴路線，使官兵無法推測行動意圖；統率官兵作戰，要像登高而抽去梯子一樣，使之有進無退；率軍深入諸侯領地，要像擊發弩機射出利箭一樣，使之勇往直前；要焚船砸鍋，像驅趕羊群一樣驅趕官兵，趕來趕去，使之不明白走向何處。曹操加注：「一其心也。」認爲官兵應只懂得服從，不能有自己的獨立意識，應只知道流血拼命，不能知道爲誰流血拼命和爲何流血拼命。於是，有血有肉有思想的官兵成了純粹物化的人。

「愚兵」之法還有：「犯之以事，勿告以言；犯之以利，勿告以害。」驅使官兵打仗之時，不要將眞實的意圖告訴他們；即使要告訴，也只能說有利的方面，而不可說有哪些危害。曹操注：「勿使知害。」不要讓官兵知道有危害的事，這比勿告還進了一層。「聚三軍之眾，投之於險，此謂將軍之事也。」「投之亡地然後存，陷之死地然後生。」曹操注：「必殊死戰，在亡地無敗者。」孫臏曰：「兵恐不投之死地也。」認爲將帥的責任就是把軍隊投入充滿危險的境地，使官兵拼死戰鬥，只打勝仗，不打敗仗。引用內容相同而措辭不同的孫臏的話，意在強調。

巧借荊州，瓦解孫劉

以曹操的實力，他不足於平定天下。但曹操善於用謀，以智力取勝，他深信「上兵伐謀」這兵家要訣，因此當鞭長莫及時，他就利用矛盾，瓦解對方。破壞孫劉聯盟就是一個典型事例。

荊州相當一段時間內是魏蜀吳三國之間一個矛盾的集合點。圍繞荊州的借與還或其所屬地的爭奪形成了各種錯綜複雜的矛盾，從謀略的角度來說，也形成了一個個精彩的戲劇場面。建安二十四年（西元二一九年），曹操在保衛荊州的襄陽、樊城戰役中，策略地利用矛盾瓦解對方，而使自己勢力得到鞏固與發展，就是其中精彩的一幕。

建安十四年（西元二〇九年），孫權、劉備聯合對抗曹操，劉備從孫吳手中借得荊州後，劉備苦心經營，把荊州變成了自己的根據地之一，此後孫權一直想討回荊州，但劉備總是尋找各種藉口敷衍東吳，一拖再拖，並不歸還。

至十年後的建安二十四年，原東漢時荊州的七個郡，被三家瓜分的情況爲，曹操佔有南郡的北部和南陽郡，有一個半郡；劉備佔據南郡的南部和武陵、零陵郡，有兩個半郡；孫權佔據江夏、長沙、桂陽三個郡。

建安二十四年（西元二一九年）五月，劉備佔據漢中後，緊接著，又奪取了上庸等地，出現了關羽從荊州北取襄陽、樊城，佔據荊州北部的有利形勢。襄陽、樊城是荊州北部重鎮，屬於南郡。在關羽大軍進攻襄樊之前，孫權又在東方進攻曹操的軍事重鎮合肥，曹操的軍隊很大一部分被牽制在淮南地區。在這種情況下，劉備、諸葛亮即命關羽率大軍向駐守襄樊的曹仁發動了大規模的進攻。

在守衛樊城周邊的戰役中，關羽很快擒拿了曹操派來支援曹仁守城的左將軍于禁，斬殺了協助曹仁守樊城的大將龐德。準備乘勝圍攻樊城，這時樊城裏外又遭到了洪水的衝擊，城牆也壞了好幾處，形勢十分危急。同時關羽又派一支軍隊，去圍攻與樊城一水之隔的襄陽。曹操大將呂常被困於城內，曹操所置的荊州刺史胡修、南鄉太守傅方，都投降了關羽。因此，這時襄樊前線的戰事形勢更加危急。如何保衛襄樊，本身就足以看出一個謀略家的高低上下，而如果能高屋建瓴，把襄樊戰事與整個荊州問題聯繫起來縱橫捭闔，利用矛盾，實現自我戰略目標則就會更顯謀略家的非凡品質。一代霸王曹操在這個問題上可以說是這兩點都做到了。

首先，曹操聽從了丞相軍司馬司馬懿的意見：「劉備與孫權兩家，外表親密而內裏疏遠。關羽得志，孫權必定不會願意。我們可以派人去勸說孫權，讓他偷襲關羽的後方，答應事成之後把江南的地方封給他，樊城之圍就自然解除了」，曹操一方面派鎮守宛城的平寇將軍徐晃領兵前去支援曹仁，一面派使者拿著自己的親筆信去見孫權。

在此之前，曹操曾給孫權寫了一封長信，從多方面曉以利害，目的還是拆散孫吳聯盟。這封信是曹操強勢外交的經典之作，也是日後能夠離間劉孫的前奏。所以這裏解釋全文。

「自我們的關係斷絕以來，到現在已經三年了，我沒有一天忘記過我們以前的親密關係，也如同咱們兩家結爲婚姻一樣，恩情已經很深了，而我們之間的隔閡還是較淺的。我一直懷著這樣的心情，你豈不是同樣嗎？我每看到古今人們所以改變自己的志向，有的是因爲受侵害和侮辱，有的是因爲有了過失或嫌隙，內心忿恨，自危不安，以致釀成了大的事變。像韓信爲失去楚王的地位而傷心，彭寵因沒有得到特殊的待遇而怨恨，盧綰疑懼已經造成嫌隙，英布擔憂反情暴露，這些都是發生事變的緣由。

我同你的恩情如同骨肉，把江南割讓給你，不再屬揚州管轄，你難道有像淮陰侯韓信那樣，因失去楚王地位而怨恨；我抑制劉馥，使咱們的情誼更加深厚，哪能會放任像朱浮明顯地上表告發彭寵那樣的事？你既沒有像盧綰隱瞞張勝勾結匈奴的事，也沒有別人敢像賁赫密告英布謀反那樣陷害你，本來就沒有像燕王盧綰、淮南王英布那樣的嫌隙。而你竟忍心拒絕王命，公開拋棄咱們以前的牢固友情，這實在是小人暗地挑撥的結果。本來，那些似乎正確的話，沒有不動聽的，根據某些行跡製造假像，容易攪亂人們的視線。以災難相告，以恥辱相激，有雄心的大丈夫能不憤然而起嗎？過去蘇秦說服韓王合縱抗秦，以做牛後來羞辱他，韓王按著寶劍，臉上變色，怒氣沖沖，即使損兵割地也不後悔，這是人之常情。你現在正年壯氣盛，業已相信寵臣的話，既害怕災難到來，又懷著忿恨情緒，不能再往遠處衡量我的心意，向近處考慮事態的發展，於是懷著和我疏遠的決心，本著改變咱們交好的主張，加上劉備的煽動，軍事摩擦和造成的嫌隙接連發生，以至這樣發展下去，我想敞開你的本來心意，是不願意這樣的。

我德望淺薄，而官位高，擔子重，幸好碰到國家將要安定的好運，使我能夠掃平天下，招撫少數民族也來歸附，幸喜獲了全部功效，長久的享受著這樣的幸福。可是我們兩家親戚卻因受別人的挑撥而產生隔閡，使我們親厚的關係產生了裂痕。我常恐怕天下人要拿這來責備我，以爲我藏有害人之心，暗地裏有鄭武公取胡那樣的陰謀，以至使你翻然和我絕交。因此，我憤憤不平，心裏慚愧，夜不能睡。我常想拋棄小的嫌隙，重修舊好，使咱們兩家都興盛起來，並讓這種幸福流傳後代，用來表達我生平對你的誠意，我抱這種想法多年了，一直沒有機會向你傾吐。過去赤壁之戰，我軍遭受瘟疫，燒船自退，離開那個惡劣的環境，不是周瑜的水軍所能夠挫敗的。我江陵的守軍，因物盡糧絕，沒有什麼作依靠，才遷移百姓撤回軍隊，又不是周瑜所能夠打敗的。荊州本來不是我的轄地，我完全讓給你，希望得到荊州以外的地方，並沒有損傷我的皮肉，對我造成什麼損害。仔細想想這一事變，實在無損於我，我何必要佔有那裏，不把荊州讓給你呢！過去漢高祖拿官爵招引田橫，光武帝指河對朱鮪發誓，你身上所背的罪過哪能同田橫朱鮪相比呢？因此向你表達誠意，希望聽到你好的回答。

往年我在譙郡，新造一些船隻，只求能夠運載到九江去，主要看看巢湖一帶的形勢，安定江邊的老百姓罷了，並沒有深入進攻的打算。但恐怕你的謀士們將要以此誇耀自己，以爲他們的計策得當，可以長久的沒有西顧之憂了，更因爲這個緣故，使你不肯回心轉意。然而聰明人的考慮，要作事前的打算，通達的人謀劃，要有預見的規劃。所以伍子胥能預見到吳國將要滅亡；輔果能事先看到智伯要爲趙所擒；穆生能事先託病離去，避免和楚王一同遭難，鄒陽能及時離開吳國北遊，沒有和吳王一同受禍。這四個人難道是聖人嗎？只是能通權達變，謀慮深遠，以小見大罷了。以你的聰明，看我的謀略，衡量一下你所佔據的地方，計算一下我的土地面積，難道是我的勢力太小，不能深入，把長江以南割讓給你，貪圖安逸嗎？絕不是這樣的。你如果依靠水戰，沿江守險，想叫朝廷的軍隊始終不得渡江，也未必能做到！在千里的水面上作戰，情況的變化是無窮的，越國建立三軍，曾使吳國無法抵禦；漢兵暗渡夏陽，出乎魏王豹的意料之外。長江雖然很寬廣，但防線這樣長，是很難守衛的。

任何事情都有適宜的措施，不能都一一說完，我將要同你恢復以前的交好，卻向你誇耀今天的形勢，更沒有用威勢把你當敵人來脅迫。然而我有所顧慮，怕給你寫這封信沒有益處。爲什麼呢？過去我們兩軍相逼而我主動引軍退回，今日在這麼遠的地方反而向你慰問，言辭謙遜願望不高，你可能認爲我力量已經用完了，正好增加你的驕傲，不足以打動你的心，但我向你表明效法古人之意，你自己好好想一想吧。過去淮南王聽信左吳的計策，結果爲世人所恥笑；梁王沒有接納羊勝、公孫詭，實融斥退隗囂派來的使者張玄，二位賢達的人已經清醒，福就隨著到來，希望你留意一下吧。如果你能夠內去張昭，外擊劉備，以表明你效忠朝廷，恢復咱們以前的友好關係，那麼，江南的重任，就長期交付給你，高官顯爵，安然得到，上可以免去朝廷對東方的擔心，下可以使老百姓得到平安幸福，你享受榮華，我也得到好處，難道不痛快嗎？如果你忽視我這一片誠意，存有僥倖心理，順從張昭、劉備這兩個人，不忍心加罪，就是所說的小人的仁慈，是對大仁的殘害呀，這是宏達正直的人所不願意幹的事。如果你憐惜子布，願意同他共存，我也能夠具心除去舊恨，順從你的心願，再讓他跟你做事，看他今後的表現，只擒拿劉備，也足以表明你的效忠。提出這兩個條件，你愼重地選擇一個吧。聽到荊州、揚州很多將領，並得到來降的人，都說交州刺史被你囚禁；揚州刺史曾退守豫章，不能執行朝廷任命，那裏瘟疫旱災同時發生，人口和士兵都有所減少。他們都要求我進軍。他們說的如此。我聽到這些話，並不認爲可喜。然而道路既然很遠，來投降的人講話又難以相信，對別人幸災樂禍是君子所不做的。況且老百姓是朝廷所有，應該誠懇關懷，樂於愛人，崇尚和睦，這才近乎有行。你來幫助我輔佐漢室，讓朝廷不勞而定江東，對我來說更加可貴，所以我按兵屯守，寫信向你致意。古時雙方打仗，不妨礙相互派遣使者往來，但願你對我能虛心地回心轉意，來適應仲山甫能彌補朝廷缺點那樣，得到詩人的讚美，而愼重地考慮《周易》『牽，復吉』的含義。在清水裏洗滌鱗甲，于長空中展翅飛翔，現在正是大好時機，你勉勵吧。」

曹操的安排，很快得到了理想的回音。孫權正擔心攻取荊州時得不到曹軍的配合，便給曹操寫信，表示願意爲曹操效力，信中說：「不久我將派兵西上，偷襲荊州。江陵、公安兩個要地接連，關羽如果失掉這二城，必定會自己逃走。樊城貴軍雖被圍困，不用救援就會自行解除。希望您保守這一機密，不要洩漏，以免讓關羽有所防備。」

曹操看完這一密信後，非常高興。

在曹操使者往返期間，救援曹仁的徐晃，領兵進抵陽摩陂。考慮到徐晃所率領的多爲新兵，難以和關羽軍隊正面交鋒，曹操又派將軍徐商、呂建領軍前去與徐晃會合，並傳令徐晃說：「等到我軍兵馬集合後再一起進攻。」

曹操收到孫權使者帶來的密信後，與屬下商議是否替孫權偷襲荊州一事保密，不少人認為應該替孫權保密，而董昭則持不同意見說：「軍事上崇尚權變，期望能把事情處理合宜。現在我們應當表面上答應為孫權保密，而暗中可以把信的內容洩漏出去。關羽聽到孫權軍隊西上時，可能親自撤軍回救，樊城之圍就能迅速解除。並可使孫權、關羽兩相爭鬥，我們坐收漁人之利。如果真的秘而不露，讓孫權得志，這不是上策。此外，被包圍的我軍戰士，不知道已經有救，擔心糧食不足，很是恐懼，萬一因情況危急萌生其他意向，後果將是很嚴重的。再說，關羽為人爭強好勝，自恃江陵、公安兩座城池防守堅固，必然不會輕易撤退。因此把此事透露出去，對我們是有利的。」

曹操認為董昭的這個意見很好，當即派人到徐晃處，命令徐晃把孫權信中偷襲荊州的內容抄錄下來，用箭分別射到樊城和關羽營中。城中曹軍得知這一消息，頓時士氣大增。關羽得知這一消息，心裏猶豫起來：「堅持攻城吧，擔心孫權撕毀聯盟，偷襲後方；立即撤軍吧，又懷疑是曹操搞的鬼，將會使前功盡棄。」他在焦急地等待著江陵方面的真實情報。

於是在曹操所派增援樊城的各路援軍會師之後，徐晃趁關羽舉兵不定之機，大敗關羽，關羽只好撤了樊城之圍。與此同時，孫權也正在實現其偷襲荊州的計劃。他親自率軍沿江西上，以呂蒙為前部。呂蒙率軍到達尋陽（今湖北黃梅縣西南）後，把戰船全部喬裝成商船，讓精兵藏在船艙裏，讓少數人穿著當時只有商人才穿的白衣服，在船上搖櫓，晝夜兼行，直趨南郡。沿江關羽設的崗哨守軍不多，且被扮成商人的吳兵迷惑，一個個都先後被收拾。

呂蒙軍先來到公安，當留守公安的將士發覺敵軍時，呂蒙已經兵臨城下。呂蒙讓虞翻給士仁寫信，陳述成敗，勸他投降，士仁見大勢已去，又對關羽不滿，便開城出降。

接著呂蒙又帶著士仁一起去江陵見糜芳，糜芳原來想抵抗，見士仁已經投降，他也就聽從勸告，開城把呂蒙迎了進來。在這個關鍵時刻，曹操並沒有下令樊城守將去追擊關羽，而是急忙派人送來不准追擊關羽的命令，意在讓關羽去打孫權，讓他們之間兩敗俱傷，然後，坐收漁利。謀略的高人之處再次顯現。後來，孫權大將呂蒙終於大敗關羽，關羽及其兒子關平在漳鄉（今當陽西）突圍時被擒獲，一起被殺。

孫權殺掉關羽後，派專人把關羽的首級送給曹操，這一方面是爲了對曹操表示歸附之意，另一方面也是爲了嫁禍曹操，以期引起劉備對曹操的不滿。但曹操收到關羽首級後，將其以諸侯之禮隆重地安葬在洛陽。

襄樊戰役的意義是重大的。曹操在這次戰役中，利用孫權的力量消滅了關羽，解除了襄樊的威脅。孫權從劉備手中奪回了荊州，將勢力延伸到了三峽以東、長江以南的大片地區。三國鼎立的局面最後形成，三國的疆域至此也大體固定下來。諸葛亮在《隆中對》中所提出的從東西兩面向曹魏鉗擊的設想至此完全破滅，以後諸葛亮多次對魏用兵，都只能出秦川一路，不能從根本上動搖曹魏根基，這對曹操身後的三國形勢和西晉最終統一全國的格局產生了深遠的影響。

在這場戰爭中，曹操、孫權和劉備三方的關係發生了戲劇性的變化。本來同劉備聯盟的孫權，轉而向曹操表示友好，結成了事實上的聯盟關係。戰後，曹操爲了實踐對孫權的許諾，更重要的是爲了搞好同比原來更爲強大了的孫權的關係，特地表薦孫權爲驃騎將軍，兼任荊州牧，封南昌侯，事實上承認了孫權對江南地區的統治。孫權同劉備成了冤家對頭，在客觀上也必須同曹操搞好關係，因此在受封後立即派遣校尉梁寓向漢室奉送貢物，派遣王惇購買馬匹，還把前幾年攻皖時俘虜過來的曹操的廬江太守朱光等人送回了北方。孫權甚至不惜上書曹操，歌功頌德，稱說天命，勸曹操即位稱帝，自己情願稱臣。曹操出於多方面的考慮，拒絕了孫權要他稱帝的建議，但對孫權派來的使者，卻都給予熱情接待，梁寓到許都後還被任爲掾屬。

襄樊戰役的結局，顯然跟曹操、孫權和劉備三方關係所發生的戲劇性變化有著很大關係。孫、劉聯盟的解體，從根本上說來是彼此之間不可調和的矛盾最終發展的結果。劉備借了孫權的荊州，爲了實現諸葛亮有朝一日從荊州北出宛、洛以擊曹魏的戰略構想，也爲了佔據荊州上游以對孫吳構成威懾，同時也爲了使蜀漢有一道堅固的門戶，是決不肯將荊州拱手還給孫權的。反過來，孫權也決不肯將荊州曠日持久地「借」給劉備。因此，雙方之間的這道死結無論如何是不可能用和平的手段徹底解開的。但爲了對付曹操的威脅，將矛盾暫時淡化或擱置起來卻是完全可能的，這就需要雙方從大局出發，求同存異，盡可能多做一些加強友好、維護聯盟的工作。可惜的是，劉備、諸葛亮入川後，留守荊州的關羽對這件工作做得並不夠好。關羽其人，忠勇剛強，屢建戰功，這在當時是被各方公認的。但關羽也有嚴重的弱點，這就是高傲自負。高傲自負就不能謙恭待人、禮貌待人，這既不利於團結部眾，也不利於團結盟友。一次，孫權派使者來見關羽，表示要替自己的兒子娶關羽的女兒，這對加強雙方的友好關係本來是件極好的事情，而且也並不辱沒關羽，關羽不僅斷然予以拒絕，還將來使辱罵了一番，惹得孫權爲此大爲生氣。對於麋芳、士仁等部屬，關羽更是不放在眼裏，麋芳、士仁一直爲此耿耿於懷。關羽北征襄樊後，麋芳、士仁負責軍需供應，有時供應不上，關羽就威脅說回軍後一定要懲治二人，二人害怕，最後終於在孫權的誘降之下倒了戈。關羽高傲自負，還讓呂蒙施展驕敵之計提供了合適的土壤，陸遜恭維，關羽就飄飄然起來，結果放鬆了必要的警惕。因此，孫劉聯盟的解體

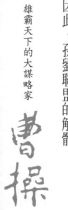

雖有其內在的必然性，但關羽卻在其中起了「催化」的作用。關羽加速了孫、劉聯盟解體的過程，同時自食其果，不僅使蜀漢丟了荊州，自己也在瞬間從一個威震中原的英雄變成了身首異處的亡虜，付出了極其慘重的代價。孫權、曹操是這場戰爭的受益者。孫權利用了關羽的弱點，也利用了曹操、關羽之間「龍虎鬥」的機會；曹操也不失時機地利用（甚至是挑撥）了孫權和劉備之間的矛盾。他們都善于利用對方的矛盾，來達到自己的目的，從而導演了一場錯綜複雜、曲折離奇的歷史活劇。

壯年「度關山」，志在一天下

壯志抱負是飛揚高舉的，充滿激越豪情的。那是一個人生命力之所在，那是一個人智慧期望之所在，也是一個人自許自認最見切實之所在。因此，壯志抱負總是充滿信心，充滿自豪感和充滿熱望的。

然而，多少人能眞正實現自己的理想抱負？似乎沒有確定的答案。人生不得意，十常八九，實現是相對的，不能實現，帶著遺憾而告別人生是絕對的。

有人說，這是因爲，天高沒有人心高。目標也總是隨著人到達的地方，而不斷向前推移。因而，此岸是暫時的，沒有到達的彼岸則是無限的、永久的。

何況，「烈士暮年，壯心不已」呢！

曹操一生事業，自不能說一帆風順。幾多出生入死，但也常絕處逢生，柳暗花明。

西元一九〇年，曹操在扯起旗幟，招募兵馬討代董卓時，只有三十五歲，到他統一北方舉兵南下時，已達到五十二歲高齡。赤壁的慘敗，絲毫沒有動搖他完成統一霸業的決心。他一邊重振旗鼓，一邊總結經驗教訓。當他意識到跨過長江已不實際，便毅然領重兵挺進西南，走上了由西往南再向東謀求統一之路。西元二一一年，五十六歲的曹操與馬超戰於潼關；六十歲時，西征張魯進至漢中；佔領漢中後，曹操回鄴都，「親耕籍田」，爲進一步鞏固「屯田制」的成果做最後的示範。在他病逝的前一年，漢中失守，六十四歲的曹操又一次由斜谷到陽平，與劉備展開了一場拉鋸戰。曹操的統一宏圖未能實現，他志在千里的執著，卻著實令人欽歎，激勵著一代又一代奮發進取的人們。

然而現實是無情的。胸懷大志的劉玄德，加上諸葛亮輔佐，前程無量；孫權三世經營江東，人才濟濟，兵精糧足；又孫劉聯盟，到曹操逾花甲之年，三國鼎立隱然已成。三國之中，魏國固然爲大國，土地、人口、兵將俱居首位，然到底也無呑併吳、蜀的實力。何況，中原天災人禍日久，創傷也較蜀吳深重得多，何敢言一統天下。這一點曹操自是了然於心的，亦其人生最深切的憂思所在。因此，曹操在建安二十年（西元二一五年）三月西征張魯，四月出散關寫下了慨歎艱難的《秋胡行》。

據《魏志．武帝紀》，曹操時年六十有一，而魏蜀對壘，在荊襄一線，在漢中一線，魏軍常處劣勢，蜀將關羽善戰，劉備軍師諸葛亮用兵常有神出鬼沒之功，這常使曹操產生徒負一統之思，常陷幾端艱難之困。因此，出散關山時情之所致，即潑墨寫下《秋胡行》，其一云：

「晨上散關山，此道當何難！晨上散關山，此道當何難！牛頓不起，車墮谷間。坐磐石之上，彈五弦之琴。作爲清角韻，意中迷煩。歌以言志，晨上散關山。」

以不可遏止之勢劈頭兩句「晨上散關山，此道當何難」，直抒西征張魯行軍之艱難。散關山即今陝西寶雞西南大散關，為秦蜀往來要道。曹操一再抒發「此道當何難」，難道僅只是說西征之路嗎？其實是說統一天下之路何其艱難！當此情勢，曹操似已自明，在他有生之年是無望統一天下的。天時、地利、人和一樣條件不具備，時世不造英雄，英雄又奈天下何！不僅曹操，劉備、諸葛亮、孫權也無一能在當時條件下統一天下。非才力也，乃時勢也。後來司馬炎統一天下，較之三國英雄，何樣人才，豈非「世無英雄遂使豎子成名？」非也，時勢也！

所以，曹操惟有對河山險阻，彈五弦琴，發「清角韻」。清角乃淒清之調，相傳為黃帝所作。《韓非子．十過》說，晉平公問師曠：「聲調中沒有比清徵更悲切的嗎？」師曠答：「清徵還比不上清角。」平公要師曠奏清角，師曠說平公德薄，不可聽，聽了恐將有敗。平公執意要聽，師曠為之演奏，結果風雨大作，帷幕撕裂。後晉國大旱，赤地三年。曹操能彈清角韻而無恙，自是有德者的身心，不懼怕失敗的坦蕩心懷。然而，究竟「意中迷煩」。

「意中迷煩」的希冀就是以超自然的力量干預現實，改變現實。有人或許以為，此乃尋常人在困難中，以幻想代替現實之故技，然而這究竟也是一種態度。俗人如此，大英雄亦如此。因為對於人之願望，人力總是不夠用的，如此神的世界又如何不是人的世界？然而，神仙世界究竟不是英雄馳騁的舞臺，曹操只有「去去不可追，常恨相牽攀。夜夜安得寐，惆悵以自憐。」

由「此道當何難」，到「惆悵以自憐」，大英雄遭際畢竟也充滿彷徨無奈。

事業成敗，人才得失，對於人，說到底是身外之物。即便得到賢才相助取得事業的成功，也須歷一番說不盡的艱難。

而這些又都改變不了一個現實，人世艱難，人生苦短。無論曹操於統一大業何其壯心不已，對八方才俊充滿周公吐哺，天下歸心之願，無論他對仙道何其神往，又「常當專之」修煉、怡養，都遮掩不了他對生命匆匆、水流不返的體驗。這是一個太眞實、也太無情的存在，一顆敏感的詩人之心，一雙一下子就能看透底蘊的哲人之慧眼，怎麼也迴避不了。也任其足智多謀，以至以天下爲己任，如此等事實，亦不值一提。而事業、人才、民生等等憂患，說到底不都是生命之憂患嗎！

因爲人生的價值就在應承擔起悲劇，應對苦難。在這當中，人戰勝了，人過來了，生命就是奇蹟，生命就是輝煌。至於成就與功業那就是另外一回事了，於生命本身它們並不重要。

慕虛名而處實禍

古往今來，不少人都敗在「慕虛名而處實禍」上。在曹操那個亂世時代，要想做一個眞正立得住的霸王，必須要有全局眼光，不能因小失大。

曹操《讓縣自明本志令》談自己生平行事與心情時，說過這樣一段話：

「然欲孤便爾委捐所典兵眾，以還執事，歸就武平侯國，實不可也。何者？誠恐已離兵爲人所禍也。既爲子孫計，又己敗則國家傾危，是以不得慕虛名而處實禍，此所不得爲也……」

還說：

「江湖未靜，不得讓位……」

這一席話的意思是，當時已有人指責曹操有異志，不僅劉備、諸葛亮、周瑜指責曹操名爲漢相，實爲漢賊，即便曹操統治的許都，也有許多人認定曹操有異志，因此，有人就建議曹操把兵權交還給朝廷（執事），辭去丞相職務，回到自己武平侯封國去養老享福。曹操的回答是：「斷乎不可！爲何不可，大而言之是不能讓國家再次陷入戰亂；小而言之，是個人不能圖虛名而招來實實在在的禍殃，所謂『不得慕虛名而處實禍。』」

「不得慕虛名而處實禍」，可謂曹操兼用王霸的目的論，更可謂是曹操操縱王霸二術的傳神之筆，集中起來就是一個「實」字。

至建安二十五年（西元二二〇年），曹操死前，他已經統一了北方，並在赤壁之戰後，對北方的統治也已經鞏固，對內又成功地鎮壓了劉氏王室集團的反曹行爲。曹操的身份也已由丞相兼冀州牧，並加賜九錫（帝王爲表示對大臣的特別尊寵而賜予的九種器物。它往往成爲禪讓前的一個步驟），進封爲公。到建安二十一年，又被獻帝進封爲魏王。建安二十二年（西元二一七年）四月，獻帝命曹操設置只有天子才可使用的旌旗，出入時像皇帝那樣，左右嚴密警戒，斷絕行人通行。五月，修建了諸侯的學宮泮宮。六月，以軍師華歆爲御史大夫。十月，獻帝命曹操像天子那樣頭戴懸垂有十二根玉串的禮帽，乘坐特製的金根車，套六馬，並設置五時副車。同時，以五官中郎將曹丕爲魏國王太子。

就這樣，曹操完成了奪取帝位和世襲權力的一切準備，在通向帝王的道路上，差不多已經走到了終點。曹操不僅早已在實際上控制了朝廷的一切大權，使自己成了一個事實上的無冕之王。曹操唯一還欠缺的，僅僅是一個皇帝的名號而已。

但是，在這一過程中，曹操卻始終沒有慕虛名做「皇帝」。體現了他不同於一般稱霸者高瞻遠矚的戰略眼光。

從此，漢獻帝成了曹操討伐異己、實現統一的政治工具。這就造成政治上的優勢，使割據一方的軍閥陷入了被討伐的境地。

《三國演義》第五十六回記述，建安十五年春，曹操大宴文武於銅雀台。這時，雖然赤壁兵敗，但整個北方已經掃平。王郎、鍾繇、王粲、陳琳等一班文官，在宴會上進獻詩章，多稱頌曹操「功德巍巍，合當受命」（即該當皇帝）。曹操逐一看了他們的詩章後，笑了笑，冷靜地說了一段表白心的話。在這段話裏，他一方面極力標榜自己毫無野心，只是順應歷史的潮流而起事，是堅持統一，反對分裂的歷史代表和中流砥柱，即所謂「如國家無孤一人，正不知幾人稱帝，幾人稱王」；另一方面毫不含糊地表示，決不慕虛名而處實禍，放棄手中的兵權，回到所封的武平侯之國安享富貴。這些頗具有戰略家的眼光！建安二十四年（西元二一九年）冬，在曹操臨死前幾個月，孫權上書表示願意歸降，並勸曹操稱帝。曹操並沒有老而昏庸，卻以清醒的政治頭腦，一眼看穿這是孫權的陰謀，企圖讓自己激怒天下，陷於孤立，於是觀畢大笑，說：「是兒欲使吾居爐火上耶！」侍中陳群等進一步勸說：「殿下德功巍巍，生靈仰望。今孫權稱臣歸命，此天人之應，異氣齊聲。殿下宜應天順人，早正大位。」曹操表示：「『施於有政，是亦爲政』。若天命在吾，吾爲周文王矣。」「施於有政，是以爲政」出自《論語．爲政》。曹操引用這句話的意思是：對政治施加影響，也就是參與了政治。只要掌握了政治實權，何必一定要皇帝這個虛名呢？然後明確表示：即使當皇帝的時機已經成熟，自己也不當皇帝，而要做周文王，就是像周文王給周武王創造條件那樣，讓自己的兒子去當皇帝。

曹操爲什麼自己不稱帝呢？主要原因是考慮自己年紀老了，已經六十五歲，而且身體有病，不能久存于人世。如果自己稱帝，就違背了原來自己一再表示的絕無代漢自立（稱帝）的宣言，並且對自己的聲譽、名節，造成不利的影響，同時也給敵對勢力攻擊自己提供了口實。曹操是個務實的人，他的目標是做周公。

具有強烈正統觀點的羅貫中，也不得不在曹操死時引用後人的詩歌稱讚曹操：「文章有神霸有氣，豈能苟爾化爲群？」「安有斯人不作逆，小不爲霸大不王？」

在《魏書．劉表傳》中，盧弼也有一段注釋，劉表於建安五年（西元二〇〇年）攻張懌平之，有地方數千里，帶甲十餘萬，郊祀天地，自立爲帝。

雖然曹操沒當皇帝，但由於他已經控制漢獻帝，並爲他的兒子正式代漢創造了條件，在封建正統思想的影響下，在舊小說、舊戲劇的宣傳下，過去人們往往把他當成篡漢奸臣，而加以否定，不能正確地評價他，給他以應有的歷史地位。正像魯迅所指出的那樣：

「我們講到曹操，很容易就聯想起《三國志演義》，更而想起戲臺上那一位花面的奸臣，但這不是觀察曹操的眞正方法。……其實，曹操是一個很有本事的人，至少是一個英雄。我雖然不是曹操一黨，但無論如何，總是非常佩服他。」

曹操能夠翦滅群雄，成其霸業，是與他政治家的胸懷和戰略家的眼光分不開的。

「願以天下爲重」。這是趙雲在勸說劉備不要伐吳時說的一句話。這句話，既體現了深度、遠度思考的價值取向，又體現了廣度思考的社會責任感。曹操的不當皇帝和致力統一，正是這種思考的結果。

不冒天下之大不韙

在掃滅群雄的兼併戰爭中，曹操漸漸統一中國北方，在經營曹氏統治班底時，一個個掃除異己，而他自己也一步步走向權力的頂峰，成爲漢末實際上的皇帝。然而，他始終是沒做皇帝。

關於曹操集權又不做皇帝，大體反映了曹操用霸術兼用王道時的清醒、明智與踏實，個中也反映了他熱衷於權力，看重實利。而且由於他的個性，敢作敢爲，也確實使出渾身解數大有作爲，如此，他的怨主、對頭也多。這種情況也決定他一旦抓到權柄，就會緊緊地攥到手裏，至死不放下。這一是保全自身，二是威重天下，三則是功名富貴的滿足。

關於這一點，與曹操同時代的有兩個人物可以比較，一是諸葛亮，一是袁術。

諸葛亮是，劉備三顧草廬方出山，他奉行的是「功成名遂身退天之道」。也就是說諸葛亮是爲著幫劉備的忙而出山的，因此，他個人不圖權位，因而治軍施政從來不做過頭事。所謂「諸葛一生唯謹慎」。曹操卻截然相反，他所有縝密的心術、凌厲的手段都是爲了權與利。這就是曹操的霸道。

袁術其人既無才又無德，只是仰仗四世三公的家門才割據一方。他只知道秦失其鹿，天下共逐之，高才捷足可先登。但他忘了自己的能耐究竟有多大，還忘了天下還有多少英雄，尤其忘了他自己還是漢家臣子。因此，他狂悖到稱帝自重，這就注定他要敗亡。

曹操卻不同，他雖用霸術王道，並且這兩者他都受到人們的指責，霸術用得太濫太過，王道又顯得奸僞，他本人也被斥爲「漢賊」。但從他的一系列作爲來看，他始終明白，他是漢家臣子。不僅如此，作爲一代英雄，無論他多麼急功重利，他心頭總有一團解不開的忠臣情結。儘管其忠誠的內涵究竟爲何物大可理論，但忠臣這一作爲人臣的第一要素，他始終不敢丟棄，乃至忘記。

他曹家自祖、父及至他的兒子曹丕等人，受漢朝皇恩已過三世，他能忘記嗎？正因爲有此心思，有此情結，所以他始終力圖在漢家門庭裏扮演好一個忠臣的角色，從頭到尾都期望在天下人面前樹立起一個治亂有成的良臣的形象。因此，當孫權勸他稱帝時，他即一針見血地指出：「這小子是想把我放到爐火上烤。」

爐火是什麼？民心也，道義也。所以他做了魏王後，人家勸他取代漢獻帝，他坦率地說「若天命在吾，吾爲周文王矣」。

這就是爲什麼說曹操集權又不當皇帝，反映他的明智與清醒。在這一點，情緒上、認識上曹操是沒有矛盾的，要有的只是行爲邏輯上的悖論。本來，社會人生充滿矛盾，而一個處於權力漩渦、利害漩渦的人，就會遇到更多的矛盾，文化心理的、倫理道德的、權利地位的、名聲道義的、行爲分寸的。

在這麼多的矛盾交織點上，曹操的高明之處在於集權而不當皇帝，不做天下之矢的，不冒天下大不韙。

曹操已經得到了太多的實利，他大權在握，生殺予奪，連皇帝都可以操縱，他加九錫，爲魏公，擁有的太多，沒有的只是一頂皇冠。曹操把功利主義發揮到了極致。

爲了實實在在的功利，早些時候曹操就毅然和董卓決裂，以獻身的精神首舉討董義旗，爲天下倡。這是曹操生平極輝煌的篇章，充當了漢末第一英雄的角色。這當然是行王道。後來的事尙難逆料，在當時曹操肯定是大智、大勇、大忠。但陳留舉兵，曹操是行王道也是行霸道。當時曹操實際如何想不得而知。但至少有幾種可能，成爲漢家掃平董卓，重整河山，做一樁於漢家天下功德無量的事，做一個大大的忠臣。不成，擁兵自重，可「任天下之智力」，與群雄爭霸。這些考慮都是實實在在的。

爲了實實在在的利益，他有雄才大略，但他決不是耽於幻想的人。爲了打敗袁紹，他可以冒死親率士卒去攻打烏巢，這樣果決、同時敢於置之死地而後生的統帥，古往今來比比皆是，但當此一時，並不多見。爲了拿穩既得的勝利，官渡之戰後，他將袁軍降卒七萬人一舉坑殺。這與當時的劉備、諸葛亮形成鮮明的對比。諸葛亮治蜀定南方時，也曾多次捕獲孟獲叛亂兵將，但從來都是以王道教化之，以王德感化之，顯示出更加恢宏的氣度，和把握局勢的自信。在這一點上，曹操的王道霸術在許多時候就見其急功近利的特點，並表現出他性格急躁，生性奸詐和手段殘酷。

爲了實實在在的利益，他能誠心誠意地禮賢下士。比如他光著腳丫兒跑出寢帳歡迎許攸，謙卑問計。設想，若沒有許攸，曹操即便可以打敗袁紹，那難度會增加幾成幾倍也很難說定。也是在這裏，他和袁紹形成鮮明的對比。許攸叫袁紹奇襲許都，當然是高明之見，袁紹不聽也就罷了，但還要做出足智多謀、成竹在胸的樣子。這樣，袁紹講面子、講虛名，曹操講實效，講踏實去做，一敗一成也就必然了。

同樣，爲了實實在在的利益，他敢冒天下之大不韙，倡「惟才是舉」之一說，並以爲招納人才之方針。此舉對一種陳腐的人才觀實有震聾發聵之效用。但走到他身邊的人，必須替他的實利盡心盡力，一旦他看出人家違逆他的意志，不利於他的事業，他就務必去之而後快。他逼死荀彧、崔琰，即見出其功利觀念的急切與殘忍。

定江山，選好後來人

曹操在稱公、稱王之後，都面臨太子的選擇問題，也就是如何確定自己的繼承人問題。由於曹操對這個立嗣問題特別重視，抱著非常愼重的態度，經過一段過程之後，才最後確定下來。

曹操共有二十五個兒子，長子是曹昂，接下來依次是曹丕、曹彰、曹植、曹熊、曹沖等。曹昂爲劉夫人所生，但劉夫人早亡，由曹操的結髮妻子丁夫人撫養。曹丕、曹彰、曹植、曹熊爲卞夫人所生，曹沖爲環夫人所生。封建宗法制度規定，妻生的兒子稱嫡子，妾生的兒子稱庶子，嫡子是正統而庶子是旁支。由此決定了封建繼承權的排列順序，依次是嫡長子、嫡次子、庶長子、庶次子。曹昂本爲庶長子，但因丁夫人無子，把曹昂當作親生兒子看待，建立了很深的感情，因此曹昂在實際上具有了嫡長子的身份。加上曹操對封建禮法不怎麼重視，「立嫡以長」的觀念相對來說比較淡漠，因此如不發生什麼意外，曹昂被確立爲繼承人大體是不會有問題的。有趣的是這種意外早早地就發生了，建安二年（西元一九七年）曹操南征張繡，張繡降而復叛，曹昂爲掩護曹操，被叛軍殺死。曹昂死後，最有資格充當繼承人的自然要算曹丕了。但曹操這時似乎更將「立嫡以長」的成例拋到了腦後，久久不肯確立太子，其目的，顯然是要通過較長時期的觀察和考驗，從諸子中培養和選擇出自己所滿意的繼承人。

曹操對諸子的培養和使用是一視同仁的。他在《諸兒令》中說：「兒子們雖然小時候都被我喜愛，但長大後德才兼備的善者，必定重用他。我說話是嚴肅的，不但對我的屬下不偏私，就是對兒子們也不想有所偏愛。」

曹操對繼承人——太子的選擇，更是看重其德才如何。曹操首先看中的是年歲比較小的曹沖（西元一九六年生，比曹丕小九歲）。

曹沖字倉舒，五六歲時就表現出聰慧過人。大約在西元二〇一年，孫權送給曹操一頭大象，北方人從沒見過這麼大的象，大家見了都很驚奇。曹操想知道牠到底有多重，就叫下邊人把它稱一稱。但一般的秤是無法稱的。大家都爲這事苦惱著。這時小曹沖站出來說：「把大象放在一隻大的空船上，在吃水線上刻個記號。然後把大象拉下來，拿別的東西，如石塊等放在船上，當裝的東西達到與載象的吃水線相同。再分別稱這些東西的重量，加起來就是象的重量了。」

大家聽了，認爲這是個好辦法。曹操知道後，也非常高興，立即照這個辦法辦，很快就稱出了大象的重量。

又有一次，曹操的馬鞍在倉庫裏被老鼠咬壞了，看守倉庫的小吏，害怕被處死，準備反綁雙手去向曹操請罪，但還是擔心不會被赦免。曹沖知道後，就對小吏說；「過三天後的中午，你再去請罪。」然後曹沖便用刀戳穿了自己的衣服，好像是老鼠咬的，並裝作很難過，面帶愁容。曹操見狀問他是怎麼回事。曹沖回答說：「世俗認爲老鼠咬了衣服，衣服的主人就不吉利。現在我的單衣被老鼠咬了，所以憂愁煩惱。」

曹操連忙安慰說：「這是胡說八道，你不要爲這件事煩惱了。」

過了一會兒，看管倉庫的小吏前來報告，說老鼠咬壞了馬鞍，曹操笑著說：「我兒子的衣服放在身邊，尚且被老鼠咬了，何況馬鞍懸掛在倉庫的柱子上呢！」

然後，曹操叫左右給倉吏鬆了綁，一點也沒有怪罪看管倉庫的人。

還有一些事例表明曹沖聰明智慧，知識淵博，並且爲人寬厚，心地善良。因此，曹操特別喜歡他。曾多次在官員中稱讚曹沖聰明仁愛，表示將來要傳位給他。但是，曹沖十三歲時（即西元二〇八年），突然得了重病，醫治無效，死去了。曹操非常悲痛。當曹丕前來勸慰曹操時，曹操卻說：「他死了是我的不幸，卻是你們的幸運啊！」

意思是說此後曹沖再不能同曹丕等人爭繼承權了。曹丕對這話的用意也很清楚，他當了皇帝後還常說：「家兄孝廉（即曹昂，曹昂二十歲時舉孝廉，二十一歲時死去）做皇帝是他的本分，如果倉舒還在，我也不會有天下。」

曹沖死後，在一個時期內，曹操又傾向于立曹植爲嗣子。

曹操在立嗣問題上的謹愼態度，想看準曹植、曹丕哪一個是最德才兼備的。他的動機和做法都是好的。但這樣一來卻引起了曹植、曹丕之間的矛盾和鬥爭，甚至由正常競爭發展到弄虛作假，爾虞我詐。一次，曹操領兵出征，百官和諸侯送行，曹植對曹操說了一些頌揚功德的話，辭語華美，條理清楚，得到在場人的贊許，曹操聽了也很喜悅。曹丕看到這種情景，悵然若失。他的親信吳質耳語獻策說：「大王動身時，您只要流淚哭泣就可以了。」曹丕照此去做，曹操很受感動，大家都認爲曹植辭語華美，但誠心不如曹丕。

還有一次，曹丕聽說曹植親信丁儀、丁廙　爲立曹植爲嗣積極活動。曹丕想找吳質商量一下對策。這時吳質已被任命爲朝歌縣令，屬於外官，按規定曹丕是不能私見外官的。當時吳質還在鄴城，曹丕就派人用車裝上廢竹箱，把吳質藏在箱中拉進府內。曹植親信楊修將此事報告了曹操。曹丕慌了，同吳質商量對策。吳質說：「沒什麼可怕的！明天再拉竹箱進府，箱中裝上綿帛，楊修再報告必然有人來查驗，查驗而無證據，那楊修就要受罪了。」曹丕按計進行，曹操果然派人檢查，由於沒查出人來，曹操便對楊修產生了疑心。

又有一次，曹操要考查一下曹植和曹丕的實際才能。讓他倆分別從鄴城門出去辦事，並事先秘密下令要守門人不得放行，看他倆如何處理此事。曹丕來到城門前，守門人不讓出去他就返回來了。曹植事先得到了楊修的提示：「假如守門人不讓您出城，您因爲是受魏王之命，可以把他殺掉。」曹植照辦出了城。但此事卻給曹操留下了曹植好殺的印象。

在雙方爭奪嗣位的過程中，曹丕由於善耍手段，掩飾眞情，裝飾自己，由劣勢逐漸轉爲優勢。曹植做事任性，不粉飾自己，飲酒不加節制，逐漸失去了有利的地位，特別是在建安二十二年（西元二一七年）上半年犯了一次大的錯誤。事情是這樣的，曹植在一次酒後私自乘車在帝王專用的馳道上行駛，並打開王宮的司馬門，一直駛到金門。這是違犯禁令的行爲，曹操一怒之下，把主管宮門的公車令處死，並下令說：「始者，謂子建兒中最可定大事」，又說「自臨菑侯植私出，開司馬門至金門，令吾異目是此兒矣。」

但曹操最終決定立曹丕爲太子，還是聽了謀臣賈詡的諫言。

賈詡，是曹營內與荀彧並列大智囊。他在董卓被殺以後，爲西涼的將軍出謀，使其安全西歸；是他，幫助張繡大敗曹操於宛城，殺死了曹操的長子曹昂；又是他，拉張繡一同進了曹營，並爲曹操勝官渡、敗馬超、平定北方立了大功。曹操對他的意見一向很重視，唯一的一次，是拒絕了他提出的不宜順江東下攻孫權的意見，因而遭到了赤壁慘敗。對此曹操回想起來就後悔。

隨著曹操勢力的日益增大，立太子的問題尖銳地提到了最重要的議事日程上。曹操絞盡腦汁，難下決心。爲了解決這個難題，曹操秘密地寫了許多信，送給諸臣，讓他們幫助拿意見。「太祖狐疑，以函令密訪於外。」這可是進諫的好機會，誰不想露一手？可是曹操看完了又秘密寄回來的信，仍感到莫衷一是。這時，曹操直接找到了賈詡。他把左右退去，劈頭向賈詡提出了問題。賈詡聽了曹操的發問，眨著眼睛，慢條斯理地嘿嘿直笑，就是不說話。這一笑把曹操笑懵了，他著急地問：「你怎麼不說話呀？」賈詡說：「我正考慮著事呢？」曹操問：「你考慮什麼？」賈詡說：「我在想袁紹、劉表這二人與他們的兒子們。按照那時的規矩，選接班人必須是嫡長。袁紹、劉表都是因沒有立長子，引起了兒子們動干戈，先從內部壞了大事，後被曹操消滅的。」賈詡這句看去漫不經心的話，如一聲巨雷，打中了曹操的要害。他略一思考，開懷大笑起來，很快就立了曹丕，擾煩了多年的一大難題終於解決了。

賈詡跟曹操多年，對曹操和他的兒子們都瞭若指掌。他是曹丕的心腹，當然願意立曹丕爲太子。立長子的規矩曹操豈能不知？所以遲遲不立，是曹操想在二子中選一個最合適的。如果像別人進諫一樣，只說立長的道理或只說曹植的才氣如何，曹操在這二者之間還是難以選擇。針對曹操想統一天下，並且通過子孫世代傳下去的思想實際，非常巧妙地把深思熟慮的話說出來，把曹操的思路一下子引到了這樣一個軌道：「在兩個兒子各有長短的情況下，立長，保住江山的把握較大；反之，危險性較大。」從而迫使曹操在常規決策和風險決策中，選擇了常規決策。賈詡熟慮於胸，戲弄於人，嘻笑之間，達到了盼望立曹丕爲太子的目的。

曹丕當了皇帝，立即報答賈詡，不僅讓賈詡當了三公之一「太尉」，而且加封了他的兩個兒子。曹操留下的重要謀臣中，賈詡是職位最高，下場也最好的一個。

【第八章】

吞吐天地，霸王之術十二論。

曹操值雄豪並起之際，能摧群雄如電擊，建立匡正之功，在於他王霸兼修，不求永恆方策，還在於他隨機應變，只信自己。他吞吐天地的諸多智慧或謀略也能給許多在卑凡中躍起之人以某方面的特殊啟迪。而本章所提煉的精要霸術十二則更會給那些欲有所成就之人以別開生面的指導意義。司馬光在《萬代論》中為曹操蓋棺論定：「魏之天下，乃奪之於盜手，非取之於漢室也。」

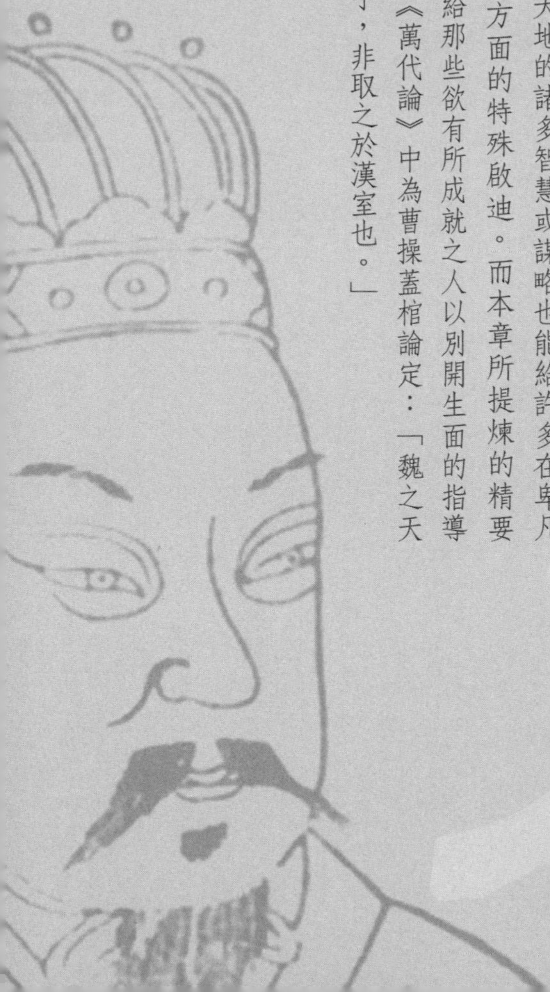

群雄並起，挾天子以令諸侯

曹操剛崛起時，天下各主要勢力各有優勢，如孫策憑藉長江天險而固守，劉備則憑藉光復漢室的招牌而感召天下。在這種群雄並起的形勢下，欲想謀求霸業，必須營造一種自己的優勢來號令天下，曹操經過比較權衡，決定以奉戴天子──即所謂「挾天子以令諸侯」作爲自己的政治優勢。

古往今來，許多成大事者都頗得「借一種旗號」號令天下的眞傳與實惠。眾人皆知的春秋首霸霸主齊桓公就是通過「尊王攘夷」的做法而獲得其政治上、軍事上的主動權。曹操的「挾天子以令諸侯」可以說又是運用這一謀略的經典範例。

但是失敗的例子也不是沒有的，遠的不說，曹操之前的董卓就是一例。

在曹操之前，先是董卓控制著漢獻帝這面「義旗」。初平元年（西元一九○年）二月，董卓將獻帝西遷長安，安置在未央宮中。董卓自己則在長安城東修築了一座堡壘居住，取名郿塢，郿塢城墻高厚各達七丈，高度與長安城牆相等，稱爲「萬歲塢」。董卓將從洛陽等地掠奪的大量金銀財寶和糧食藏在塢中，單糧食就可供三十年食用。董卓得意地說：「如果大事成功了，我可以雄據天下；如果不成，我守著這些東西也可以過一輩子了。」周初時，周文王立呂尚爲太師，武王即位，尊爲師尚父，意謂太師呂尚是可尊崇的父輩。董卓以呂尚自居，自爲太師，號曰「尚父」。他擅自乘坐只有皇太子才能乘坐的青蓋車，對親戚大加封賞，以弟董旻爲左將軍，封鄠侯，兄子董璜爲侍中、中軍校尉，執掌兵權。其子孫即使還是幼童，也都一概授官，男的封侯，女的做邑君。宗族內外，並列朝廷，聲勢赫赫。

但可惜他是一個專橫跋扈、濫施淫威的暴徒，沒有利用這一優勢，很快便落得個「暴屍於市」「焚屍於路」的下場。

董卓的前車之鑒如何汲取，曹操陣營內部謀士們的不同意見如何採納，是對曹操能力和膽識的嚴峻考驗。對於這樣一個重大問題的決策，曹操的重要將領們是有分歧的，建安元年（西元一九六年），曹操在賀年節的會議中向重要的幕僚和將領提出了這個問題。

富於謀略的程昱首先表示意見：「依情報顯示，皇上在楊奉、董承等挾持下離開關中，進駐於安邑，如果能趁機奉迎皇上，必能取得競爭優勢。」

荀彧表示：「豫州離司隸區最近，目前有一半以上已在我們的控制中，如果要迎接皇帝，應以洛陽及許都最爲合適，因此要準備這件工作，必先清除豫州境內其他的力量。」

首席猛將曹仁則有不同意見：「雖然張邈的勢力已清除，但呂布、陳宮等雄據徐州，和袁術勾結，隨時可能再度威脅兗州。因此屬下認爲應先穩定東方，徹底摧毀袁術及呂布力量，再行經營豫州。」

夏侯惇的意見也差不多：「純就軍事形勢觀察，豫州連接司隸區和荊州，目前擁有部分傾向袁術和劉表的小軍團部署，正好可做爲緩衝。清除豫州反而會使自己陷入北方袁紹、東方呂布、南方劉表、西北面西涼及司隸區軍團的層層包圍中，是相當不利的。」

幾乎大部分將領及幕僚都贊同夏侯惇的看法。

曹仁更進一步表示：「奉迎天子並不一定有利，董卓便成了眾矢之的，以我們現有實力，挾天子不見得便能令諸侯。萬一掌握不好，未蒙其利反將先受其害。」

滿寵也表示：「目前最重要的是探詢袁紹的動向，奉迎天子來講，袁紹最有實力。如果這個時候因此事和袁紹鬧翻，很可能會遭到傾覆危機，應審慎對待。」

曹操回答道：「由冀州府傳來消息，袁紹陣營裏爲了奉迎天子之事，意見紛歧，大老派的審配堅持反對意見，袁將軍本身似乎興趣不大，況且和公孫瓚間的戰爭仍在持續中，依目前情報判斷，或許不致於有所行動。」

荀彧大聲表示：「奉迎天子絕非純爲功利，從前高祖（劉邦）東向討伐項羽，便以替義帝復仇做爲出師之名，因此得到天下諸侯回應。董卓之亂起，天子流亡關中，將軍便首倡義軍勤王，只因山東秩序混亂，才使我們無力兼顧關中。雖然戰事連連，我相信將軍仍然心向王室，以平定天下爲己任吧！今皇上脫離西軍掌握，正是大好機會啊！擁護皇帝順從民望，此乃大順；秉持天下公道以收服豪傑，此乃大略；堅守大義招致人才，此乃大德。即使會遭到其他勢力圍剿，也難不倒我們的。要不及時決定大計，等到別人也有所行動，就來不及了啊！」

在眾人爭執不休中，曹操突然想起當年反董聯盟時自己和袁紹間的對話。袁紹曾問曹操：「如果這次舉兵失敗，您看我們應以何處爲據點最爲適當？」曹操反問：「以閣下的意見呢？」袁紹：「我認爲我們應以黃河以北的冀州山區爲據點，爭得北方異族的協助，以向南爭取霸權。」曹操當時並不同意袁紹的看法，他認爲地利固然重要，但更重要的是人心。的確如荀彧所言，漢獻帝雖早已名實不符，但在一片混亂的政局中，他仍是天下人心之所繫呢！於是曹操當機立斷，決心奉迎漢獻帝。

此後，曹操又經過一番艱苦曲折的奮爭，終於於建安六年（西元一九六年）八月將當時處於困窘中的漢獻帝迎至許都。

將窘困流徙中的獻帝遷到許都，由自己來充當獻帝的保護人，是曹操政治生涯中的得意之作。曹操這樣做，不僅使自己獲取了高於所有文臣武將的地位，而且把獻帝變成了自己進行統一戰爭的工具，從此無論是征伐異己還是任命人事，都可利用獻帝名義，名正言順，置對手於被動地位，而給自己創造了極大的政治優勢。另一方面，這樣做在客觀上對國家、對人民也有好處。當時群雄割據，誰都想吞滅對方，獨霸天下。曹操迎帝都許，將獻帝置於自己有力的保護之下，雖然使獻帝變成了一個傀儡，但卻也使獻帝在局勢極爲混亂的時期免除了被廢黜、被殺害的危險，保留了這樣一個國家最高權力的象徵，使得不少割據者的野心、行爲受到遏制，從而在一定程度上維護了中央集權，對控制割據、分裂局面的惡性發展，加速國家統一的進程發揮了一定作用。

東漢末年的軍閥割據和混戰，給社會造成了嚴重的破壞，給人民帶來深重的災難。但是，乘亂起兵的大多數領導者，只有軍事家的頭腦，而很少有政治家眼光。而只有曹操獨具慧眼，清楚地認識到政治決策的正確與否，民心的向背，是決定勝負的首要因素。因此他毅然接受了僚屬們「挾天子以令諸侯」的策略，把獻帝迎接到自己的根據地許都。

善自保身，方可成大業

成大業者首先得以保住自身爲前提，如果自身性命都保不住，何談以後的大業？英雄保自身者往往有兩種高明的辦法。一是在關鍵時刻以自殺的舉動來激起人們或部下保衛他的熱情和力量（當然也有另外的情況，就是英雄本身眞的要爲他的事業以身殉職）。另一種辦法則是，凡對我個人之存活能造成極大潛在危險的人，不問是否道德仁義，一概除之。曹操殺呂伯奢之事當屬此種。

曹操在拒絕了董卓的召任後，只帶了幾個親隨騎兵，溜出洛陽城來，抄小路朝東邊家鄉譙縣方向急馳。出了虎牢關，路過成皋時，到故友呂伯奢家借宿，發生了殺呂伯奢一家數口的事情。對這件事，史籍記載各有不同。

王沈《魏書》說，曹操到呂伯奢家時，伯奢不在，他兒子和幾個同伴搶劫曹操的馬匹和財物，曹操發覺後，親手將這幾個人殺死。

比王沈《魏書》稍爲晚出的郭頒《世語》，所記則大不相同。說曹操到呂伯奢家時，伯奢外出了，在家的五個兒子熱情接待曹操，禮節很周到，但曹操因爲是違抗董卓命令偷逃出來的，疑心主人要害他，於是趁著天黑用劍殺死了八個人逃走了。

比《世語》還要晚出的孫盛《雜記》，在《世語》記載的基礎上，增加了一個產生誤會的細節。說曹操到呂伯奢家後，聽到食器相碰發出的聲響，以爲是兵器相擊發出的聲響，進一步以爲是呂伯奢的兒子要殺害自己，於是決定搶先下手，趁著天黑將其殺死。事後還悽愴地說了一句：「寧我負人，毋人負我！」然後出門逃走。

上引三說，哪一說更接近事實，已難斷定。如果第一說是事實，曹操屬於自衛，是鋤奸除害，其行動是無可非議的。如果第二、三說是事實，曹操的行爲屬誤殺，有可理解的地方。因曹操是在極其嚴峻的形勢下逃離洛陽的，隨時有被捕殺的危險，心情極度惶迫，神經高度緊張，加之食器相碰的聲音確實很像兵器相碰的聲音，在那種瞬間就可能喪失性命的情況下，又來不及作冷靜的思考和調查，於是就發生了不幸。可能曹操殺人後馬上就發覺是殺錯了，而錯殺的又是故人之子，不免有些後悔，有些悲傷，於是產生了「悽愴」的感情，這種感情很難說是裝出來的。「寧我負人，毋人負我」云云，則是曹操發覺殺錯人後一種強詞奪理的自白和強自慰解，暴露了曹操自私殘忍的性格，曹操多疑的性格，也在這裏得到了初步的展示。

曹操繼續東逃，經過中牟時，遇到了一次眞正的危險。大概由於形色匆忙，一個亭長懷疑曹操是逃犯（這時曹操本來也是個「逃犯」），把他逮捕，送到縣裏關押。這時縣裏已經得到董卓通緝曹操的文書，只是還不知道被捉的這個人就是曹操。只有一個功曹認出了曹操，但他認爲世道正亂，不應當拘捕天下英雄，實際上恐怕也是對董卓的倒行逆施心懷不滿，因此不僅沒有揭發曹操，相反去對縣令說情，把曹操放走了。

經過一番周折，曹操來到距譙縣不遠的陳留、襄邑一帶，就在這裏停留下來，散佈家財，募集義兵，準備討伐董卓。對於有雄心的政治家而言，他首先必須鞏固自己，保護自己，然後可言馳騁天下。諸葛恪的教訓就是一例。

諸葛恪領兵圍合肥新城，沒有攻下，退兵回吳。鄧艾對司馬師說：「孫權已經死去，大臣還沒有依附新主。吳國的名宗大族，都有自己的部下，倚仗兵勢，足以奪取帝位。諸葛恪新近執掌國政，他不去撫恤上下，用來鞏固自己，卻忙於外部事務，用全國的力量攻打新城，死了一萬多人，結果帶著災禍返回了吳國，這是他獲罪的時候。過去伍子胥、吳起、商鞅、樂毅全都得到當時君主的重用，而君主死後，都遭到了殺戮。況且諸葛恪還不及這四位古人，他的滅亡，指日可待。」諸葛恪回去後，果然被殺害。

因此，對於成大事的人來講，必須是先保護和鞏固自己，然後才能及其它。

坦蕩蕩而胸懷大志

平庸的人是沒有爭議的，而幹一番大事業的人必然被世人毀譽不一。尤其是執有定見，惟我所爲的人更是如此。

青少年的曹操在時人的眼中看法就頗爲不一。有關他的爲人品性，爲許多時人所不屑，認爲他是朽木不可雕也。

但也有完全相反的評價，說他與眾不同，將來必成大器。如當時俊傑的汝南王俊曾說曹操「定天下者，舍足下而誰？」南陽何顒，見了曹操，也曾歎道：「漢家氣數將終，得天下者，必斯人矣。」還有潁川李瓚，乃党人首領李膺之子，曾爲東平相，臨終時對兒子李宣說：「國家將亂，天下英雄無能勝曹操。張邈是我的好友，袁紹是你的外親，但不可投，只可投曹操。」其子照辦，果然應驗。

同一曹操，時人看法也不一。

無論作風、性格、精神大抵英雄見其神武、德者見其奸詐、智者見其權變、厚者見其忌刻……或者這就是許劭的千古定評：「子治世之能臣，亂世之奸雄」。一治一亂，一能一奸，因時而變，料定曹操既留芳百世，又遺臭萬年。但是曹操自己的所作所爲，通常是「不管身後事」。如曹操在政治方面，爲了取得自己的優勢，不避奸臣之名，力行挾天子以令諸侯之策，把漢獻帝當做一面旗幟以號令天下。在待人處事方面，也不忌暴露一種權詐風格。如曹操曾對人說：「誰欲害我，我就會心跳。」爲證明這一點，他叫一侍從官，「你身上藏著刀來到我身邊，我就會心跳得厲害，然後抓住你，從你身上搜出刀。假若我懲罰你，你別說是我要你幹的，我會厚賞你的！」侍從官照辦，結果免不了被殺頭。

自建安元年（西元一九六年）後，獻帝完全落入曹操的掌握之中，曹操對自己代漢的意圖，卻一直是諱莫如深的。獻帝都許昌前後，侍中太史令王立曾多次對獻帝說：「天命有去就，五行不常盛，代替火德的是土德，承繼漢位的是魏，能安天下的是曹姓，只要委任曹氏就行了。」曹操聽說此事後，讓人帶話給王立，說：「知道你忠於朝廷，然而天道深遠，希望你不要多說！」曹操其時羽翼未豐，對於這一類稱說天命的言論，自然不能不採取愼之又愼的態度。

隨著獻帝傀儡化程度的不斷加深，曹操代漢的意圖也暴露得越來越明顯，這招來了他的政敵的不斷攻擊，如周瑜罵曹操是「託名漢相，實爲漢賊」，劉備說曹操「有無君之心」，說他「欲盜神器」。如果任其自然而不加以辯解，曹操不僅可能喪失「挾天子以令諸侯」的政治優勢，而且可能會成爲四方諸侯「清君側」的物件；內部的擁漢派勢力也會起來反對自己。赤壁之戰遭受挫折後，開始形成天下三分的局面，劉備、孫權虎視眈眈，以馬超爲首的關中諸將心懷疑貳，成爲曹操的心腹大患。在這種情況下，內外政敵乘機加強了宣傳攻勢，說曹操有「不遜之志」，企圖動搖他的政治基礎，有人甚至乾脆要求曹操交出兵權，以削弱曹操的政治實力。爲了反擊政敵，安撫內部的擁漢派勢力，繼續保持自己挾天子以令諸侯的政治優勢，曹操不得不將自己代漢的意圖進一步深藏起來，而特別強調自己對於漢室的忠心。建安十五年（西元二一〇年）十二月，曹操特地爲此下了一道《讓縣自明本志令》。令文篇幅較長，大體上可以劃分爲四個部分。

第一部分從自己二十歲時被舉爲孝廉寫起，說當時因自己不是隱居山林的知名人物，擔心被世人看作平庸之輩，因此只打算做一個有作爲的郡太守，以此揚名於世。後遭豪強忌恨，稱病回鄉，避世隱居。被徵召爲都尉，又升任典軍校尉後，志向有所擴大，但也只是想封侯作征西將軍，死後好在墓碑上刻上「漢故征西將軍曹侯之墓」幾個字。總之，旨在表明自己從年輕時起就志望有限，而且只想匡時濟世，爲國立功，並沒有什麼個人野心。

第二部分回顧舉義兵、討董卓以來的經歷，說明在起兵之初志望仍是很有限的，後來實力有所增強，又成爲遏制袁術稱帝的力量，同時爲國家、爲大義甘冒艱危消滅了袁紹、劉表，從而平定了天下。如今身爲丞相，作爲臣子，地位的尊貴已達到極點，已超過了原有的志望。言外之意是，自己不會再有什麼野心了。最後結上一句：「假使國家沒有我，眞不知會有多少人稱帝，多少人稱王。」意謂自己替阻止別人稱帝稱王做了不少工作，既不准別人稱帝稱王，自己又怎麼會去稱帝稱王呢？

第三部分正面表明自己忠於漢室，並無不遜之志。先以春秋時齊桓公、晉文公兵勢強大但仍能尊奉周室自比，繼以周文王得到了天下的三分之二、但仍然臣服弱小的殷朝自喻，接著表達了對於樂毅和蒙恬的深切感佩之情。樂毅是戰國時燕昭王的大將，曾率燕、秦、趙、韓、魏五國軍隊攻下齊國七十餘城。但昭王死後，遭到昭王之子惠王的猜忌，被迫逃往趙國。蒙恬是秦始皇時的名將，率大軍北擊匈奴，但秦始皇死後，卻被丞相趙高和秦二世胡亥逼迫自殺。但即使在這樣的情況下，他們仍然忠於燕國、秦朝。曹操列舉兩例，意在說明自己一來世受漢恩，二來漢又無負於己，那麼自己對於漢室的忠心，就更是勿庸置疑的了。接下來，曹操進一步說明自己得到漢室信用已經超過三世，自己對於漢室的忠心，不僅要對世人宣說，還要通過妻妾去向別人宣說，並稱這些都是自己的肺腑之言。最後還引了周公金滕藏書的典故，來說明自己何以要如此不厭其煩地表明心跡。「金滕」是一種用金屬封口的櫃子。《尙書．金滕》載，周武王病重，周公向祖先禱告，願代武王身死，禱畢將禱詞藏在金滕之中。武王死後，成王年幼，周公攝政，其弟管叔、蔡叔造謠說周公將取代成王，周公爲避嫌而出居東都洛陽。後成王打開金滕發現了禱詞，知道周公忠誠，又迎回了周公，讓他重新執政。曹操在這裏以周公自比，說明自己寫這篇文章的目的就像當年周公存金滕之書以備考查一樣，是爲了消除人們的疑慮和誤解。

第四部分針對政敵的攻擊，斬釘截鐵地表示，他不能放棄兵權，回到他的封地武平侯國去，這既是出於對自身和子孫安全的考慮，也是出於對國家安全的考慮，他不能「慕虛名而處實禍」。不僅如此，他還打算接受朝廷對三個兒子的封爵，以此做爲外援，做爲「萬安」之計。接著筆鋒一轉，抒寫對於古代賢士介之推和申包胥功成身退、拒不受賞的高尙品質的崇仰之情，表示自己雖有「蕩平天下」的功勞，然而封兼四縣、食戶三萬，內心還是很不安的。最後宣稱：國家還不安定，他不能夠放棄政權；至於封地，他是可以退讓的。並具體提出他願將所封四縣交出三縣，食戶三萬減去二萬，以減少別人對他的誹謗，同時稍稍減輕自己所負的責任。

曹操在這篇令文中，不少地方是說了實話的。不過，曹操處在當時的特殊情況下，爲了長遠的統一大業，奉行韜晦之計，對自己的政治意圖作了一些諱飾，也不是不可以理解的。他在替自己辯解的同時，表明牢牢掌握兵權和政權，同政敵堅決鬥爭的決心，從統一大業這個大局來看，也是值得肯定的。

建安二十四年（西元二一九年）冬，曹操在孫權的配合下，取得襄樊大捷之後，孫權給曹操上書，稱說天命，勸曹操當皇帝，自己情願稱臣。曹操讀罷來信，將信出示群臣，說：「這小子竟想讓我蹲在火爐上去挨烤啊！」

漢朝以火德王，故這裏以火爐比漢朝。曹操的意思是，他如以魏代漢，必然招致來自各方面的反對，就像在火爐上挨烤一樣。說這話的目的一是為了揭露孫權的眞實用心，二是為了試探一下群臣的意向態度。群臣對曹操的用意心領神會，於是文官以陳群、桓階為首，武將以夏侯惇首，紛紛勸進。這些人勸進自然都不無阿附曹操之意，但對曹操代漢稱帝條件的分析，大抵還是比較客觀的。但曹操早已成竹在胸，聽完大家的建議，冷靜地說：「『施於有政，是亦為政』。如果天命在我這裏，我就做一個周文王得了！」

曹操這句話，實際上已經表明了長期隱藏在他心中的代漢意圖，只不過這最後的一個步驟不想由他自己來完成，而要由他的兒子來完成。曹操自己為什麼不稱帝呢？看來主要有以下幾方面的考慮：

其一，孫權勸他稱帝，是從自己的利益考慮的。一來，孫權認為這樣做可以博得曹操的歡心，從而實現吳、魏之間的和好，自己就可抽出身來專力對付蜀漢。襄樊之役中，孫權為了從劉備手中奪回荊州，從背後襲殺關羽，幫了曹操的大忙，但卻得罪了劉備，結束了吳、蜀之間長達十年的聯盟關系，這時他比什麼時候都更需要緩和同曹魏的矛盾，不然就將可能陷入兩面作戰的不利境地。二來，孫權認為曹操如果眞的稱帝，就會再次招致擁漢派的強烈反對，從而陷入困境，減輕對吳國的威脅。因此，孫權貌似恭順，實則是在使壞，曹操看穿了孫權的意圖，不肯輕易上當。

其二，從當時情勢看，如果貿然稱帝，確實會給政敵和擁漢派勢力增加攻擊的口實，使自己在政治上陷入被動。綜觀曹操的一生，內部的反對和反叛大部發生在他當魏公、魏王之後，這是很能說明問題的。因此，繼續維持獻帝這塊招牌，對於安撫擁漢派，鞏固內部，仍有不可忽視的作用。

其三，至少從建安十五年（西元二一〇年）起，曹操一再「自明本志」，說自己絕無代漢自立之心，言辭懇款，說了差不多十年，現在如果突然變卦，否定自己，對自己的聲譽名節必然會造成不利影響，不如一如既往，將戲演到底爲好。

其四，更重要的是，曹操是一個講求實際的人，只要掌握了實權，並不怎麼看重虛名，「施於有政，是亦爲政」一語是充分反映了他的內心想法的。

此外，建安二十四年（西元二一九年）曹操已六十五歲，年紀大了，估計自己將不久於人世了，這也可能是他不願稱帝的一個原因。

總之，曹操不當皇帝，是從策略上全面權衡得失後所作出的決定，是一種明智而周密的謀慮。曹操以「三分天下有其二」的周文王自許，似乎是對他自己一生的業績和名位作了一個總結和評定。

王霸兼糅，師出有名

奉行王道霸術者，大致有如下特點：

一、盡爲有所作爲的人物。呂尙、孔丘、劉邦、張良、劉備、諸葛亮是也。自然，曹操也必在其中。

二、盡爲智慧人物。又是以上人物，依然少不得曹操。

三、能利用時世，又能造就時世。

四、能守能變，能屈能伸。

五、有大勇，有確定的人生目標與志向。

六、知人善任，愛惜人才。

這是行王道霸術的人們的共性，這共性曹操當然應有盡有，但僅有此那曹操就不是曹操了，曹操還有曹操的特點，即：

一、挾天子以令諸侯，打的是皇帝牌。

二、因智而詐，甚而奸滑。

三、放縱情性，不拘小節。

四、有時殘忍，幾無人道；有時多情，極有人情味。

五、敢冒險，常死裏逃生，亂中取勝。

六、認定有道理，敢冒天下之大不韙。

七、順我者昌，逆我者亡。

八、有時多愁善感，常揣測人之心。

當然還有許多。這些特點，即是曹操用霸術而兼用王道的主要表現，也是曹操梟雄人生的突出特點。

戎馬一生，手握重權，又處亂世，因之王霸之道對曹操來講太重要了。可說曹操的一生就是行王霸二道的一生。

作爲三國時期中國北方的實際統治者，曹操雖然也下達過幾道推行王道的政令，如《修學令》、《抑兼併令》、《禮讓令》、《清時令》、《整齊風俗令》等，但這些王道願望與舉措，與緊張的三國爭戰、與絲毫鬆懈不得的朝廷內部的爭權奪利，究竟讓曹操想得到卻常顧不上，所以與其一生事業似不重要。也因此故，在定都許都以後，尤其在赤壁之戰慘敗後，曹操在內政上更多的是用霸術經營自己在北方的霸主地位。當然，於曹操這也就是鞏固根本，要眞正鞏固根本，他還須把關中的事情辦好。

而奪取關中，必須是王霸兩手並用，一求師出有名，二求日後南征無後顧之憂。

當曹操一個個掃蕩了北方的對手後，如呂布、袁紹、烏桓、黃巾義軍等，他的戰略目標就是向南爭天下，也就是征服東吳與西蜀。但赤壁一戰，曹操認識到南征不易。並且即便南征，關中馬超、韓遂等始終是後患。

其實，曹操對關中一直頗爲用心，甚至對關中諸將一直比對劉表、孫權還認眞。因爲在建安初年，劉表忙於征服南邊的戰爭，孫權年幼，剛登位，還來不及有什麼大舉動；而劉表即便想對曹操怎麼樣也是猶猶豫豫，做不出什麼舉動。關中諸將不同，他們有兵有將，雖無大志向，但擁兵自重也無憂患，於是也就輕於行動。只要他們想壞曹操的事，揮師東進，那曹操就麻煩了。

奪取關中，必須是王霸兩手並用，也就是師出有名也有理。因爲馬騰、馬超、韓遂等都接受了朝廷的任命，並且在建安十三年馬騰已攜家人到朝廷任職，僅留馬超在關中督率軍馬。韓遂在第二年也把兒子送到鄴城。如此對他們用兵，以中央而攻地方，實乃豺虎之行。這是說不過去的。

第二是要拆散馬、韓聯盟。在關中諸將中，馬超、韓遂實力最大，而馬騰與韓遂是把兄弟，雖有前嫌，但後來和好，私誼甚深，且爲生存，共同對敵，團結就更緊了。所以務必分化他們，以便各個擊破。

在解決第二個問題時，曹操實施的辦法是，拉攏韓遂，孤立馬超。曹操給韓遂寫了封信，討好韓遂說：「將軍從前反叛朝廷，那是有人逼迫您，您沒辦法才這樣做，這一點我明白。現在國家如此，希望您早來朝廷；我們共同匡扶漢室。」曹操眞實目的是想把韓遂弄到朝中控制起來，就像對待已在京中的馬騰。對曹操的邀請和誘惑，韓遂很矛盾，結果就是上面說的，把兒子送到鄴城，實際做了曹操的人質。

無故進攻人家，還要出師有名，曹操煞費苦心也沒一個好辦法。就在這時，鍾繇給曹操出了個主意，請兵三千，以討伐漢中張魯爲名進入關中。曹操立即從鍾繇的提議中看到自己需要的東西，立即請荀彧徵求衛覬的意見。

衛覬說出一番道理：「關中諸將，本無大志，封官得爵，已經心安。如果大軍進軍關中，說是征討張魯，而張魯還遠在漢中，關中諸將必然疑心丞相是征討他們的，那局面就不好收拾了。」

曹操對衛覬所分析的點頭稱是，然而這正是他需要的、期待出現的局面。因爲大軍進入關中，無論馬超等行動不行動，對曹操都是有利的。馬超等按兵不動，說明他們信服丞相的軍事安排，關中無敵人，當然是好事。如果馬超等舉兵反叛，正好出師平叛，奪取關中，使整個中國北方完成一統，日後南征便無後顧之憂。曹操此一策略可謂一箭雙雕，又萬無一失。

軍備的、道義的、心理的，各方面準備好了，建安十六年（西元二一一年）曹操便正式派鍾繇率軍西進，同時又令夏侯淵等將從河東郡率眾出發，前去與鍾繇會合。

關中諸將很快得知鍾繇大軍西進關中的消息，馬超積極活動，韓遂也不以在朝爲人質的兒子爲念，立即與馬超聯合，一時關中十路人馬群起回應，十萬大軍日夜兼程開赴潼關，以抵禦曹軍西進關中。

到七月份，曹操安排了鄴下和朝中的事務，即親赴潼關前線，很快取得渭南大捷。後來馬超兵敗，南投張魯，最後歸順劉備。韓遂兵敗逃回金城（今甘肅蘭州西北），後來被部將所殺。關中的事情也就這樣被曹操經營下來了。

因利而交，不為永恆敵友

天下大勢，分久必合，合久必分。分合之中存在錯綜複雜的利害關係。個人、集團、乃至國家的分合都以利害關係爲準則，古今如此。曹操在他的霸業史中，也是以此爲準則的。

曹操在同劉備的鬥爭中，就經歷了一個由合而分、由友而敵的過程。劉備與曹操，可算得上是同齡人，在三國，一個被稱爲「英雄」，一個被稱爲「奸雄」。三國的政治風雲、軍事搏鬥，在很大程度上，由這二人操縱著。曹操要統一天下，劉備也要天下一統；曹操願意當皇帝，劉備做皇帝的癮頭更大。二人在爭人才中爭天下，展開了長達幾十年的較量。客觀地比，「英雄」在與「奸雄」的較量中是處於下風的。

當初，曹操青梅煮酒論英雄，三國強人眾多，爲什麼曹操獨稱劉備是個英雄？諸葛亮雄才大略，爲什麼對劉備俯首聽命，矢志不移呢？這說明，在劉備的身上，有一種與眾不同的東西。在曹操看來，劉備與眾不同，是其政治才幹和政治抱負；在諸葛亮看來，劉備與眾不同，除了其政治才幹和政治抱負外，他有一種凝聚人心的力量，因他是漢室後裔，名正而言順。

曹操東征徐州時，劉備同青州刺史田楷一起前往救援，被陶謙表舉爲豫州刺史。陶謙死後，接替陶謙爲徐州牧。

佔據淮南想往北面擴展勢力的袁術，對劉備據有徐州自然是不滿的，曾多次對他發兵攻擊。曹操爲了穩定兗州東部邊境的局勢，也爲了利用劉備來對付袁術和呂布，對劉備採取了籠絡的策略。建安元年（西元一九六年），曹操表薦劉備爲鎮東將軍，封宜城亭侯。對劉備的部屬也進行拉攏，想藉此對劉備集團逐步進行分化瓦解。獻帝都許後，曹操特地寫了《表麋竺領嬴郡》一文：

「泰山郡界廣遠，舊多輕悍。權時之宜，可分五縣爲嬴郡，揀選清廉以爲守將。偏將軍麋竺，素履忠貞，文武昭烈。請以竺領嬴郡太守，撫慰吏民。」

麋竺字子仲，東海人，祖上是商人，有雇工上萬人，資產上億。原爲陶謙別駕從事，後奉陶謙遺命迎劉備爲州牧。建安元年（西元一九六年），劉備敗於呂布，妻兒被俘，麋竺不僅在人力、物力和財力上大力支持劉備，使之得以復振，而且還將自己的妹妹嫁給了劉備。曹操表薦麋竺爲嬴郡太守，自是具有其深意在的。嬴郡，郡治在嬴縣。從泰山郡劃出的五縣，是嬴、武陽、南城、牟和平陽。但麋竺沒有接受曹操的表薦，仍然跟著劉備。曹操還同時舉薦了麋竺的弟弟麋芳，讓他去做彭城相，麋芳也沒有到任。這是曹操的失策，也說明劉備自有籠絡人的高招。

袁術雖曾多次興兵攻擊劉備，但一直未能奏效。最後勾結已投奔劉備的呂布，由呂布出兵打敗了劉備。劉備在不得已的情況下，率部投歸了曹操。程昱見劉備來奔，立即建議曹操說：「劉備是一個有雄才大略的人，而且很得人心，終究不會甘居人下。不如趁早把他殺掉。」見曹操沈默不語，程昱又說：「劉備頗有英雄志向，現在不趁早殺掉他，將來肯定會成為一個禍害。」曹操一時拿不定主意，於是去徵求郭嘉的意見。郭嘉沈思了一下，說：「程昱的意見是對的。不過，您起義兵，除暴亂，就是誠心誠意地招攬四方俊傑，也還怕人家不肯前來。劉備有英雄的名聲，因走投無路而來投奔我們，如果把他殺了，肯定會落下一個害賢的名聲，智謀之士從此將會產生疑慮，本來打算前來的都會另打主意了。這樣，您將依靠誰去平定天下呢？殺掉一個人，卻使天下人失望，其中的得失，是不可不加詳察的。」

郭嘉所見，顯然要比程昱深遠，曹操聽後，不由得高興地說：「您說的確實很有道理！」回過頭來，曹操又去做程昱的工作，對他解釋說：

「現在我們正是需要收攬英雄的時候，如果因殺掉一個人而失去天下的人心，那就太不划算了！」

於是對劉備加以厚待，不僅表薦他為豫州牧，還給他補充兵員，調撥軍糧，讓他仍然駐屯小沛，對付呂布。

曹操擒殺呂布後，劉備隨曹操回到許都，曹操表薦他為左將軍，任命關羽、張飛為中郎將。劉備原為徐州牧，徐州既已收復，按理應把徐州歸還給他，但曹操卻讓他的心腹車冑做了徐州刺史，鎮守徐州，而把劉備帶回許都，目的是為了便於就近控制，以免放虎歸山，可見曹操雖然表面禮遇劉備，但實際上是懷著很深的戒心的。

劉備對曹操的用心自然也很清楚，因此到許都後，一方面爲寄人籬下的境遇苦惱，隨時都在考慮如何脫離曹操，另圖大業；一方面又深知自己處境的危險。因此處處小心，不露鋒芒。爲了表示對政治漠不關心，劉備甚至閉門謝客，把自己關在後院種菜。關羽、張飛對此表示不滿，他解釋說：

「我哪裡是個種菜的人呢！只不過是爲了消除曹操對我的懷疑罷了。這不是一個可以久留的地方。」

曹操自然也不會被表面現象所迷惑，他深知劉備頗具才能，善於籠絡人心，又是漢皇帝的同族，在士族中享有號召力，決不可對他掉以輕心。劉備在許都期間，曹操經常派人到劉備住處去窺測監視。一次，曹操宴請劉備，酒喝到半酣時，突然看著劉備說：「當今天下英雄，只有您和我了。袁本初一類人，是算不上數的！」

劉備以爲曹操看破了自己的僞裝，聽後猛吃一驚，手中拿著的筷子掉到地上。曹操感到奇怪，劉備趕緊掩飾。恰巧這時天邊滾過一個響雷，劉備急中生智，說：「聖人說『迅雷風烈必變』，看來確實是這樣。一個響雷的威力，竟會如此厲害！」

曹操聽了，將信將疑，但也不便再說什麼。

劉備知道曹操防著自己，從此更加提高了警惕。一次，劉備陪同曹操到郊外打獵，有一陣曹操周圍的人跑散了，關羽勸劉備乘機殺了曹操，劉備沒有照辦。後來劉備南依荊州劉表，曹操揮師南征，劉備敗退夏口，關羽還因此責怪劉備，說：「當初打獵時，要是聽我的話，把曹操殺了，就不會有今天這種倒楣事了！」劉備解釋說：「當時也是爲了國家愛惜人才。如果天道輔正，怎能知道我們今天這樣就不是福氣呢？」

劉備這樣解釋，當然只不過是將話說得冠冕堂皇些罷了。他當時不殺曹操，倒不是想要替國家愛惜曹操這個人才，而是因爲曹操耳目眾多，在事先毫無準備的情況下貿然行事，縱然行刺成功，自己也絕難脫身，所以只得權且隱忍，以待良機。

建安四年（西元一九九年）春，獻帝的丈人、車騎將軍董承接受了獻帝寫在衣帶上的密詔，要劉備除掉曹操，劉備參與了這一密謀。還未等到採取行動，恰好碰上袁術想從下邳北上青州的事情。曹操準備派兵阻截，劉備乘機要求承擔這一任務，曹操便派朱靈等人同他一起帶兵東進。

劉備離開許都以後，程昱、郭嘉等人才得知消息，趕緊跑來勸阻曹操說：「您上次不肯殺掉劉備，考慮得確實要比我們深遠。但今天您把兵權交給劉備，他肯定會產生異心！」

停了一下，又明確表示說：「千萬不要把劉備放走！現在放走劉備，變亂很快就會產生了！」

董昭也跑來勸阻曹操，說：「劉備勇悍而又志向遠大，關羽、張飛做他的羽翼，其野心恐怕是難以預測的。」

曹操聽了這些意見，有些後悔，但一來已有令在先，不便更改，二來劉備已經走遠，追也追不上了，只好作罷。

劉備到達下邳後，袁術南逃，不久病死，曹操命劉備率軍回許都。劉備讓朱靈等人先行返回，以減少下邳的曹軍力量，然後發動突然襲擊，殺死徐州刺史車冑，公開背叛了曹操。之後，派關羽駐守下邳，行使太守的職責，自己率軍回到小沛駐守。

劉備打起反叛大旗，頓時引起連鎖反應。原來追隨呂布、呂布被殺後又歸附曹操的昌狶這時乘機脫離了曹操。由於曹操根基不牢，還有不少郡縣脫離曹操，歸附劉備，使劉備的軍隊增加到幾萬人。劉備派孫乾前往冀州，與袁紹連和，共同對付曹操。

曹操得到劉備反叛的消息，立即派司空長史劉岱、中郎將王忠前去討伐，未能取勝。劉備對劉岱等說：「像你們這樣的角色，就是來上一百個，又能把我怎麼樣？就是曹操親自前來，結果如何也說不定呢！」

建安五年（西元二〇〇年）正月，董承等人謀殺曹操的事情敗露，參與者全被曹操處死。這時，曹操同袁紹的關係已經非常緊張，雙方陳兵官渡一線，戰爭大有一觸即發之勢。爲了在同袁紹決戰之前解除後顧之憂，曹操決定發兵東征劉備。諸將擔心部隊出發後，袁紹從後面發動襲擊，紛紛前來勸阻曹操，說：「同您爭奪天下的人是袁紹。現袁紹正率兵向南集結，而您卻撇開他東征劉備，要是袁紹來抄我們的後路，怎麼辦？」

曹操回答說：「劉備是一個豪傑，現在不打垮他，將來肯定會成爲我們的後患。袁紹雖有大志，但反應遲鈍，肯定還不會立即採取什麼行動。」

郭嘉支援曹操的意見，說：「袁紹遲鈍而且多疑，即使發兵前來攻打，也不會那麼快。而劉備剛起兵反叛，人心還未完全歸附，儘快發兵攻打，一定能夠將他打敗。這是一個事關成敗的時刻，不能錯失良機！」

曹操聽了，不由高興得說了一聲：「對！」於是安排諸將留守官渡，自己親自帶著一支精兵東征劉備。

曹操由於擔心袁紹起兵南下，因此這次軍事行動採取了迅雷不及掩耳的攻勢。而劉備以爲曹操正忙於對付袁紹，決不可能抽出身來率兵東討，因而放鬆了戒備。當偵察兵突然前來報告，說曹操已經親自帶兵前來，劉備不禁大吃一驚，但緊跟著又有些不大相信。他帶著幾十名騎兵親自前去探看，當看到曹操的帥旗時，已經來不及組織抵抗。劉備見情勢危急，只得丟下軍隊，獨自逃往青州投奔袁譚去了。曹操活捉了劉備的部將夏侯博等人，到小沛全數收編了劉備的軍隊，並俘虜了劉備的妻子兒女。接著，曹操乘勢圍攻關羽駐防的下邳，關羽孤立無援，難於抵敵，只得向曹操投降。

就這樣，曹操很快將劉備擊敗，重新奪取徐州。他調董昭做徐州牧，自己率軍回到官渡。不出曹操所料，袁紹在這段時間未對南邊採取任何行動。

曹操在不同時期、不同情勢下對劉備採取的對策，充分說明了爭霸是不求永恆敵友的。當然曹操按照這一原則所採取的對策，大體說來都是適時對路的。劉備第一次來投奔他，他聽從郭嘉意見，不殺劉備，這使他保持甚至是進一步宣傳了自己愛惜人才、廣納英雄的形象。他表薦劉備爲豫州牧，讓劉備出守小沛，有效地利用劉備的力量來對付呂布，在包圍下邳、擒殺呂布的戰鬥中還直接藉助了劉備的力量。將劉備置於對抗呂布的第一線，面對強敵，客觀上也有利於遏制劉備勢力的發展。擒殺呂布後將劉備帶回許都，更是爲了控制劉備而走出的一著好棋。已將劉備穩在許都卻又將他放走，是曹操不慎走出的一步險棋，是明顯的失誤，實際上也證明他走出的這步棋產生了嚴重的後果。曹操的可貴之處在於，他很快從失誤中清醒過來，並立即採取行動，利用袁紹見事遲疑、舉棋不定的機會和劉備錯誤估計形勢、放鬆戒備的時機，果斷出擊，擊敗劉備，不僅化險爲夷，消弭了因放走劉備而產生的嚴重後果，還進一步鞏固和加強了自己對徐州的統治，消除了劉備這個心腹之患，避免了以後和袁紹決戰時可能出現的腹背受敵、兩線作戰的局面，爲官渡之戰的勝利進一步創造了條件。

後來，赤壁之戰前後的孫、劉、曹三方關係的變化也說明了這樣一個原理。

當曹操大軍南下，降劉琮，滅荊州，矛頭直指向孫、劉時，孫、劉只有如下選擇：一是投降，一是聯合抗操，別無他途。在當時，曹操最強，孫權和劉備任何一方，憑己之力，都難抗拒，只有並力拒操，才能圖存並有希望取勝。因此，當曹操南征時，孔明和魯肅不約而同提出「劉、孫聯合抗操」的決策，它完全符合雙方的利益，故劉備和孫權都樂於接受。但在赤壁之戰以後，由於劉、孫之間存在荊州問題未解決，彼此必然是同床異夢，各懷鬼胎。曹操則利用孫、劉之間的矛盾，進行分化拉攏。曹、劉之間不存在和解的可能，曹操只能向孫權方面著手，他以許割江南為誘餌，暗使孫權襲擊正在勝利進軍樊城的關羽，自己則坐山觀虎鬥。曹操的計謀終於得逞，孫、劉聯盟瓦解。荊州被襲，劉備伐吳慘敗後，劉、孫出於抗曹圖存的共同利益，又重申舊盟。蜀、吳從聯盟變成敵國，又從敵國恢復舊盟，以及東吳從反操到投操、後又抗操的事實充分說明：沒有永遠的盟國，也沒有永遠的敵國，一切都以利益為轉移。

不僅唯此，曹操在同呂布、袁紹、袁術、張繡、張邈的交往過程中，也大多經歷了一個由分而合，由敵而友的變化過程。

坦誠與權詐互用

曹操的性格作風同他的思想一樣，呈現出多元、複雜甚至相互矛盾的特色。尤其是他的坦誠與權詐互用，對推動他的霸業起到了頗爲有力的作用。

曹操性格中有坦誠的一面，這在他的詩文中和平常待人接物的實際行動中都有突出的表現。曹操對於前來歸附的才智之士，對於他所信任的部屬，特別是對部屬中那些爲他出了大力、立了大功的人，他往往能夠推心置腹，坦誠相待。可以說，這也是曹操能夠大力羅致人才、團結部屬、充分發揮部屬作用的一個重要原因。對於部屬提出的意見或建議，只要他認爲合理，往往能夠盡力採納，決不含糊。

在錯綜複雜的政治鬥爭中，曹操對於自己的政治意圖，有時也能坦率言之，不加掩飾。《讓縣自明本志令》說：「設使國家無有孤，不知當幾人稱帝，幾人稱王。」又說：「然欲孤便爾委捐所典兵眾，以還執事。歸就武平侯國，實不可也。何者？誠恐己離兵爲人所禍也。既爲子孫計，又己敗則國家傾危，是以不得慕虛名而處實禍，此所不得爲也。」下令「舉賢勿拘品行」，「不仁不孝，而有治國用兵之術」的人也可以用，這些就都是說了眞情實話的。有時甚至對自己所犯的錯誤，曹操也抱了坦率的態度。據孫盛《雜記》記載，曹操誤殺了呂伯奢一家後，既而悽愴曰：「寧我負人，毋人負我！」遂行。從負字看，曹操知道自己是誤殺了人而有負於呂伯奢一家的。但在這種情況下，曹操還說出了寧我負人，毋人負我這樣的話，表明他沒有文過飾非，沒有強詞奪理，沒有藉故捏造呂伯奢一家的罪狀。

曹操能夠根據現實政治鬥爭的需要行其坦誠。他對荀彧等人竭力褒賞，就是要以此爲榜樣，激勵更多的人，《請爵荀彧表》說：「宜進封賞，以勸後進者。」就透露了這一消息。他懷念死者，厚待死者遺孤，則是爲了激勵更多的生者。他在《請追增郭嘉封邑表》中說：「自在軍旅，十有餘年，行同騎乘，坐共幄席。」就不難看出兩人關係的親密。郭嘉、荀攸等人死後，曹操痛哭流涕，其感情是眞誠的。

另一方面，曹操爲行其霸業，其性格作風中還有陰險狡詐的一面，有時甚至表現得相當突出。這種性格，在他少年時代即已明顯表現出來，他在叔父面前假裝中風、與袁紹劫新婚媳婦，都足可說明這一點。類似傳說，也有不少。比如曹操曾對人說：「誰要想謀殺我，我就會出現心跳。」他對身邊的一個侍從說：「你身上藏著刀來到我身邊，我就說心跳得厲害，然後把你捉住。假如對你進行處罰，你不要說出是我讓你這麼幹的，我一定會厚賞你！」這個侍從自然照辦，預先並沒有感到絲毫害怕，結果被殺。這個侍從至死也沒有明白這是曹操所使的詭計。但別的人卻以爲這一切是眞的，想要暗殺曹操的人從此感到灰心喪氣，不敢輕易動手了。

曹操還曾對人說：「我在睡覺時，不要隨便走近我，誰走近我，我就會立即把他殺掉，而自己卻不知道。你們可千萬注意啊！」一次，曹操和衣躺下，假裝睡覺，一個近侍怕他受涼，輕輕走上前來給他蓋上被子，曹操突然一躍而起，拔刀將這個近侍殺死，然後倒下身子，繼續呼呼睡去。從此以後，曹操睡覺時，再也沒有人敢走近他了。

曹操準備接見匈奴使者，但自以爲身材不高，相貌不威嚴，不足以對外國顯示威武，於是便讓相貌堂堂的崔琰來代替他，而自己扮成侍衛，握刀站在崔琰旁邊。接見結束後，曹操派間諜去問匈奴使者：「你看魏王這個人怎麼樣？」使者回答說：「魏王的儀表風度非常高雅，但握刀站在他身邊的那個人才眞是一個英雄啊！」曹操得到報告，立即派人追上去把使者殺了。

這些傳說未必都是事實，其眞實性更值得懷疑，唐代史學家劉知幾在他的名著《史通》中就曾專門對此作過辨析，但至少是「查無實據，事出有因」的。曹操的權詐性格，在其政治、軍事活動和日常生活中都有表現，堪稱是一個不折不扣的權謀家。善用權謀，善於權變，在某些場合是完全必要的，比如在對敵的政治鬥爭中，特別是軍事鬥爭中，不用權謀，不善權變，不僅不能克敵制勝，連自身的生存都將成爲問題，曹操對此有著清醒的認識，他在《孫子．計篇》注中說：「兵無常形，以詭詐爲道。」也就是說在用兵打仗時必須詭詐，以適應戰場上千變萬化的形勢。曹操無論用兵、遣將、施術，都充分展示了他隨機應變的性格，可以說是將其詭道權詐之術發揮到了極致。比如，官渡之戰中許攸來奔，曹操爲表示竭誠歡迎，沒來得及穿鞋光著腳就迎出去了。曹操還因坐騎踐踏小麥而割髮自懲，雖有幾分玩弄權術的味道，但其目的還在維護法紀的嚴肅性，用意還是可嘉的。還有一個著名的「望梅止渴」的故事，說曹操有一次帶隊行軍，天氣炎熱，途中又找不到取水的地方，士兵眼看就渴得受不了了。曹操突然往下傳令說：「大家再堅持一下，前面有一大片梅林，結滿了梅子，甜酸甜酸的，可以用來解渴。」士兵們聽了，個個口中都分泌出唾液來，不再感到口渴，這樣一直堅持到了有水的地方。這自然是一個傳說，但頗符合曹操譎詐的性格。

曹操一生，確曾碰到過遇刺的危險。經常跟隨在他身邊的人，其中也有靠不住的。有一個叫徐他的聯絡了幾個人，就曾想伺機刺殺曹操，只因許褚不離曹操左右，沒有機會下手。一次，徐他等人乘許褚在帳外休息的機會，揣刀進入曹操帳內。恰在這時，許褚進帳，見徐他等人神色異常，頓時明白了他們的陰謀，於是將其一一擊殺。在這種情況下，若曹操不能保護自身的安全，後果是難以預料的。

同時，曹操在政治生活和人際關係中還經常運用著權術。比如他殺孔融，先由郗慮出面奏免孔融的官職，然後再由自己出面寫信給孔融，以調解孔融和郗慮的矛盾為名，對孔融發出了「破浮華交會之徒，計有餘矣」的警告。重新任命孔融為太中大夫後，孔融仍依然故我，於是再次由郗慮出面構陷其罪，最後命路粹上奏，羅織罪名，將孔融下獄處死。這一過程雖不無爭取孔融的用意，但顯然也有權術在其中起著作用。又如曹操除掉荀彧，先以請荀彧到前線勞軍為名，把他調離朝廷，接著將其尚書令的職務解除，降為參丞相軍事，成為自己的直接下屬，最後以送空食盒的手段逼令荀彧自殺，採取了相當陰狠隱蔽的手段，權術也是在其中起了很大作用的。

曹操平時對百姓和下屬的監視是很嚴密的。除了設置有公開的監察機構和司法官員，此外還設置有秘密監察下屬的校事，這些校事又往往由政治品質很差的人充任。有兩個名叫盧洪、趙達的校事，常以個人好惡擅作威福，法曹掾高柔建議曹操對這兩個人加以檢核懲治，但曹操不同意，說：「你對趙達等人的瞭解，恐怕不如我。要去辦刺探舉發這一類事情，讓那些賢人君子去辦肯定是辦不好的。過去叔孫通任用群盜，就是這個道理。」

曹操在這裏可以說是用人唯才了。但任用這些僅憑個人好惡辦事的人，必然會生出許多不明不白的冤案來。後來，趙達等人壞事做得太多，曹操才不得不把他們殺了。但這類活動並沒有中止，曹丕即帝位後不久，有一個叫劉慈的校事一人就舉報了「吏民奸罪」上萬件，可見這類活動不僅沒有收斂，相反越來越變本加厲了。

曹操運用了權謀和特務手段來對待下屬，這同他的坦誠是完全相反的。曹操能從一個社會地位不高的宦官後代步步高升，做到司空、丞相、魏公、魏王，把獻帝變成自己手中的傀儡，把北部中國置於自己的統治之下，在不少情況下是靠運用了權詐的手段的。坦誠與權詐，在曹操這裏形成了對立的統一，成了曹操獲得成功的兩種互爲補充的手段。

行非常之事，乃有非常之功

曹操的性格構成，是由高能核心人才素質與封建政治家權謀品行對應組成的，具有互補性。前者可以概括爲「雄」，後者可以概括爲「奸」。奸雄統一在一起，即雄中有奸，奸中有雄。究竟雄的性格素質在什麼情境下占主導地位，奸的性格素質在什麼情境下占主導地位，一般來說是隨著時空環境的變化而變化的。

曹操高能核心人才的素質是雄的表現，主要體現在三個方面：一是高屋建瓴的戰略決策意識；二是廣攬天下人才的用人思想；三是發揮團體優勢的能力。僅就第一方面來說，曹操胸懷全局，目光遠大，善於決策。董卓之亂導致了豪強混戰的局面，北方就出現了如公孫瓚、袁術、陶謙、呂布、劉表、劉備、曹操和袁紹等地主武裝，割據州郡，稱霸一方，互相攻伐，擴大勢力，分裂天下。其中最有優勢的是袁紹，雄冠中原，據冀、青、幽、并四州之地，名噪天下，大有統一天下之勢。而曹操當時雖實力不強，但雄心勃發，滿懷克群雄、問周鼎之志，在戰略上蔑視諸多豪強。他和劉備青梅煮酒論英雄，吐露了這種情懷：

玄德曰：「淮南袁術，兵糧足備，可爲英雄？」操笑曰：「塚中枯骨，吾早晚必擒之！」玄德曰：「河北袁紹，四世三公，門多故吏；今虎踞冀州之地，部下能事者極多，可爲英雄？」操笑曰：

「袁紹色厲膽薄，好謀無斷；幹大事而惜身，見小利而忘命：非英雄也。」玄德曰：「有一人名稱八俊，威鎮九州——劉景升可爲英雄？」操曰：「劉表虛名無實，非英雄也。」玄德曰：「有一人血氣方剛，江東領袖——孫伯符乃英雄也？」操曰：「孫策藉父之名，非英雄也。」玄德曰：「益州劉季玉，可爲英雄乎？」操曰：「劉璋雖系宗室，乃守户之犬耳，何足爲英雄！」玄德曰：「如張繡、張魯、韓遂等輩皆何如？」操鼓掌大笑曰：「此等碌碌小人，何足掛齒！」玄德曰：「舍此之外，備實不知。」操曰：「夫英雄者，胸懷大志，腹有良謀，有包藏宇宙之機，吞吐天地之志者也。」玄德曰：「誰能當之？」操以手指玄德，後自指，曰：「今天下英雄，惟使君與操耳！」

劉備列舉的諸多豪強，曹操均一一否定，不排除英雄氣盛，輕蔑敵手這一因素，但從他的話中透出的英雄標準，以及用這個標準衡量人所得出的結論，不難看出他強調的是人的素質，強調的是高能人才所應具有的素質。換句話說，慧眼識才的人，他本身就是人才。所以曹操認爲劉備列舉的人都不如劉備和他，歷史事實也證明了曹操的遠見卓識。

高能人才素質的表現是多方面的。對於軍事統帥來說，首先表現在高屋建瓴的戰略意識上。討伐董卓的戰爭中，曹操奪得兗州，建立了軍事根據地，再圖發展。同時又不失時機地以勤王名義發兵保駕，控制中央政權，「挾天子以令諸侯」。這是他在政治上的高招，從此給曹操集團的發展帶來了重要的轉機。東漢政權雖已如大廈將傾，但漢獻帝作爲國家最高權力的象徵，仍有影響。誰能把皇帝控制在手，誰就有發號施令的主動權。荀彧看到這一點，建安元年（西元一九六年）春，向曹操進諫：「昔晉文公納周襄王，而諸侯服從；漢高祖爲義帝發喪，而天下歸心。今天子蒙塵，將軍誠因此時首倡義兵，奉天子以從眾望，不世之略也。若不早圖，人將先我而爲之矣。」荀彧的見解正符合曹操的戰略意識，「曹操大喜」，欣然勤王保駕。

正當天子和百官被李傕、郭汜領兵進逼之時，「但見塵頭蔽日，金鼓喧天，無限人馬到來」，原來是曹操派遣的先鋒夏侯惇引上將十員，精兵五萬，前來保駕。隨後又有曹洪、李典、樂進等上將率步兵前來協助。落難之中的漢獻帝感慨道：「曹將軍眞社稷臣也！」曹操人未到，便已聲威大振。於次日曹操親率大隊人馬方才到來。這裏把曹操的威儀不凡，調度有方，勤王適時，生動地烘托了出來。然而當時長安喪亂，洛陽殘破。皇室百官除在洛陽的糧草資財，難以爲濟而外，政局不穩，諸將人殊意異，未必服從；今若留此，恐有不便。董昭建議曹操，「惟移駕幸許都爲上策。」並指出：「『夫行非常之事，乃有非常之功：願將軍決計之。』操執昭手而笑曰：『此吾之本志也。』」荀彧等謀士也都贊成迎天子都許，還用五行說論證了許都必興。荀彧說：「漢以火德王，而明公乃土命也。許都屬土，到彼必興。火能生土，土能旺木：正合董昭、王立之言。他日必有興者。」許縣爲中原腹地，南窺荊越，北視冀幽，東眺齊魯，西察二京，實爲當時社會安定，糧草豐足的好地方。加上許縣與曹操的故里譙縣相鄰，根基牢固。從曹操勤王保駕到迎天子都許，歷時半年，儘管有謀士進諫適時，但歸根到底付諸實施，乃合曹操本志也！所謂本志，即總御皇機，號令天下。建安時期共二十五年，是曹操一生建樹最多的時期，僅建安元年這一高著，就顯示了曹操超越其他豪強的雄才偉略。

刻薄兼厚道，所以為英雄

曹操不僅能通過坦誠與權詐的互用而使他的集團為他所制，而且還能通過寬厚與刻薄的同行來征服天下的人心。

與坦誠相聯繫，曹操的性格作風中還有寬厚的一面。同情人民苦難，希望替解除人民苦難做一些工作，這是曹操寬厚性格的一個重要組成部分。有時候，曹操還能破例給予百姓一點優惠。建安十年（西元二〇五年）正月，曹操攻打袁譚，從水路運送軍糧。這時河道都已結冰，曹操於是下令，召集百姓服役破冰。百姓不肯服役，紛紛逃亡，曹操於是又下了一道命令，凡逃亡被抓獲者，不准免除死罪。不久，有的逃亡者前來軍門自首，曹操動了惻隱之心，說：「如果聽憑你們逍遙法外，勢必有違我的命令。如果殺了你們，又等於殺了自動前來認罪的人。這樣吧，你們回去好好藏起來，不要讓官吏抓到你們。」這些百姓很受感動，流著眼淚走了。但不巧的是，他們後來還是被官吏捉住處死了。

對於前來投奔的人，曹操一般都採取了比較寬容的態度，陳琳、張繡都是這方面十分突出的例子。劉備曾先後兩次投奔曹操，雖然都不過是「勉從虎穴暫棲身」的權宜之計，曹操也並非沒有看出這一點，但他卻能自始至終給予厚待，可以說是恩禮有加。其謀士不只一次勸曹操翦除劉備，以絕後患，都被曹操拒絕了。虎將關羽被曹操捉住後，曹操同樣禮之甚厚。得知關羽肯定要離開自己的消息後，仍然厚加賞賜。關羽逃走，諸將要求前去追擊，曹操也沒有同意。

如袁尚被公孫康殺後，首級送來鄴城，曹操同樣下了一道命令：三軍敢有哭之者斬。但田疇因曾被袁尚徵召，於是前往吊祭，曹操並不過問。牽招也懷著悲戚前去設祭，曹操也不予追究，相反還推舉他做了茂才。

孔融被殺後，許多原來與他交好的人都不敢前去吊唁，只有脂習去了，撫摸著孔融的屍身哭著說：「文舉，你捨我而死，我今後能同誰去說知心話呢？」曹操聽說後，下令將脂習逮捕，但轉念一想又下令把他放了。脂習後來見到曹操，向曹操表示認錯，曹操喊著他的字說：「元升，你倒是一個慷慨多情的人！」

不僅不再提起舊事加以責備，相反還問脂習住在哪裡，得知脂習剛搬了一個新住處，於是派人給他送去了一百斛穀子。

對於部屬的某些失誤，曹操有時也能給予體諒。冀州平定後，曹操派朱靈率新兵五千、戰騎千匹往駐許南，途中中郎將程昂反叛，朱靈斬殺程昂後，向曹操報告，表示自責和痛心。曹操給他寫了一封回信：

「兵中所以爲危險者，外對敵國，內有奸謀不測之變。昔鄧禹中分光武軍西行，而有宗歆、馮愔之難，後將二十四騎還洛陽。禹豈以是減損哉！來書懇惻，多引咎過，未必如所云。」

東漢光武帝劉秀派大將鄧禹率精兵二萬去鎮壓赤眉農民起義軍。其部將宗歆、馮愔爲爭奪軍權，互相攻殺，馮愔殺了宗歆後又攻鄧禹，結果鄧禹被赤眉軍戰敗，只帶了二十四騎回到宜陽（曹操誤作洛陽），但劉秀對他仍予信任和重用。曹操以此爲例，一面闡述了「兵中所以爲危險者，外對敵國，內有奸謀不測之變」這一軍事原則，同時也對朱靈進行了撫慰和激勵。

一個政治家，如果鼠目寸光，雞腸小肚，不能容人，那是絕對辦不成大事的。曹操對這一點是非常清楚的，特別是在他開創事業的初期，更特別注意這一點。他總是力圖樹立起誠信寬厚的形象，以贏得天下輿論的同情、理解和贊許，以不斷壯大自己的勢力。在那個君擇臣、臣亦擇君的動亂年代，曹操這麼做，是取得了明顯的效果的。

曹操南征孫權，讓徐奕任丞相府長史，留守鄴城。行前對他說：「您的忠誠正直，即使是古人也沒法超過的，但稍嫌嚴厲了一些。以前西門豹性急，故佩上柔韌的皮繩以對自己加以警戒。能夠以柔弱制剛強，這點我寄希望於您了！」

可見，曹操是頗懂得寬嚴相濟的道理的。他的寬厚待人，不排除有眞誠的成分，但從根本上說，是出於其政治上的考慮。

政治家殺人是爲了立威，這也是最通常的不二法門。曹操不僅能根據政治的需要而行寬厚，而且同樣能根據需要而不避刻薄與殘酷。他性格中的多疑猜忌、刻薄寡恩、陰狠殘酷的一面，早年就有表現；在他的事業已經有了相當的基礎和規模，自己的統治地位已經穩固的晚年，表現得就更是突出。曹操不能容忍一些人，必欲除之而後快。這些人中，有的是政治上的反對派，有的是反叛他的人，有的是不稱自己心意的人，有的是對他可能構成某種威脅或造成不好影響的人。

如對敢於反叛的人，曹操採取格殺勿論的政策，並往往枉殺無辜；想要陰謀除掉他的人，他必以牙還牙，同劉氏王室勢力的幾次較量都是如此。曹操還有強烈的復仇之心，其父曹嵩避亂琅琊，被徐州刺史陶謙的部下所殺，曹操立即率軍東征血洗徐州，就是一個典型的例子。曹操不放過仇人，甚至連仇人的後代也不放過。曹操年輕時，沛國名士劉陽見他有雄才，怕他將來危害朝廷，打算將他除掉，但一直未能找到機會。不久劉陽死去。曹操顯貴後，下令搜捕劉陽的兒子，風聲很緊。劉陽的兒子十分惶恐，無處逃奔，親戚朋友雖多，卻沒有一個敢收容他。王朗年輕時同劉陽有交情，於是把劉陽的兒子藏在家中多時，這期間多次找曹操說情，過了很長時間，曹操才赦免了劉陽的兒子。

另外，曹操對違抗自己意旨甚至僅僅是不合自己心意的言行，往往也抱了不能容忍的態度，甚至予以嚴懲。西曹令史王思向曹操報告情況，因不合曹操心意，曹操差點將他處死。曹操有一次睡午覺，睡前對他的一個寵妾說：「一會就叫醒我！」這個妾後來見曹操睡得香甜，沒有及時叫醒他。曹操醒後大爲惱怒，命人將這個寵妾棒殺而死。舉世共知的一代名醫華佗被曹操殺害也是屬於這種情況。

對恃才傲物或居功自傲，因此而把曹操得罪了的人，曹操有時也不能寬容。陳留人邊讓，博學有辯才，曾著《章華台賦》傳誦一時。大將軍何進特予徵召，蔡邕、孔融、王朗都非常推重他。曹操做兗州牧時，邊讓自負才氣，看不起曹操，說了很多輕侮曹操的話。曹操不能容忍，於是藉邊讓同鄉誣陷邊讓的機會，讓太守士燮把邊讓全家捕殺。

沛相袁忠和沛人桓邵也看不起曹操，邊讓被殺後，兩人逃往交州避難，曹操卻把他們的家人全殺了。後來桓邵自首，在曹操面前下跪求饒，曹操卻惡狠狠地說：

「下跪就可以免死嗎？」

仍把桓邵推出殺了。

據說有一個歌妓也是因類似的原因而被曹操殺掉的。這個歌妓聲音很好，演唱起來清脆悅耳，特別動人，但就是脾氣很壞。曹操想殺掉她，卻又捨不得她的歌喉；想留下她，又實在忍受不了她的脾氣。曹操於是想出一個辦法，他同時挑選了一百名少女，進行歌唱訓練，希望能從中發現高水準的人才。不久，果然發現其中有一個達到了這個歌妓的演唱水平，曹操於是將這個歌妓殺掉了。

總之，曹操的忌刻、多疑、殘忍的霸王本性在他待人的問題上有著充分的體現。

鍾惺說：「曹公心腸，較司馬懿光明些。」又說：「慘刻處慘刻，厚道處厚道，各不相仿，各不相諱，而又皆出於不假，所以爲英雄。」

認爲曹操同時兼具「慘刻」和「厚道」兩種品質，就總體而言，曹操的心腸是比同爲英雄和奸雄的司馬懿光明些的。此外，譚元春在評曹操《蒿里行》中「生民百遺一，念之斷人腸」兩句詩時說：「一味慘毒人，不能道此；聲響中亦有熱腸，吟者察之。」吳淇在評曹操《短歌行》時說：「從來眞英雄，雖極刻薄，亦定有幾分吉凶與民同患意；思其與天下賢才交遊，一定有一段繾綣體恤情懷。觀魏武此作，及後《苦寒行》，何等深，何等眞。所以當時豪傑，樂爲之用，樂爲之死。今人但指魏武殺孔融、楊修輩，以其慘刻極矣，不知其有厚道在。」也同鍾惺一樣，能夠比較全面地看待曹操，揭示了曹操品格和性格的多重複雜性。

正因爲曹操這種坦誠與權詐互用，寬厚與刻薄雙行的性格與作風，所以使人們很難識其眞面目，也很難評定他是誠是奸，是仁是惡。曹操就是這樣的匪夷所思，一生待人對事給人一種虛實難辨，眞假莫測的感覺，也許這就是眞正意義上的曹操。

隨機應變，把握訣竅

「兵無常勢，水無常形」。不僅用兵之法，就是謀生保家，也都貴在隨機應變。而隨機應變，首先必須得有一種「審時度勢」的能力。

審時度勢主要是要求人們認清客觀形勢，明察事物發展過程中顯露出來的時機。審時度勢是一種認識，運用這種認識的目的是爲了「把握時機」。

「謀董卓曹操獻刀」是三國中一個十分動人的謀略故事。在這裏，曹操就體現了一種審時度勢，隨機應變，化險爲夷的能力。漢靈帝死後，董卓專斷朝政，引起了滿朝文武的憤恨。當時任驍騎校尉的曹操，見義勇爲，從司徒王允那裏借來一把寶刀，前去刺殺董卓。當曹操身佩寶刀來到相府時，見董卓坐在床上，呂布站在一旁侍衛。不一會，呂布出去牽馬，曹操感覺時機已到，正想拔刀刺殺，但轉念一想，董卓力大，正面刺殺不易得手，於是曹操沒有輕舉妄動。無奈董卓身寬體胖，不能久坐，便躺在床上，並轉身朝著牆壁。曹操見機不可失，急掣寶刀在手，正待要刺，不想董卓仰面看到衣鏡中，照見曹操在後面拔刀，急忙回身問道：「你要幹什麼？」這時呂布已經牽馬至屋外，曹操見大勢不妙，急中生智，持刀跪下說：「我有一口寶刀，想獻給丞相。」獻刀之後，曹操就出門逃之夭夭。

凡是要成大功的人，就必須冒大的風險。而行動在風險之中，對突如其來的危機，各種意外的情況，都需要頃刻間作出抉擇，改變原來的意圖和行動方向，這確實難度很大。在這種情形下，只有順情變意，急中生智，才可能化險爲夷，轉危爲安。

隨機應變，首先是隨機，包含了借題發揮、順水推舟、將計就計之意。持刀行刺，順勢改爲跪地「獻刀」，這是藉物隨機。隨機應變，其奧妙就在於順從自然，因時、因勢、因情、因敵意而靈活變通。隨機應變是一種突發性的思維方式，事先毫無準備，事中卻能自動地作出快速反應。這種「變」雖然是偶然的，但同樣必須藉助于日常養成的習慣。這是一種素養，是權詐之術。

任何事情都有難點，也都有特點，把握特點以攻克難點，也是人們能取得成功的一條通常途徑。

曹操爭奪和使用人才頗有一套，許多事例被人們傳爲佳話，流傳千古。「計賺徐庶」一事就是一個生動事例。

徐庶，字元直，與諸葛亮交往甚厚。其才氣與諸葛亮旗鼓相當，劉備在新野時曾得其出謀輔佐，打過幾次勝仗。然而，爲時不長，因其「爲人至孝」，被曹操騙至曹營。

由於徐庶輔佐，劉備節節勝利。曹操問部下是誰爲劉備劃策。程昱向曹操做了詳細彙報。說此人是潁川徐庶。他從小好學擊劍，中平末年，曾經爲別人報仇殺過人，披髮塗面躲避官府追拿，後來被捉獲，問他叫什麼他不回答，被官吏綁在車上遊街示眾，被同伴解救，逃走更名，直今還叫單福。此後更加勤奮好學，遍訪名師，經常與司馬徽在一起切磋問題。曹操又問程昱：「徐庶的才能比你如何？」程昱說強我十倍。曹操說：「可惜這樣的賢士被劉備所得，怎麼辦呢？」程昱出了一個主意，說：「徐庶爲人至孝，小時候死了父親，只有老母健在，他的弟弟徐康也死了，老母無人侍養，可把他母親騙來，令她寫信召回兒子，那時徐庶必然來了。」曹操按程昱說的辦法，派人把徐母騙至曹營。然而，徐母不僅不爲曹操寫信，還拿硯臺怒打曹操。無奈，曹操只好令人模仿徐母的筆體給徐庶寫了一封信，大意是：「我被曹操關禁，只有你來投降，我才能得救，你要速速前來，以全孝道，以後咱們再想辦法回老家耕作，免遭大禍。」徐庶信以爲眞，遂辭劉備來曹營侍奉老母。結果被老母痛罵一頓，老母自縊梁間。爲此，徐庶抱恨終天，心灰意冷，萎靡不振，一身的才氣不得施展。

讀這段故事，令人惋惜的不是徐庶被騙，再有機謀的人也不可能一生不受一次騙。也不是徐母之死，徐母之死死得其所，流芳千古，令人敬佩。惋惜的是徐庶在家遭不幸以後不能振作！

這一故事後人爭議頗多，有人說是曹操奸詐的表現，有人說是曹操愛才的典型，這裏面的是非曲直暫且不說，但曹操能夠針對事情的特點，對症下藥，把握玄機，而達到自己的直接目的，不能不說還是技高一籌。

天命之事在己

大概充滿英雄氣概的人物都很少相信天命。曹操就是一個不怕天、不怕地的人物。

雖然曹操之成就多少有些運氣，甚至天意的成分。如渡黃河那次諸葛亮說曹操是「殆死潼關」，意思是說曹操若非許褚拼死相救差不多就沒命了，即所謂「微褚幾危」，但曹操卻是不信天命的。他在《讓縣自明本志令》中公開宣稱自己「性不信天命之事」。他認爲天就是「陰陽四時」，並不是有意志的東西。他在《董逃歌》中說：「德行不虧缺，變故自難常。鄭康成行酒，伏地氣絕；郭景圖命盡于園桑。」

鄭玄是東漢的經學大師，在當時一般人看來他是德行卓著、沒有虧缺的。郭景圖生平不詳，既與鄭玄相提並論，看來也是一個德行不虧缺的人物。儒家一再宣揚天佑有德、有德可獲福的觀點。可是，有德的鄭玄卻在酒席上勸酒時倒地氣絕，郭景圖也在桑園中突然命盡，這說明了什麼呢？一方面說明人的壽命同德行的好壞無關，另一方面也說明天是不可能給有德行的人提供保護的，這充分表達了曹操不信天命的觀點。

既然不信天命，必然看重人事。曹操在《度關山》中說：「天地間，人爲貴。」在《秋胡行》中說：「二儀合聖化，貴者獨人不？」

曹操不信天命，因而自己雖有奪取漢家天下的野心，卻並不以眞命天子自居，不有意無意地神化自己。相反，他有時還能對自己做出較爲客觀公允的評價。西征馬超、韓遂時，曹操與韓遂在戰場上約見，對敵方圍觀的士兵說：「汝欲觀曹公邪？亦猶人也，非有四目兩口，但多智耳！」建安十九年（西元二一四年）派毋丘興任安定太守，事前囑咐毋丘興不要主動派人到羌人中去，而毋丘興沒有照辦，果然出現了曹操所擔心的情況。事後曹操在總結教訓時說：「吾預知當爾，非聖也，但更事多耳。」認爲自己只是比常人智慧多一些，而這智慧又是從摸爬滾打中獲得的，說明曹操是務實的人。

與不信天命相聯繫，曹操對神仙之說也不相信。《善哉行》詩說：「痛哉世人，見欺神仙。」對世人被神仙欺騙感到痛心。《秋胡行》說：「赤松、王喬，亦雲得道。得之未聞，庶以壽考。」對赤松、王喬得道成仙的說法表示懷疑，認爲他們並非眞的得道成仙了，或許只是壽長些而已。曹操大量招聚方術之士，其目的也並不是要從他們那裏獲取長生不長術，曹植曾經說：

「世有方士，吾王（曹操）悉所招致，……本所以集之于魏國者，誠恐此人之徒，接奸詭以欺眾，行妖惡以惑民，故聚而禁之也。豈複欲觀神仙于瀛洲，求安期於邊海，釋金輅而顧雲輿，棄文驥而求飛龍哉！自家王與太子及余兄弟，咸以爲調笑，不信之矣。」

可見，曹操招聚方術之士的目的，最初是怕他們流竄各地「惑民」，煽動百姓起來造反，因此要將他們聚而禁之。對他們那一套方術，曹操及其諸子咸以爲調笑，不信之矣，當然也就沒有從他們那裏討取羽化登仙之術的用意了。但曹操對方士的養生術還是相信的。人壽總是有限的，曹操對此有著非常清醒的認識。《精列》說：「厥初生，造化之陶物，莫不有終期。」《秋胡行》說：「存亡有命，慮之爲蚩。」《步出夏門行．龜雖壽》說：「神龜雖壽，猶有竟時；騰蛇乘霧，終爲土灰。」都表達了同樣的意思。但另一方面，曹操又認爲人雖不能成爲神仙，不能長生不老，但通過自身的保養，又是可以延長壽命的，所以《龜雖壽》說：「盈縮之期，不但在天；養怡之福，可得永年。」

在軍中，曹操更是嚴禁裝神弄鬼，以免惑亂軍心，貽誤戰機。《掩獲宋金生表》說：

「臣前遣討河內、獲嘉諸屯，獲生口，辭云：「河內有一神人宋金生，令諸屯皆雲鹿角不須守，吾使狗爲汝守。不從其言者，即夜聞有軍兵聲，明日視屯下，但見虎　。」臣輒部武猛都尉呂納，將兵掩獲得生，輒行軍法。」

表明了他對裝神弄鬼行爲的斷然態度。曹操還在《孫子九地篇》注中說：「禁妖祥之言，去疑惑之計。」《用間篇》注說：「不可以禱祀而求，亦不可以事類而求也。」也都表明了同樣的態度。

曹操是一個辦實事的人，長期的政治鬥爭和軍事鬥爭的磨煉，使他明白了辦事必須從實際出發的道理，否則事情就辦不成，辦不好。《孫子．虛實篇》注說：「勢盛必衰，形露必敗，故能因敵變化，取勝若神。」又說：「兵無常勢，盈縮隨敵。」《九地篇》注說：「在利思害，在害思利，當難行權也。」又說：「安不忘危，常設備也。」這些是沈迷讖緯迷信的人說不出來的。

但曹操對正常的禮儀活動並不反對。其《褒賞令》云：「別部司馬請立齊桓公神堂，使記室阮瑀議之。」

齊桓公爲春秋五霸之首，是曹操所敬重的人物，因此別部司馬請求給齊桓公建立神堂，他並不表示反對。在《春祠令》中，曹操主張對祭告宗廟的儀式作一些改革，如人們認爲祭廟上殿脫鞋，他接受皇命，可帶劍穿鞋上殿，如果祭告宗廟上殿脫掉鞋子，那就是尊重先人而違背王命，尊敬父祖而輕視君王，所以他不敢脫掉鞋子；又臨祭時到水盆旁要做做洗手的樣子，他認爲澆水洗手是爲了表示對神的敬意，因此他要親自澆水洗手。可見，他並不反對祭神和敬神。

得民心方有真霸業

「天時不如地利，地利不如人和」是說「人和」的重要，要成就一代霸王之業，人心的向背十分重要。

秦併六國統一天下，可謂是兵精糧足，但陳勝振臂一呼，揭竿而起，不到三年強秦瓦解。主要原因是秦失人心，失道寡助。

漢末能夠最終成就一方霸業的曹操、劉備等都是比較能夠愛民重民，贏得民心的。只有這樣，才能樹立自己的良好形象，博得眾人的支援和幫助。

呂布襲擊劉備，奪占了下邳，劉備來投奔曹公。程昱對曹公說：「我看劉備有雄才大略，又深得人心，終究不會甘居人下，不如早點將他除掉。」曹公說：「現在正是收攬英雄豪傑的時候，殺死一個人就會失去天下人的心，不可這樣做。」

如此看來，曹操的所做所爲，是非常注重人心的。《三國演義》作者更是據此演繹出了「曹操射鹿測眾心」的故事。

曹操挾漢獻帝到許都以後，勢力日漸強大，謀士程昱勸曹操說：「現在您盛名在外，爲何不乘機行使王霸大業？」曹操說：「朝廷的大臣還很多，不可輕舉妄動。我想請天子出去打獵，看看動靜如何。」於是曹操揀選良馬、名鷹、俊犬、弓箭，先聚兵在城外，然後進宮請獻帝出去打獵。

獻帝說：「打獵恐怕不符合王道吧。」曹操說：「古代的帝王，春蒐、夏苗、秋獮、冬狩，就是說一年四季都要按時狩獵，以向天下顯示威武。現在天下紛爭的時候，更應該藉田獵用以講武。」獻帝無奈只得跟隨去了。

曹操騎著爪黃飛電馬，率十萬之眾，與獻帝在許田狩獵。軍士排開圍場，周圍有三百餘里。曹操與獻帝並馬前進，只超過一個馬頭；背後都是曹操的心腹將校；其他文武百官都遠遠跟隨，沒有敢靠近的。

正在行進期間，轉過一個土坡，忽然看見荊棘叢中跑出一隻大鹿。獻帝連射三箭，沒有射中。回過頭來對曹操說：「丞相射吧。」曹操向獻帝要來了寶雕弓、金鈚箭，弓拉滿弦，「嗖」的一聲射去，正中鹿背，大鹿應聲倒下。群臣將校見是金鈚射中的，都以爲是獻帝射的。於是都歡呼雀躍，向獻帝高呼「萬歲」。這時，曹操縱馬直出，遮在獻帝前面，接受歡呼，眾臣皆大驚失色。

據《三國志》記載，董卓之亂以後的東漢王朝名存實亡，建安元年（西元一九六年）曹操正駐兵許城（今河南許昌東北），召集部下謀士，想把漢獻帝迎過來。荀彧勸告曹操，從前晉文公發兵把周襄王送回洛邑（今河南洛陽），成爲霸主；漢高祖爲義帝發喪，天下人都向著他。將軍如果把獻帝迎來，這正是順從人們的願望。曹操聽了，覺得很有道理，就把漢獻帝迎到了許城。這樣，曹操挾天子以令諸侯，在政治上取得了優勢。這個故事就發生在此之後。

不過，遍查《三國志》一書，並沒有曹操「許田打圍」一事，本故事應是由羅貫中虛構出來的。羅貫中在演義這個故事時，大約受到了趙高「指鹿爲馬」故事的啓示，演義出曹操許田打圍的故事，也便順理成章了。曹操藉田獵以樹立個人威信，測探眾人之心，足見曹操智謀過人之處。羅貫中把曹操比作趙高，因而突出了曹操奸臣形象。毛宗綱在《讀〈三國志〉法》中稱曹操爲「古今來第一奇人」，奇就奇在他能夠審時度勢，有時似乎忠、似乎順、似乎寬、似乎義，智足以攬人才而欺天下，無人可比。這是稱讚其政治才智，也厭惡他的奸詐。

七十二疑塚留下身後謎

曹操一意擔當生前事，不管身後毀譽名。但是他對自己的身後之事，還是經過一番深思熟慮和認眞準備的。如在他死前，雖然他自己不稱帝，但是經過一系列的準備，其子曹丕稱帝的條件已大爲成熟。另外，據說他巧設七十二疑塚，讓後世留下一個天字型大小的謎團。

建安二十五年（西元二二〇年）正月二十三日，曹操病逝於洛陽。靈柩運回鄴城，二月二十一日葬於西郊三十里處的高陵。

下葬之時，由漢副丞相、魏太子曹丕主持，在鄴城舉行了盛大隆重的悼念儀式。漢獻帝劉協與闔朝公卿百官從許都專程前來致祭，魏國全體主要軍政官員皆肅立陵前，鄴城士農工商亦萬眾空巷，白衣白帽和白色的祭幛、白色的招魂幡彙成了白色的海洋。在沈緩的哀樂聲中，曹操的靈柩徐徐送入穴內，閉緊墓門。

曹操的陵寢在磁縣西南，距離漳清河不遠，有許多土丘。大的方圓幾十畝，小的也有幾分。傳說，這些土丘就是曹操為防後人掘墓，臨終前遺命設下的七十二座疑塚。

曹操為什麼要設七十二疑塚為這件事得從曹操的義子徐達講起。

徐達是曹操在頓丘作縣令時收下的義子。這人老實得多少缺點心眼兒。可是，曹操卻很器重他，待他比親生兒子還好。每天，要他隨從左右，寸步不離。為此，將士們都覺得奇怪：曹操那麼多兒子，個個聰明伶俐，為什麼卻偏去寵愛一個缺少心眼兒的義子？背地裏將士們這樣嘰嘰咕咕，可當面誰也不敢向曹操問及此事，惟恐招來橫禍。因為曹操向來不樂意別人過問他的私情。

時間一長，曹丕、曹植和曹沖三兄弟對徐達漸生嫉妒。尤其是曹植，常生事戲弄徐達。徐達卻沒有任何感覺。

後來，曹操得知了這件事，不但沒去制止，反倒暗暗地樂了。其原因只有曹操自己清楚。俗話說，樂極生悲，事順生禍。這話一點也不錯，就在這時候，曹操害了個頭痛的病。說來這病也怪，多少名醫看過，都不見好轉，一痛起來，滿床打滾兒，什麼藥也不頂事。

曹操六十六歲那年，頭痛病突然加重。曹操自知壽命已盡。一天夜裏，他讓人叫來曹丕三兄弟和徐達，先對曹丕三兄弟說：「為父已是死在眼前的人了，臨終我啥也不想，只有一事不能放心，外敵早已聞知我患病在床，想必是要趁機犯我邊關。我本想派他人前去鎮守，只是放心不下。想來還是命你兄弟三人，各去鎮守一方。此去千萬不可失守，不見為父亡命，萬萬不可擅自離開邊關。」

曹丕三兄弟聽了，齊聲說道：「孩兒遵命！」

這時，曹操轉過頭來，對徐達說道：「你對邊關事情生疏，就留在為父身邊吧！」徐達點了點頭。就這樣兄弟四人分開了。

徐達留在曹操身邊後，頭幾天，見曹操頭痛，他就落淚。後來，不知怎麼來了想法，騎了一匹快馬為曹操尋找名醫。真是憨人無二心，兩天後便從安徽亳縣城北的小華莊，請來了名醫華佗。

華佗看過曹操的病，說：「你這種病叫混胞沙，得打開腦殼才能治好。」

曹操一向疑心就重，聽華佗這麼一說，立刻沈下了臉，認為華佗是被人收買，趁機前來刺殺他的。於是，氣急敗壞地朝桌子上面一拍，喝道：「來人，把這刺客推下去斬了！」話音一落，進來幾個武士，就把華佗推下去斬了。

華佗被斬的當天，曹操的病情加重。到了夜裏，他讓所有的人退下，把徐達叫到跟前，說：「看來為父的壽命已盡了，臨終有一事想託我兒去辦。」

徐達跪在地上，淚流滿面，說：「父親只管講來，孩兒定盡力照辦。」

曹操說：「第一件，為父早已在講武城附近選擇了一座墓穴，這座墓穴也已修好，內設了機關。為父死後就埋在那裏。另外，你再造七十二處墓地，再做七十二口棺槨，都要一模一樣。」徐達點了點頭。曹操接著說：「第二件，真正盛殮為父屍首的棺槨，要在頭天晚上，子夜時分秘密下葬，此事萬萬不可張揚。第二天中午，那七十二個棺槨要同時出葬。這之前不要告訴你三個哥哥和別人，讓他們安心守邊。待葬埋完畢，凡知我葬地的，一應全部殺盡，這時你再命人到邊關告訴你三個哥哥。第三件，為父一生東征西戰，論功有功，論享受也享受了。我死後，兒不必悲傷，也不要為我穿白戴孝。要是孝順我，待你三位哥哥回來，就穿上大紅大綠迎接他們。這樣免得你三位哥哥過分悲傷，吃架不住。」徐達依計而行。

曹操死後，徐達遵照曹操的遺命，料理起了後事。

出殯這天，都城裏像開了鍋一樣熱鬧，城裏城外到處花紅柳綠，執事們伴著七十二口棺木，同時出殯了，只見一撥接著一撥，一隊接著一隊，有出東門的，有出西門的，有出南門的，有出北門的。人們看花了眼睛，曹操的屍體在哪口棺木裏，誰也不知道。

安葬完畢，徐達通知三位哥哥。

曹植回來得最早，進城一看，見到處花紅柳綠，立刻火冒三丈，問守城的衛兵：「這是誰的主謀？」衛兵說：「徐達將軍的命令。」

曹植聽了，氣得咬牙切齒，恨不得一口將徐達吞掉才解氣。他正想找徐達出氣，只見徐達穿紅掛綠地迎面走來。曹植見徐達這身穿戴，二話沒說，一氣之下，拔出寶劍就殺了徐達。

這時，曹丕和曹沖回來了，曹丕見曹植殺了徐達，一下暈了過去。曹植、曹沖忙上前扶起曹丕，問：「哥哥！你怎麼了？」

好一會兒，曹丕才睜開眼睛，說：「二弟！你正中了父親之計，你今殺了四弟，你我兄弟怕就永遠也找不到父親的墳墓了！」

曹植聽了，大吃一驚：「爲什麼？」曹丕說：「你想想就會清楚的！」

曹植略思片刻，如夢初醒，後悔莫及，不由淚如雨下，抱起徐達的屍體大哭起來。

第二天，以曹丕爲主，兄弟三人一起在城南選擇了一塊好地，厚葬了徐達。

從此，曹操究竟埋在何處，就成了一個謎。

設七十二疑塚之事也多被後人看作是曹操權詐的個性之一。故有人說：「後賢詩云『盡掘七十二疑塚，必有一塚葬君屍。』寧知竟在七十二塚之外乎？奸或瞞也，然千餘年朽骨不保，變詐亦復何益？嗚乎，瞞之智，正瞞之愚也。」

其實，據資深歷史學家之見，「七十二疑塚」之事純屬子虛烏有，但是據曹操《遺令》來看，他對其死後之事還是做了些安排的，如通過他強調不可厚葬，對婢妾和歌舞藝人及遺物所作的安排及處理即可看出。

對不可厚葬的規定是：「入殮時穿當時季節的衣服，因曹操生前有頭疼病，很早就戴上了頭巾，因此死後要求後人給他的屍體上戴著頭巾；文武百官來殿中哭吊的，只要哭十五聲，安葬完畢，便脫掉喪服；駐防各地的將士，都不要離開駐地；官吏要各守職責；不要用金玉珍寶陪葬。」曹操要求簡便辦理喪事，一是爲了避免鋪張浪費，二是爲了不影響文武百官的日常工作，防止局勢出現動盪，不難看出曹操是從大局著眼的。他還一再要求薄葬，說「天下尚未安定，未得遵古也」，所謂「遵古」，即遵守服孝和用金玉珍寶陪葬之類的古禮。東漢以來，厚葬成風，雖有不少《遺令》或《終制》提到要薄葬，但大都不過說說而已，並沒有眞正貫徹執行。曹操卻一再明令薄葬，這對移風易俗，對減輕人民負擔，無疑都具有積極意義。當然，曹操這樣做，肯定包含著防止被盜墓的考慮。董卓之亂以來，蜂起爭雄的各路軍隊經費嚴重不足，紛紛打盜墓的主意，袁紹、曹操都幹過盜墓的勾當。曹操一定親自看到過許多墳墓被盜後屍骨縱橫、什物狼藉的場面，不願重蹈覆轍，所以一再要求薄葬。曹操沒有明說這一點，但後來曹丕卻是明說了。黃初三年（西元二二二年）十月曹丕在《終制》中要求他的壽陵「因山爲體，無爲封樹，無立寢殿，造園邑，通神道」，「無施葦炭，無藏金銀銅鐵，一以瓦器」，「棺但漆際會三過，飯含無以珠玉，無施珠襦玉匣」。爲什麼要這麼做呢？因爲自古及今，未有不亡之國，亦無不掘之墓也。喪亂以來，漢氏諸陵無不發掘，至乃燒取玉匣金縷，骸骨並盡，是焚如之刑，豈不重痛哉！禍由乎厚葬封樹。因此，曹操遺令薄葬，是兼有公私兩重考慮的，這樣做於國於民於己都有好處。

對婢妾和歌舞藝人作了安排，對一些遺物作了處理。要求將婢妾和歌舞藝人安置在銅雀台，好好對待。在銅雀台的正堂上安放一張六尺長的床，掛上靈幔，早晚供上乾肉、乾糧之類的祭品，每月初一、十五兩天，從早至午向著靈帳歌舞。要經常登上銅雀台，看望西陵墓田。餘下的薰香可分給諸位夫人，不要用來祭祀。各房的人沒事做，可學著編織有絲帶的飾物的鞋賣。自己一生做官所得的綬帶，都放到櫃中，遺留的衣服、皮衣，可放在另一櫃中，不行的話，曹丕兄弟可一起分掉。曹操顯然不希望自己死後很快被忘掉，因此對如何祭祀等問題作了細緻的安排。對遺物的處理不免顯得瑣屑，對妻妾兒女的顧念又不免顯得兒女情長。

據陸機《吊魏武帝文》，曹操臨死時成年的兒子在身邊的有四個，但曹丕因留守鄴城，不在其數。曹操最小的兒子是曹幹，爲陳妾所生，三歲時，陳妾死，曹操讓王夫人撫養。曹操病重時，曹幹五歲，曹操爲此專門給曹丕留下一道遺令：「此兒三歲亡母，五歲失父，以累汝也。」

陸機爲此在《吊魏武帝文》中寫道：「傷哉！曩以天下自任，今以愛子託人。」說曹操過去是以天下作爲己任的，而現在卻要把愛子託付別人，對此也寄寓了很深的感慨。

【第九章】

霸王人生，九大過失鑒後人。

曹操生前壓制司馬懿，但未能斬草除根，終於以晉代魏，稱戲為「播下龍種，收穫跳蚤」。本章在此基礎上總結了曹操一生霸業的九大教訓，以供讀者品鑒。

聲色犬馬，釀幾多禍患

魏武揮鞭，曹操在情感世界上寫下的是快意人生。他敢愛敢恨，在「朝如青絲暮成雪」的人生追趕中，播灑了幾多歡愛幾多情。曹操有姓氏的妻妾即達十五人之多，實際人數肯定還不只這些，古代奉行多妻制，像曹操這樣充滿英雄氣概且地位顯赫的大男人，妻妾成群本不足爲怪。值得注意的是其中有的本是有夫之婦，曹操因爲愛其美色而想方設法攬入己懷。杜夫人和尹夫人就是其中二個。曹操納杜夫人的記載，見於《三國志．魏書．明帝紀》裴注引《獻帝傳》和《三國志．蜀書．關羽傳》裴注引《蜀記》。《獻帝傳》說：

「朗父名宜祿，爲呂布使詣袁術，術妻以漢宗室女。其前妻杜氏留下邳。布之被圍，關羽屢請於太祖，求以杜氏爲妻。太祖疑其有色，及城陷，太祖見之，乃自納之。」

《蜀記》說：

「曹公與劉備圍呂布於下邳，關羽啓公，布使秦宜祿行求救，乞娶其妻。公許之。臨破，又屢啓於公。公疑其有異色，先遣迎看，因自留之，羽心不自安。」

「朗」指秦朗，魏明帝時曾任驍騎將軍之職。其父名宜祿，爲呂布部屬。曹操會同劉備進圍下邳時，秦宜祿不在城中，關羽於是向曹操請求，破城後允許他娶秦宜祿的妻子杜氏。城臨破前，關羽又一再向曹操請求，曹操於是懷疑杜氏有美色，城破後，先派人前往察看，得到證實後，於是將關羽的請求撇在一邊，納杜氏爲己有。曹操厚待關羽，史書留下千古佳話。但英雄愛美，「當仁不讓」，可見曹操愛才更愛美色。關於宜祿的去向，《獻帝傳》所載與《蜀記》略有不同，《獻帝傳》說宜祿爲呂布出使袁術，但具體使命沒有說明；《蜀記》說宜祿是去爲呂布求救兵，但向誰去求沒有說明。呂布同袁術曾經合作過，去向袁術求救是可能的，袁術爲了拉攏人才，將宜祿留住，不顧他已有妻室的情況，另爲他娶一位漢宗室女也是可能的。

關羽也是一位大英雄，他又何以成爲兩次向曹操請求納美人爲內室的人物呢？有的書爲關羽好色辯解，說呂布在圍城中派秦宜祿出城來向曹操求降；乞娶其妻是關羽向曹操轉達的秦宜祿的請求，即宜祿請求把自己的妻小從城中接出來，乞娶其妻的不是關羽。其實，關羽也是人，也有七情六欲，後來關羽一再被理想化和神化，他的正常欲望因而也就變得不可理解了。但曹操因爲好色，竟可置他十分愛重的一員大將的一再請求於不顧，奪他人之愛爲己愛。關羽因此而心不自安，肯定感到了不愉快。但他沒有因此而同曹操鬧翻，也說明了在他心中並沒有將一個女人放在特別重要的位置。

據《獻帝傳》載，後來秦宜祿也投降了曹操，曹操任命他銍縣長後來劉備逃離曹操去小沛，張飛在經過銍縣對秦宜祿說：「別人把你的老婆都搶走了，你還給他當這個縣長，你怎麼老實到了這份上呢？乾脆同我們一起走吧！」秦宜祿聽了張飛的話，跟著一起走了。才走出幾里路，突然又後悔了，想回來，結果被張飛一刀砍死。秦朗則隨其母來到曹操宮中，做了曹操的養子。

曹操還把大將軍何進的兒媳婦尹夫人弄來做了自己夫人，並收養了其子何晏。這件事發生在搶奪杜氏之後。

曹操喜好女色，還曾爲此鬧出大亂子。南征張繡時，差點因張繡之嬸母事而喪生。

那是曹操大軍南下，地少兵弱的張繡向劉表求援。援軍未到，曹軍已直抵宛城郊外淯水岸邊張繡與謀士賈詡商量，決定降附曹操，條件是其部眾不接受改編。曹操允諾，張繡開城迎接曹軍。曹操設宴款待張繡及其將吏，親自一一敬酒，備極歡洽。不料僅隔十餘天，風雲突變，張繡降而復叛，襲擊曹操。曹操大敗，喪失子侄各一人，他本人也幾乎丟掉性命。

事情的起因爲張繡寡嬸姿色可人，曹操令其侍寢，張繡認爲人格受辱。於是決定反戈。襲擊之前，張繡依賈詡之謀，先請示曹操，允許其部眾移駐地勢較高之處，進出可從曹操大營通過，再藉口輜重車少而負載大，應卸下鎧甲發給官兵。曹操沈湎於尋歡作樂，未曾細究其中是否有詐，竟然完全同意。幾天之後，曹操聽說張繡口出怨言，又決定秘密除掉他。但消息走漏，張繡先發制人，夜襲曹營，使曹操丟了美人又折兵。

傳說曹操還曾同曹丕爭奪美女。曹丕妻子甄氏，原是袁紹的兒子袁熙之妻，袁熙出守幽州，將甄氏留在鄴城侍奉婆婆。曹操攻破鄴城，曹丕進入袁紹家中，見甄氏貌美，便攫爲己有，先爲夫人，後被立爲皇后。曹丕攫奪甄氏的經過，《三國志．魏書．后妃傳》裴注引《魏略》和《世語》分別有如下記載：

「熙出在幽州，後留侍姑。及鄴城破，紹妻及後共坐皇堂上。文帝入紹舍，見紹妻及后，后怖，以頭伏姑膝上，紹妻兩手自搏。文帝謂曰：『劉夫人云何如此？今新婦舉頭！』姑乃捧後令仰，文帝就視，見其顏色非凡，稱歎之。太祖聞其意，遂爲迎取。

太祖下鄴，文帝先入袁尚府，有婦人被髮垢面，垂涕立紹妻劉后，文帝問之，劉答『是熙妻』，顧攬髮髻，以巾拭面，姿貌絕倫。既過，劉謂後『不憂死矣』！遂見納，有寵。」

據此記載，曹丕納甄氏，還是得到了曹操的首肯和支援的。但《世說新語．惑溺》卻有與此相抵悟的記載：

「魏甄後惠而有色，先爲袁熙妻，甚獲寵。曹公之屠鄴也，令疾召甄，左右曰：『五官中郎已將去。』公曰：『今年破賊，正爲奴。』」

據此，則曹操本來是要納甄氏的，破鄴後，迫不及待派人去取甄氏，誰知卻被曹丕搶了先。這個記載不一定可靠，但因曹操好色，有過不止一次掠取有夫之婦的行爲，因此即使是出於附會，也是查無實據，事出有因的。

後來有了更加不著邊際的附會。據《三國志．吳書．周瑜傳》，孫策準備攻取荊州，便讓周瑜擔任中護軍，兼任江夏太守。周瑜隨從孫策攻破皖城，得到橋公的兩個女兒，都具有天姿國色，於是孫策娶了大橋，周瑜娶了小橋。「橋」，後人訛作「喬」，稱「二喬」。杜牧《赤壁》詩云：「東風不與周郎便，銅雀春深鎖二喬。」意思是說，在赤壁之戰中，如果周瑜不是藉助東風火攻成功，一舉打敗了曹操，二喬就要被曹操搶去關在銅雀台內供他玩樂了。其實，赤壁之戰發生在建安十三年（西元二〇八年），而銅雀台建于建安十五年（西元二一〇年），曹操即使搶到了二喬，暫時也是不可能把她們關進銅雀台中去的。後來《三國演義》寫到諸葛亮遊說東吳時，曾稱曹植所作《銅雀台賦》中有「攬二喬于東南兮，樂朝夕之與共」兩句，以此來激怒周瑜，自然也屬小說家的虛構。但這些說法，都是從曹操好色的性格特徵衍生出來的。

曹操的妻子卞氏，出身歌舞藝人，因有美色而被曹操迎娶，後來還被立爲王后。曹操身邊有大批歌舞藝人，可以肯定其中有不少人是以美色入選的，有不少是得到了曹操的愛幸的。曹操身邊有美色的宮人自也不少。《世說新語．賢媛》載：

「魏武帝崩，文帝悉取武帝宮人自侍。及帝病困，卞后出看疾。太后入户，見直侍並是昔日所愛幸者。太后問：『何時來邪？』云：『正伏魄時過。』因不復前而歎曰：『狗鼠不食汝餘，死故應爾。』至山陵，亦竟不臨。」

曹操剛死，曹丕就將原來侍奉曹操的宮人取來自侍，這一方面說明曹丕的倫理觀念淡薄，另一方面也說明這些宮人的美貌是相當突出的，不然曹丕是不可能冒險幹出這種事來的。由於此事出格，以致激起了卞后的不滿，不僅不肯再去看曹丕的病，連曹丕後來死去，也不肯再露面了。

曹操喜好女色，對子孫也有影響。曹丕喜好女色，從前引《世說新語．賢媛》的記載已不難看出。傳說曹植曾參與對於甄氏的爭奪。蕭統《文選》卷十九說：「魏東阿王漢末求甄逸女，既不遂，太祖回與五官中郎將，植殊不平，晝思夜想，廢寢與食。」接著說，後來甄后被郭后讒死，曹丕也有些後悔，他知道曹植懷念甄后，便將甄后用過的玉鏤金帶枕送給了曹植。曹植回藩國，在渡洛水時，甄后突然現身同他相見，過後曹植作了《感甄賦》，後明帝見之，改爲《洛神賦》。此事後來成了一樁文壇公案，同時也成一段文壇佳話，既莫衷一是，聚訟不已，又不斷作爲吟詠的題材出現在騷人墨客筆下。可見曹氏父子，一門風流，前人是有目共睹的。

曹操喜好女色，追求世俗的享受，甚至無所避諱，反映了他灑脫不羈的性格，這同當時那些虛僞矯飾的禮法之士相比是迥異其趣的，也是對正統道德觀念的一種蔑視和背棄。更重要的是，對從戰爭中和從社會下層掠取來的女性，曹操並不以她們的地位卑賤爲嫌，只要他覺得滿意，就可以讓她們做夫人，甚至被立爲王后。卞氏出身歌舞藝人，後來被立爲王后，這對曹丕、曹叡都有影響。曹丕即位後，將甄氏立爲皇后，甄氏死後，又立郭后，郭后的出身也並不高貴，因父母早死，在喪亂中還曾淪爲銅鞮侯家女奴，在立她爲后前中郎棧潛曾上疏反對，疏中有「因愛登后，使賤人暴貴」之語，但曹丕還是按自己的意願立了郭后。曹睿即位後，立毛后，毛后的父親毛嘉本爲典虞車工，後來才發跡起來。曹睿最初娶虞氏，虞氏曾說過一句話：「曹氏自好立賤。」《三國志·魏書·後妃傳》裴注引孫盛語也說：「魏自武王，暨於烈祖，三后之升，起自幽賤。」說的都是事實。帝王的婚姻往往帶有政治色彩，聯姻的物件往往都是有勢力的人家，但曹操卻開了一個「立賤」的先例，這也算是對傳統的一種反叛。當然，這裏面似乎也包含政治上的考慮。東漢以來，多次出現外戚專權的局面，每當皇帝幼弱、母后臨朝聽政時，外戚更是跋扈一時，弄得朝政日非，最後又都不免歸於敗亡。爲了避免重蹈覆轍，防止大權旁落後家，因此曹氏採取了「立賤」的方略。這一用意，曹丕在黃初三年（西元二二二年）九月所下的詔書中表露得十分明白：

「夫婦人與政，亂之本也。自今以後，群臣不得奏事太后，後族之家不得當輔政之任，又不得橫受茅土之爵；以此詔傳後世，若有背違，天下共誅之。」

雖說「婦人與政，亂之本也」的說法帶有偏見，但鑒於東漢的歷史教訓，採取一些必要的防範措施還是必要的。從這個角度說，曹操首開立賤之例，未嘗沒有一定的意義。

殘忍嗜殺，士子人心寒

曹操一生殺了很多人。有的是戰時所殺，有的是平時所殺，有的是依法而殺，有的是枉法而殺，有的是報復而殺，有的是爲除隱患而殺。殺人的手段也各式各樣，有時是公開殺的，有時是暗地殺的，有時是借他人之手而殺。在他所殺之人中，也有許多是本來不該殺，或本來可以不殺的人。因此，曹操的殘忍嗜殺，無論是在當時，還是在後世，無論是對其個人，還是對其霸業，都有著不利的影響。

曹操所殺之人，輕而易舉地就可以舉出很多，諸如呂伯奢一家，軍糧官王垕太醫令吉本、少府耿紀、劉氏王室勢力，寵妾、歌妓、陳留人邊讓、沛相袁忠、沛人桓邵、許攸、婁傑、孔融、楊修等等不一而足。

曹操殘忍嗜殺的不利影響，從他殺華佗、邊讓及孔融之事是非常明顯的。如他殺了名醫華佗後，不僅當時人少了一位名醫，而且使華佗的醫著毀之一炬，失傳於世。就是對其個人也深有影響，當其子曹沖病重時，歎息說：「我不該把華佗殺了，不然，我的兒子是不會死的！」

陳宮字公台，東郡人。性情剛直，喜與各地知名人士交往，曹操到東郡後追隨曹操。曹操任兗州牧後，前九江太守陳留人邊讓因看不慣曹操的一些做法，在背後譏刺曹操，曹操知道後，就把邊讓及其家人殺掉了。邊讓素有才名，他的被殺在兗州士大夫中引起了強烈反響，許多人爲此感到恐懼，擔心有一天曹操會殺到自己頭上。陳宮既爲邊讓抱不平，也爲自己的前途擔憂，因此知道張邈的打算後，便極力加以慫恿，說：「您擁有十萬兵眾，處在一個地勢平坦可以四面出擊的衝要之地，撫劍四顧，足可成爲人中豪傑，如今卻受制於人，不是很窩囊嗎？現在曹操大軍東征，州裏空虛，呂布是個壯士，英勇善戰，如果把他請來一起管理兗州，等到時機有利時，不是可以縱橫一時嗎？」

張邈立即採納了陳宮的建議。當時曹操讓陳宮率兵留守東郡，張邈便派這支部隊到河內把呂布請來，推呂布做了兗州牧。

在孫權那裏也有一個跟孔融性格類似的人，此人名叫虞翻。一次，孫權設宴招待群僚，親自一一勸酒，勸到虞翻面前，虞翻卻假裝酒醉躺在地上。但孫權剛一離開，他又一翻身坐了起來。孫權大怒，拔出劍來要殺虞翻。在座的人莫不大驚失色，只有大司農劉基站了出來，一把將孫權抱住，勸他不要酒後殺人。孫權氣衝衝地回答：「曹孟德尚且把孔文舉殺了，我殺一個虞翻又算什麼呢？」劉基進一步勸說：「曹孟德動不動就殺害士人，遭到天下人的非議。大王施行道德仁義，要與堯、舜比一比高低，哪能去跟曹孟德比呢？」孫權聽了，頓時醒悟過來，虞翻也就沒事了。但後來虞翻又一再得罪孫權，孫權終於不能容忍，把他遠遠地打發到交州去了。

從這件事看，曹操殺孔融在當時產生了廣泛影響，一些人把這件事看成是曹操輕害士人的惡例，對曹操表示了非議和不滿。當然，曹操殺孔融不僅僅是一個性格衝突的問題，他是還有著政治上的深層考慮的。

後世對曹操好殺之罵名一直很盛。《曹瞞傳》說曹操「持法峻刻，諸將有計畫勝出己者，隨以法誅之，及故人舊怨，亦皆無餘。其所刑殺，輒對之垂涕嗟痛之，終無所活。」這是說曹操有妒能忌賢之心，當然是不可信的。恐怕曹操殺人與其快意人生放蕩不羈有關。陳壽有注意回護曹操之短，但在《三國志．魏書．崔琰傳》中也說：「太祖性忌，有所不堪者，魯國孔融，南陽許攸、婁圭，皆以恃舊不虔見誅，而琰最爲世所痛惜，至今冤之。」從「至今冤之」四字看，曹操殺掉崔琰是一直遭到人們非議的。曹操東征陶謙肆行殺戮，孫盛就此事評論說：「夫伐罪弔民，古之令軌，罪謙之由，而殘其屬部，過矣。」曹操殺掉崔琰之後又削官毛玠、孫盛也給予了批評，說：「魏武於是失政刑矣。

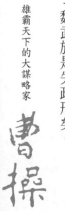

《易》稱明折庶獄，《傳》有舉直措枉，庶獄明則國無怨民，枉直當則民無不服，未有征青蠅之浮聲，信浸潤之譖訴，可以充厘四海，惟清緝熙者也。昔者漢高獄蕭何，出復相之，之一責，永見擯放，二主度量，豈不殘哉！」唐初王勃在《三國論》中一面尊崇曹操，說他「振威烈而清中夏，挾天子以令諸侯」，一面又指出曹操「弊於褊刻，失於猜詐，孔融、禰衡終罹其災，孝先（毛玠、季弇（崔琰）卒不能免」。胡應麟還對禰衡等文士的遭遇表示了同情，說：「魏武朝攜壯士，夜接詞人，崇獎風流，鬱爲正始。然一時名勝，類遭摧折，若禰衡辱爲鼓吏，阮瑀屈列琴工，劉楨減死輸作，皆見遇伶優，僅保首領。文舉、德祖情事稍爾相關，便嬰大戮，曷嘗有尺寸憐才之意！」應當說，這些評論所依據的史實有的並不準確（如說曹操「坑流兵四十餘萬、阮瑀屈列琴工」），也不能說曹操所殺的人都不該殺，但就總體而言，對曹操的批評是擊中了要害的。

曹操殺人太多，有的是不該殺的也殺了，最突出的就是爲父報仇，東征徐州時，把無辜的老百姓也殺了不少；他性格中有殘忍忌刻的一面，特別是到了大權在握的晚年，把對他特別有功的荀彧和崔琰也置於死地，把醫學家華佗，憑一時好惡也給殺了。

西晉的陸機，在他的《辯亡論》中說：「曹氏雖功濟諸華，虐也深矣，其民怨矣。」劉知幾《史通·探賾篇》中也說曹操「賊殺母后，幽迫主上，罪百田常，禍千王莽」。

奸詐多疑，留後世罵名

儘管歷史上的曹操並不一定眞的像文藝作品裏所塑造的典型那樣奸詐多疑，但其爲人品性中的奸詐一面，還是有明顯特徵的。否則藝術家們也不會無緣無故地把曹操塑造成一個奸詐多疑的形象。

對於曹操而言，一生確實有許多事情體現了他的奸詐多疑品性。如他的少年裝瘋、計賺徐庶、殺呂伯奢、殺禰衡、殺楊修等許多事情都體現了他的奸詐多疑。至於後人經藝術加工出來的一些事情如孟德獻刀、借頭撫眾，設七十二疑塚等事則更能顯現奸詐本色。曹操簡直成了奸詐多疑的代名詞。其奸詐多疑也是後世對他譏諷的原因之一。所以一提曹操就有所謂「白臉奸臣」之說，據蘇東坡《東坡志林》記載，在宋代，人們在聽看有關三國故事時，就有「聞劉玄德敗，頻蹙眉，有出涕者；聞曹操敗，即喜唱快」的現象，近人胡適也說，《三國演義》能使婦人皆痛恨曹孟德。

對於曹操的奸詐，前人也深爲不滿。曹操一生，奸詐的事情做得多了，因此有些並不含奸的事，也往往會被認爲是奸詐的表現。比如曹操的《遺令》，本是曹操臨終前眞情的流露，但司馬光卻認爲是欺世之談。有記載說：「司馬溫公語劉元城，昨看《三國志》識破一事，曹操身後事，孰有大於禪代？《遺令》諄諄百言，下至分香賣履，家人婢妾，無不處置詳盡，而無一語及禪代事，是實以天子遺子孫而身享漢臣之名。」認爲曹操在《遺令》中不談禪讓這件大事，是爲了自己「享漢臣之名」而有意加以迴避。更有曹操死猶欺世的傳說，比如說曹操擔心死後被人掘墓，因而搞了七十二座疑塚，讓人分辨不出眞假之事。

總之，說曹操的爲人奸詐多疑，也並非捕風捉影，藝術形象的塑造也並非空穴來風，他的爲人確有其奸詐多疑之處，況且對於那些「智計絕人」的人來說，對於那些出於激烈的政治鬥爭和軍事鬥爭的需要來說，智謀於奸詐，縝密與多疑往往是糾合在一起，難以分辨得清的。

麻痹輕敵，定遭劫難

曹操一生以多疑、忌刻著稱，照常理說，多疑忌刻的人不會輕易上別人的當，但智者千慮，必有一失。史書上講曹操戎馬一生，打了五十多個大仗，但失算的卻很少。而每一次失策多因麻痹輕敵而遭致劫難。

曹操攻打張繡的時候，張繡有一個部將叫胡車兒，勇猛異常，頗得張繡的信用。曹操愛胡車兒的驍健，意欲拉攏，親自賞以重金。張繡得知消息，更不高興，認爲曹操是要利用他的身邊人來對他行刺。恰在這時，曹操企圖殺掉張繡的密謀洩漏了出來。張繡決定先發制人，對曹操發動突然襲擊。這時距他投降曹操還不過十來天。

張繡採用賈詡的計策，對曹操謊稱須調動部隊，而且須由曹操的軍營經過。還謊稱說，由於運輸車輛不多，都已超載，希望鎧甲由士兵自己穿上。曹操這時又犯了一個致命的麻痹輕敵的錯誤，對張繡的要求竟毫不懷疑，都一一予以滿足。

張繡依計而行，率領全副武裝的士兵進入曹營，一聲令下，突然動手。曹操措手不及，一時竟無法抵敵，靠了典韋掩護，帶著少數隨從倉惶逃走。逃跑途中，曹操的名叫絕影的坐騎被流箭射中，面頰和腿兩處受傷，倒在地上再也爬不起來，曹操自己的右臂也受了箭傷。長子曹昂見狀，連忙將自己的坐騎讓給曹操，曹操得以逃脫，而曹昂卻被追兵趕上，亂刀砍死。曹操的侄子也同時遇害。另一個兒子曹丕，僥倖乘馬逃脫。

典韋堅守營帳大門，掩護曹操脫逃，張繡的士兵一時竟無法攻入，只得散開尋找其他通道。典韋身邊有親兵十餘人，個個拼死戰鬥，無不以一當十。前後敵兵越來越多，典韋用長戟左擊右刺，一戟刺去，總要將對方十多支長矛折斷。左右親兵或死或傷，典韋自己也受傷數十處，仍然奮力戰鬥。敵人越衝越近，長戟不能用了，就用短兵器接戰，最後發展到肉搏。典韋連殺數人，最後因傷勢轉重，在大罵中倒地身亡。

曹操一直退到舞陰才停下腳來。得知典韋戰死的消息，曹操爲之淚流不止。自濮陽戰役後，典韋即被曹操看重，任爲都尉，率兵數百侍衛曹操左右。所率親兵均經精心挑選，每次戰鬥，總是帶頭衝鋒陷陣。典韋又頗謹愼持重，忠於職守，白天常立侍終日，夜裏常住在曹操營帳旁邊，很少回到自己帳中休息。其人食量大，喜豪飲，吃喝時，常要數人負責端酒送菜，才能供應得上。喜用大雙戟和大刀，軍中流傳著這樣的諺語：「帳下壯士有典韋，提一雙戟八十斤。」對如此忠心勇猛的愛將的戰死，曹操自然悲痛萬分，特地派人抄近路到宛城找回了典韋的遺體，親自哭祭了一番，然後送回典韋的家鄉陳留厚葬。

曹操這次痛失愛將的慘敗，全是由於他輕信於人，麻痹輕敵所致。對於曹操這樣一個以多疑著稱的梟雄，卻也因疏忽大意而遭劫難，不得不令後人深思。

不過曹操對愛將善後的處理確是相當優厚的，曹操從舞陰回到許都後，任命典韋的兒子典滿爲郎中。後因思念典韋，又提升典滿爲司馬，把他留在自己身邊。每當經過陳留己吾時，總要到典韋的墳頭用中牢（豬羊二牲）祭奠一番。曹丕後來即帝位後，又提升典滿爲都尉，賜爵關內侯。

海納百川，得勢亦不可拒人

有句諺語說，看三國掉眼淚，替古人擔憂。的確如此，曹操一生最大的志向是統一中國，但只完成了三分之二疆土的統一。實際上，當劉備未入川時，曹操確有機會先收服這一天府之區，但聖人也有失算的時候，曹操疏忽大意，讓歸服的劉璋重新脫離，劉璋又開門迎劉備，讓劉備有了立足之地。後人評論說，三足鼎立，肇基於此。

劉璋，字季玉，他就是一心想當皇帝的益州牧劉焉的兒子。劉焉死後，他繼承職位，但大將張魯逐漸驕橫恣肆，爲此，劉璋殺了張魯的母親和他的弟弟，於是兩人成爲仇敵。劉璋多次派遣龐羲等人進攻張魯，都被張魯戰敗。張魯的部隊大多駐在巴郡以西，所以劉璋派龐羲做那裏的太守，帶兵抵禦張魯。後來龐羲和劉璋鬧翻，發動內亂，使劉璋很被動。當時曹操正要征荊州，劉璋聽說曹操已經平定了漢中，便派遣河內人陰溥向曹操表示敬意。曹操授予劉璋振威將軍，授予他的兄長劉瑁平寇將軍。劉瑁得了精神病去世。劉璋又派遣別駕從事蜀郡人張肅送蜀夷兵三百人和一些皇帝用的東西給曹操，曹操任命張肅爲廣漢太守。

劉璋又派別駕張松拜見曹操，此時曹操已經攻下荊州，趕走劉備，不再錄用張松，張松因此怨恨曹操。恰逢曹軍在赤壁戰敗，加上病疫流行，死亡甚多。

張松回來後，詆毀曹操，勸劉璋主動與曹操斷絕往來，還趁機勸劉璋說：「劉備劉豫州是您的肺腑之親，可以與他建立聯繫。」劉璋本是漢代魯恭王的後代，劉備是漢景帝之子中山靖王之後，倆人同屬劉氏後人，而且劉備屬於近親，因此劉璋採納了張松的建議，派遣法正去與劉備聯結和好，不久又命令法正和孟達送數千兵士幫助劉備防守。後來張松又勸劉璋說：「現在益州中龐羲、李異等將領都居功自傲，有與外人勾結的意向，如果您得不到劉備的幫助，那麼敵人從外面進攻，民眾從裏面進攻，這樣，你一定要失敗的。」張松的意思是告訴劉璋，要防曹操從內部瓦解。劉璋又聽從了張松的話，派遣法正去請劉備進駐益州。劉璋的主簿黃權卻不以為然，向劉璋陳述這種做法的危害無異引狼入室，從事廣漢人王累將自己倒懸在益州城門，以此勸諫，劉璋都不採納，命令劉備所到之處供奉周致，劉備進入益州境內猶如回到了家鄉。劉備到了江州後，由墊江水路北上，來到涪縣，涪縣離成都三百六十裏地。這一年是建安十六年。劉璋率領步兵騎兵三萬多人，車輛支起帳幔，光彩鮮明，像太陽一樣耀眼，去與劉備相會。劉備所率領的官兵，也輪流到劉璋處會見，縱情飲宴一百多天，歡樂之極。劉璋送給劉備大量糧餉資財，讓劉備去征討張魯，然後才分手告別。

第二年，劉備到了葭萌，指揮軍隊轉回來向南進發，所到之處全被他攻克。建安十九年，劉備進兵到成都，圍城幾十天。成都城裏當時還有精壯的士兵三萬人，儲存的糧食絹帛足夠支用一年。官吏和平民全都想要拼死抵抗。劉璋說：「我們父子在益州二十幾年了，沒有什麼恩德給予老百姓。老百姓攻伐作戰三年了，屍體被丟失在田野草莽中，都是為了我劉璋的緣故。我的心裏怎麼能平安呢？」於是便開城門，出城去向劉備投降。劉璋屬下的官吏沒有不流淚的。

劉備一入四川，就有了根據地，結束了長年飄泊在外，寄人籬下的日子，從此才「日益發抒」。曹操得此消息後，痛悔不已，但機之一失，不會再來。若干年後，陳壽寫《三國志》時還替曹操惋惜：「劉璋的才能夠不上人中的雄傑，卻在戰亂年代中盤踞一方土地，小人竊取了君子的地位會招致寇盜，這是自然的情理。他的益州牧地位被人奪取，不能算是不幸啊！」

得隴不望蜀，坐視猛虎生羽翼

《周易》中有「見可而進，知難而退」的說法。在敵對雙方的鬥爭中，或做某些事情的過程中，「見可而進，知難而退」對常人而言確是明智之舉。但對不信命的大英雄曹操而言就不靈了，他把見可而進，知難而退變成了「見可而退，知難而進」。

建安二十年，曹操親自帶兵西征，雖然經歷了不少艱難險阻，但仍很快打敗張魯，平定了漢中之地。曹操當時心滿意得，在漢中各郡設置太守、都尉，重賞將士之後，便要勒馬回師。

這時，主簿司馬懿急忙前來勸曹操，要趁我軍士氣正旺，而劉備剛剛奪得西川，立腳未穩，人心未附的有利時機，火速向益州進兵，打劉備一個措手不及，劉備必然失敗。曹操聽了司馬懿之計後，非常感慨地說：「人苦不知足，既得隴，復望蜀耶？」意思是不同意進軍。

這時主簿劉曄出來勸諫。劉曄乃光武帝劉秀之子——阜陵王劉延的後代，頗有謀略，一向善于鑒人的汝南許劭不輕易稱許人，卻稱讚劉曄有輔佐世主的英才。他歸服曹操後，在平定漢中時立下大功。這時他見曹操不趁勢拿下四川，立即勸諫說：「明公當年用步兵五千，就敢率領他們去誅滅董卓。後來您又北破袁紹，南征劉表。九州百郡，您已經十成中併兼八成了，現在您威震天下，勢懾海外。如今又拔取漢中，蜀人已望風破膽，魂不守舍。蜀地只要通過傳佈檄文就可以平定。劉備，是人中的雄傑呀！他雖有度量、謀算，但步調較爲遲緩，他得到蜀地的日子還淺短，蜀中的人心還沒有完全依靠他。而今新破漢中，蜀地人情震恐，這是一種不攻自倒的形勢。以曹公您的神明，藉著蜀中這種傾倒的形勢而用大兵壓過去，沒有什麼攻打不下的。現今如若稍稍鬆緩一下，諸葛亮對治國很英明又擔任丞相，關羽、張飛勇冠三軍而充當戰將，蜀民之心既已安定，再據守險要，就不可再侵犯了。如今不攻取，必定爲今後留下禍患。」曹操不在意地說：「士卒遠涉勞苦，且宜存恤。」於是不納司馬懿、劉曄之計，曹操帶兵而回，只留夏侯淵駐守漢中。後來形勢的發展果如劉曄所料。

「既得隴，復望蜀」是光武帝劉秀曾經說過的一句話。《後漢書．岑彭傳》載，建武八年（西元三十二年），岑彭跟隨劉秀討伐隴西的隗囂。攻下天水後，隗囂逃往西城，劉秀又進圍西城。這時，佔據蜀地的公孫述派大將李育前來救援隗囂，駐兵上邽。不久，劉秀因事要先回洛陽，臨行給岑彭寫了一封信，說：「兩城若下，便可將兵南擊蜀虜。人苦不知足，既得隴，復望蜀。每一發兵，頭須爲白。」

意思是要岑彭在攻克西城、上邽後乘勝前進，進攻盤據蜀地的公孫述。後來，隗囂和公孫述都相繼被消滅了。曹操借用這句話，意圖卻完全相反，不是贊成在得到漢中後立即向益州進攻，而是主張採取愼重態度，暫且按兵不動。

但是，由漢中長驅入川，歷來是兵家乘勢之舉，如果不取蜀川，漢中就有危險。後來曹操的教訓實在太大。曹操回許都的第二年，受魏王之爵。一日，得知劉備派張飛、馬超屯兵下辨，立即命曹洪領兵五萬，前往助戰。曹洪令張部、夏侯淵各據險要。張部兵攻張飛，被張飛用計奪了其所守的瓦口關。接著老將黃忠殺了韓浩和夏侯淵，奪取天蕩山。

曹操見漢中形勢危急，便起兵四十萬親征。軍至南鄭，便令夏侯淵出戰，不料在對山被黃忠砍爲兩段。蜀兵乘勢攻佔了定軍山，又奪了曹操北山糧草。很快曹操又失去南鄭，退守陽平關。此時張飛截了魏軍糧車，曹操便親自提兵與蜀兵決戰，大敗之後，逃至斜谷口。

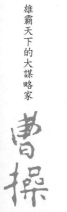

曹操在斜谷口，欲要進兵，被馬超阻住；欲要退兵，又恐被蜀兵恥笑，心中猶豫不決。隨口傳出「雞肋」口令。楊修因此主張退兵，曹操惱羞成怒，殺了楊修。次日，兵出斜谷口，結果大寨被劫，曹操被射斷門牙兩顆，於是盡棄漢中奔回許都。這次斜谷口之遭遇，由於有被楊修說破涵意的雞肋口令一說，所以後人有「當初得隴不望蜀，而今斜谷歎雞肋」之論。

曹操已得東川，不思再取西川的行爲，似乎不合曹操性格。因爲「知足者常樂，能忍者自安」畢竟是對常人的勸告，所謂貪得者雖富亦貧，知足者雖貧亦富。講的就是這個道理。

但對曹操就不適用了。從曹操當時所處的環境來看，得隴望蜀應該是競爭中的一種策略。是一種及時乘勢，徹底解決，不留後患的策略。如果這樣，那麼曹操的得隴不望蜀的作法無疑是錯誤的。從曹操的言談中還可以看出他不肯進兵西川的另一個原因，是由於畏懼艱險，是對西川的戰略位置沒有給予充分的注意，加之在這次平定漢中的進軍路上，曹操見山勢險惡，林木叢雜，當即就引軍回寨，並對許褚、徐晃說：「吾若知此處如此險惡，必不起兵來。」又說：「這眞是個妖魔鬼怪住的國度。有它和沒它，又能有什麼關係？我軍缺少糧食，不如速速回師。」漢中之地如此險惡，西川之地如何呢？所謂蜀道難，難于上青天，現在親眼看見，親身體會，對西川自然心生畏懼。

做爲有雄心壯志的統帥，應該是知難而進，勇於克服各種困難，這樣才能奪取勝利。曹操若有後來鄧艾偷渡陰平小道時勇往直前的精神和毅力的話，那麼他就不會因此而退縮回來的。這裏就用得著「智、信、仁、勇、嚴」這將五德中的勇字了。看來曹操此時缺少這個「勇」字。因此從霸業之人應不畏艱險的角度來看，曹操同樣是錯誤的。

由於曹操得隴不再望蜀，留下了禍患之根，最後給自己造成了難以彌補的損失。

首先是有勢不乘，坐失良機，給了劉備喘息的機會。劉備很快就羽翼豐滿，力量強大，不但不可犯，而且要前來進犯，這是曹操始料不及的。更出曹操所料的是劉備在奪取漢中之後，竟然自稱漢中王，直接與自己相抗衡。從某種意義上說，三國鼎立局面的形成，與曹操這次失誤有相當的關係。

對於劉備其人，曹操是很清楚的。當年青梅煮酒論英雄的時候，除了曹操自己之外，劉備被看做是惟一的英雄。曹操奪取東川時，劉備也剛剛奪取西川。劉備奪取西川之後所帶來的後果，曹操不會不知道。劉曄也說得很清楚：「若少遲緩，諸葛亮明於治國而爲相，關、張等勇冠三軍而爲將，蜀民既定，據守關隘，不可犯矣。」

其次是損兵折將，丟失漢中。

按理說，漢中之地不僅是曹操含在嘴裏，而且也是呑到肚裏的肥肉。曹操以爲萬無一失，沒想到劉備卻來虎口拔牙，自己硬是給趕出了漢中。

另外，在與劉備爭奪漢中的戰鬥中，曹操損失了眾多的兵將不說，最使他難過的是損失了與自己有手足之情的大將夏侯淵，這便使曹操「折傷一股」。另外在斜谷口曹操又被魏延一箭射中人中，打掉門牙兩顆，眞所謂讓世人「笑掉大牙」，其狀十分淒慘。

總之，曹操得隴不望蜀，因此，失去了乘勢取勝的機會，坐視自己的敵人很快強大起來，最後把自己打敗，這樣的教訓是十分慘痛的。

赤壁之敗，將抵何人罪

眾所周知，赤壁之戰是曹操在統一中國北方後，想一舉統一南方的一次重要戰役，這次戰役以曹操空前慘敗而告結束。這次失敗，固然有一些客觀上的原因，如他自己所說「赤壁之役，值有疾病」，「過雲夢澤中，有大霧，遂便失道」，諸葛亮、周瑜所分析的曹操一方「荊州新附，人心不穩，軍心不穩」，即曹軍初來乍到，沒有根基，處於孤立無援的境地，另外，孫、劉雙方在大敵當前的情況下，結成了暫時牢固的聯盟，以及天之所助，冬天偏偏颳起了對曹軍不利的東南風等等，這些都蘊含著曹軍失敗的客觀因素。

但是，從曹操自身來看，他失敗的主觀原因仍是不可忽視的。總體來說，就是曹操被戰役初期來得太快、太突然、太容易的巨大勝利沖昏了頭腦，產生了驕傲輕敵的情緒，因而對己對敵都缺乏冷靜分析，在戰略戰術上接連發生失誤，終於導致了最後慘敗。

曹操在勝利後產生了驕傲輕敵情緒，從他在戰前寫給孫權的那封信中已可略見端倪，諸葛亮後來在給後主劉禪的上書中也說：「昔先帝敗軍于楚，當此時，曹操拊手謂天下已定。」可見與曹操同時的人也認爲他產生了嚴重的驕傲情緒。既然拍著手說天下已定，可見已經到了得意忘形的地步，哪裡還會把孫、劉放在眼裏而予以認眞對待呢？此外，還有一件事足可說明曹操的驕傲情緒。

曹操攻佔荊州後，益州牧劉璋派遣別駕張松來向曹操表示問候，實際是打算聯絡曹操。張松個子矮小，貌不驚人，性情放蕩，不拘小節，但很有見識水準，人是非常聰明的。當時曹操寫了一部兵書，楊修拿給張松看，張松在宴席上邊吃邊看，不一會就把內容全都背了下來。楊修由於非常欣賞張松的才能，就竭力向曹操推薦，曹操正在志滿意得之時，竟以貌取人，不把張松放在眼裏，不肯錄用。不僅放棄了一個獲得人才的機會，更放棄了一個聯絡劉璋、進取益州的機會，鑄成了大錯。這已如前述。

頭腦發熱，忘乎所以，就既不可能正確地看待自己，也不可能正確地看待敵人，不可能正確地分析形勢，採取恰當的對策。曹操攻佔荊州後，賈詡勸他先安撫百姓，獲取人心，站穩腳跟，現在看來，這不失爲一個穩妥的辦法，這樣做可以解決民心不服、軍心不穩、遠來疲憊、不服水土、不習水戰種種問題，變自己的劣勢爲優勢，最後再東取孫權、西取益州（或先取益州、後取孫權），水到渠成地完成統一大業。如果不願這樣做，反過來採取速戰速決的辦法，儘快將已成驚弓之鳥、強弩之末的劉備解決掉，同時打孫權一個措手不及，也比在江東已經統一認識、孫劉已經聯合起來、而自己雖已做了一些準備、但並未從根本上站穩腳跟、各種問題反有增無減（如不服水土、發生疾疫等）的情況下再來同孫、劉較量要強。但曹操對這個帶有戰略性的問題，未能很好地加以考慮。對孫、劉聯合的可能性，程昱已經說得很

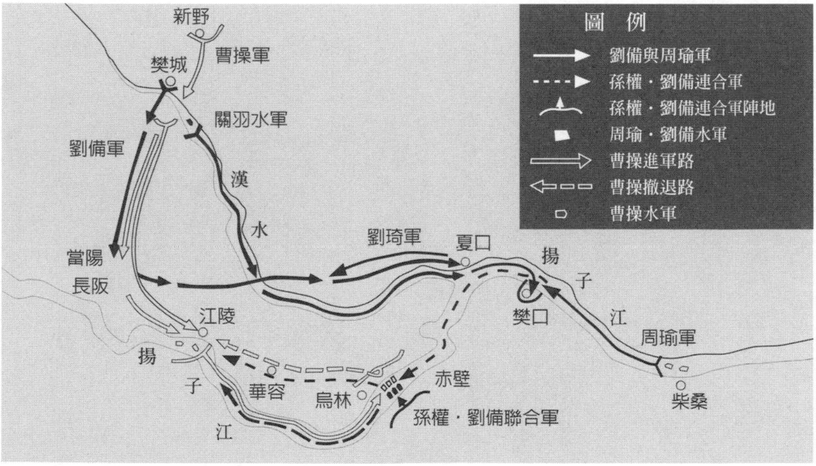

赤壁之戰

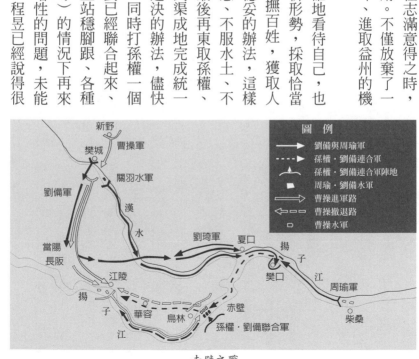

清楚，曹操如能予以重視，儘快採取必要的措施，那結局就會是另外一個樣子。

至於戰術指揮上的失誤，也是顯而易見的。最大的問題是不應輕信黃蓋的投降，即使相信他會眞的投降，也應採取必要的防範措施。曹操本性多疑，但這一次，由於深信是自己嚇壞了敵人，竟全信而不稍疑，結果上了大當。其次，把戰船連接起來以解決士兵暈船的問題，只考慮到了有利的一面，沒有顧及不利的一面。當時即使考慮不到有被火攻危險這樣的問題，但戰船連接起來就會行動不便，既不便於應急，也不便於進攻。此外，水寨與陸寨靠得太近，以致大火延燒，殃及全營，潰及全軍，這也是考慮不周的問題。如能確立水陸俱下的作戰方針，在岸上適當距離外駐屯一支有相當實力的步騎兵，既可保持和發揮北方兵善於陸戰的特長，也可同水寨形成犄角之勢，相互呼應和支援，這樣就不易因一處失利而牽動全局了。如果曹操頭腦冷靜，就一定會想出許多高明的點子來，避免許多漏洞，即使不能打一個漂亮仗，至少也不致於潰不成軍。

驕傲輕敵不僅使曹操輸掉了一場戰爭，而且使他統一全國的理想化成了泡影。當時曹操自己也許並沒有意識到這一點，但後來的歷史卻無情地證明了這一點。對於曹操來說，這不能不是一件非常遺憾的事情。對此，東晉史學家習鑿齒說了一段發人深思的話：「昔齊桓一矜其功而叛者九國，曹操暫自驕伐而天下三分。皆勤之於數十年之內而棄之於俯仰之頃，豈不惜乎！」

對於赤壁戰敗，北宋蘇東坡也說：「孫權勇而有謀，此不可以聲勢恐喝取也；魏武不用中原之長，而與之爭於舟楫之間，一日一夜，行三百里以爭利。犯此二敗以攻孫權，是以喪師於赤壁，以成吳之強。」

曹操在赤壁戰敗逃回時，追惜他的智囊郭嘉：「要是郭奉孝還在，我是絕不會落到這個地步的！」爲自己惋惜。

智者千慮，必有一失

在三國權謀中，賈詡是一位出色的戰術謀略家。在他投靠曹操之前，就創造出了不少精彩的以智取勝的戰例。

建安三年（西元一九八年），曹操假天子之命，興兵征伐南陽張繡。在曹操的強大攻勢下，張繡退守南陽城池。曹操打了勝仗，卻在一天清晨突然撤軍，張繡要親自帶兵去追擊曹操，賈詡對張繡說：「不能追呀，追了必敗。」張繡不聽從，進兵與曹軍交戰，結果大敗而還。這時，賈詡又對張繡說：「趕緊再追擊曹軍，再戰必勝。」張繡向賈詡認錯說：「剛才不聽您的話，才到這步田地。如今已經敗了，爲什麼還要追擊呢？」賈詡說：「兵戰的形勢隨時會有變化，您趕緊去追必定有利。」張繡信了他的話，就收拾散敗的兵卒趕去追擊，大戰曹軍，果然以勝利的結果而還。

原來，曹操久攻不下，便騎馬圍繞南陽城轉了三天。他發現城東南角的磚土新舊不等，便心生一計，下令在城西北堆積柴草，聚集將士，擺出要從城西北進攻的架式，暗中卻命令軍士密備攻城器具，企圖從東南偷襲破城。誰知，曹操繞城三日，城中的賈詡也觀察了他三天。他識破了曹操的意圖，便爲張繡出謀劃策，將計就計，令飽食輕裝的強壯士兵全部藏在城東南的房屋之內，而讓老百姓假扮軍士，在城西北搖旗吶喊。曹操見此情景，得意地笑道：「中吾計矣！」他白天在城西北虛張聲勢之後，晚上悄悄帶領精兵從東南角爬入城內。結果，反而中了賈詡之計，被殺得損兵折將，逃奔數十里。正所謂偷雞不成反蝕把米。

張繡打了勝仗後，問賈詡說：「剛才我用精銳的兵卒追擊敗退的曹軍，而賈公您說必定失敗；我敗退後用殘兵敗卒追擊剛剛得勝的曹軍，而賈公卻說必克曹兵。結果，卻都像您所說的那樣。您的這些似乎違背常理的預言，爲什麼反而都能應驗呢？」賈詡說：「這是很容易知曉的。將軍您雖然善於用兵，但並非曹公的敵手。曹操大軍雖然新敗撤退，但曹公必定親自率精兵斷後；您的追兵雖精，但從將領上說您已敵不過曹公，加上他們的士卒也很精銳，所以我知道您必定失敗。曹公起初攻打將軍時並沒有什麼失策，他力量還沒有完全顯示出來就敗退了，這必然是國內另有變故。曹公既已擊破將軍的追兵，必然要讓卒輕裝、快速前進，縱然他要部諸將斷後，部將縱然也很勇猛，但也不是將軍您的敵手，所以，後來您雖然用敗兵去交戰，也必定勝利啊。」張繡聽完，才眞正服了。

在鬥智鬥力的過程中，往往是英雄所見略同。因此是通過同中之「異」來戰勝對方，還是用「同」中之「同」戰勝對方，則全憑謀劃者的知己知彼。

《孫子兵法》上講：「攻而必取者，攻其所不守也。守而必固者，守其所不攻也。」

然而智者千慮，必有一失，曹操聲東擊西的計謀不幸爲賈詡所識破。賈詡將計就計，故意在西北角虛勢，暗中卻秘密固守東南城，終於計敗曹操。正所謂：「守而必固者，守其所不攻也。」此類戰例史書中也不乏記錄，據《史記．絳侯世家》載，漢太尉周亞夫在昌邑與七國叛軍作戰，叛軍都奔向城的東南部，然而周亞夫卻命令兵士守備城西北部。於是，不一會叛軍都去攻打西北角，最終也未能攻入，隨即逃走，周亞夫然後率軍大破叛軍。這兩個戰例，都巧用兵法，實有異曲同工之妙。

曹操、賈詡同用《孫子兵法》之計，然而卻一勝一敗，這正反映了一條用計的原則，即「故善攻者，敵不知其所守；善守者，敵不知其所攻。」曹操雖能巧用妙計，但不幸被賈詡識破，賈詡將計就計，誘曹軍深入，大破曹軍。因此一勝一敗，也在情理之中。

播下龍種，收穫跳蚤

任何事情都有「利」「弊」兩方面，曹操的善於用人也是如此。他攬天下之豪傑，任天下之智力，成就了一方霸業，但從某一角度說也正是他任用的能人高士，葬送了他的基業。曹操對司馬懿的任用就說明了這一點。因司馬懿的老謀深算，韜光養晦，終使曹操在有生之年沒有加害於他，而使他在輔佐太子曹丕繼位過程中實力大增，後來終究將曹魏政權取而代之，有人說，這是「播下龍種，收穫跳騷」。

司馬懿出身於高級士族之家，兄弟八人，排行老二。其兄司馬朗，早年被曹操闢為司空掾屬。曹操身邊主管人事的崔琰，在與司馬朗交往中，發現司馬懿不凡，便向曹操推薦。曹操求才心切，下令闢用。這是建安六年（西元二〇一年）的事。此時二十二歲的司馬懿看不起宦官出身的曹操，便以有病為辭，拒絕了。曹操哪是這樣好唬弄的人？於是「使人夜往密刺之，司馬懿堅臥不動」。曹操用突然襲擊的形式去探察，沒有發現破綻，司馬懿過了這一關。假的就是假的，偽裝總不能長久。以後曹操當了丞相，知道上了司馬懿的當，又一次派人去召喚。這回，曹操說：「如果他再不痛快地出來，就抓起來殺頭。」司馬懿害怕了，這才進了曹營。

司馬懿因爲騙曹操在先，雖然當了曹家的官，但曹操對他並不放心，日常工作中，格外注意他。經過觀察，曹操發現司馬懿確有才幹，但同時感到他「內忌而外寬，猜忌多權變」，又聽到人們議論司馬懿有「狼顧之相」，（即像狼一樣，行走時常回頭後顧，以防襲擊），對他更加有疑慮。於是，就親自將司馬懿叫到跟前，令他往前走，再突然讓他回頭，驗證其是否眞的狼顧。司馬懿來了個面正向後而身不動。日有所思，夜有所夢。身邊有隻「狼」，攪得曹操很不安，有時作夢也夢見司馬懿是如何如何。他提醒兒子曹丕要嚴加提防。對曹操的懷疑，司馬懿是相當清楚的，他自知不幹不行，跑又跑不了，要保住性命，只有在曹操的兒子身上打主意。於是勤於吏職，夜以忘寢，至於芻牧之間，悉皆臨履。不但積極幹好份內事，連打草餵馬這樣的份外工作，也不辭勞苦地拚命幹，直哄得曹丕一個勁地稱讚。想必是兒子在老子跟前打包票，曹操才逐步打消了對司馬懿的疑慮，司馬懿又過一關。

曹操死後，曹丕掌魏國大權，司馬懿備受青睞，扶搖直上，再用不著提心吊膽過日子，篡魏自立之心日益顯露，可是曹丕被蒙在鼓裏，至死又給他一頂顧命桂冠。到曹丕的兒子曹睿執政時，司馬懿已將軍政大權一步步地抓了過來。不過，曹睿倒不像他的父親那樣糊塗，察到了司馬懿的心迹，臨死時，想用組織手段削弱司馬懿的權力，但爲時已晚，架不住近臣劉放、孫資一逼再逼，將顧命權交給了他一部分。司馬懿再過一關。

與司馬懿一同輔政的宗室曹爽，哪是顧命大臣司馬懿的對手？曹爽越大肆任用親信，極力抓權，越弄得怨聲滿朝，給了司馬懿以可乘之機。司馬懿爲了加快篡魏步伐，又使出了幾十年前的老把戲，裝病回家，這就引起了曹爽派李勝親到司馬家考察的故事，李勝原任河南尹，是曹爽的心腹，藉著即將去荊州任要職的機會，以看望爲藉口，來到了司馬懿的床前。司馬懿掙扎著起來穿衣，雙手抖抖索索，竟把衣丟落在地；司馬懿說口渴，婢侍端來一碗粥，司馬懿趴在碗上喝，弄得粥滿胸襟。李勝見狀說：「只聽說你犯了老病，怎麼病得這麼厲害？」司馬懿氣喘吁吁、悲悲切切地回答：「年老枕疾，死在旦夕了，感謝你今天來看我，你到并州後，咱們就見不著面了，我的兒子全託付給你了。」李勝說：「我這次應當回荊州，不是回并州。」司馬懿又打岔說：「噢，你是從荊州來呀，你看我耳朵聾了，連話也聽不清了，莫怪我呀。」又是裝癱，又是作聾，神形分離，顛三倒四，語無倫次。李勝一看，眞是病入膏肓，沒幾天活頭了，喜滋滋地將自己的考察結論如實報告了曹爽。曹爽完全解除了對司馬懿的戒備，在宮中玩女人，外出去打獵。司馬懿抓住時機，一躍而起，一舉將曹爽等人擊敗，實現了代魏夙願。

說司馬懿老奸巨滑也好，說他老謀深算也罷，反正你不能不承認他很有一套善於控制情緒的本領。正因爲如此，使他在一些重大的關鍵時刻，保持了清醒的頭腦，取得了勝利。范文瀾先生稱他是「曹操死後魏國惟一的謀略家」，一點不假。

司馬懿是被曹操逼著走上仕途的。但是，在曹操活著時，他在魏國的地位並不重要，曹丕當了皇帝，司馬懿才扶搖直上。到曹操的孫子曹睿執政時，司馬懿已有了炙手可熱的權力。也正是這個緣故，使他有了與諸葛亮正面交鋒的機會。初遇勁敵諸葛亮，司馬懿曾犯了「瞎指揮」的錯誤，白白送掉了名將張郃。血的教訓，使他認識到，與諸葛亮作戰，只有以逸待勞、以守爲攻才是上策。西元二三四年，諸葛亮最後一次出祁山，求戰心情十分迫切，可是無論怎樣挑戰，司馬懿硬是不動。這可急壞了諸葛亮，他想來想去，便想出了一個「致巾幗婦人之飾，以怒宣王」的辦法來，企圖以送婦女衣服首飾，嘲笑司馬懿不配做大丈夫，激司馬懿性怒出戰。這一手確實厲害，司馬懿再也坐不住了，但他剛要發怒出戰，很快又平靜下來。《三國演義》上說：「司馬懿看畢，心中大怒——乃佯笑曰：孔明視我爲婦人耶！即受之，令重待來使」。司馬懿是不是笑嘻嘻地收下了巾幗婦人之飾，史書未作說明，但對他心平氣和地與來使談話問事，卻作了詳細交待。「宣王見亮使，惟問其寢食及其事之煩簡，不問戎事。使對曰，諸葛公夙興夜寐，罰二十以上，皆親攬焉；所啖食不過數升。宣王曰，亮體弊矣，其能久乎」。

諸葛亮實指望激侮術成功，沒想到司馬懿不上圈套。諸葛亮求戰不能，退軍不忍，加上大事小事全靠自己處理，早就累得心煩意亂，體力不支，聽了使者回來如實一彙報，更是心慌氣急。從此，諸葛亮的身體一天不如一天，果不出司馬懿所料，很快就病逝了。諸葛亮去世後，三國無人再鬥得過司馬懿，不幾年，司馬懿便成功地發動了軍事政變，奪取了整個魏國的大權，爲統一全國建立晉朝打下了基礎。

司馬懿激而不怒，表現了良好的將帥心理素質。作爲一個將領特別是高級將領，幾乎每天拍板決策，不如意事七八九，如果沒有一個良好的心理素質，不能保持健康的情緒，讓喜怒憂哀左右了決斷，是注定要失敗的。「彼將剛忿，則辱之令怒，志氣撓惑，則不謀而輕進」。顯然，諸葛亮給司馬懿送信，送巾幗之飾，就是想把他的情緒激怒擾亂，而引他輕進就範。司馬懿意識到受到刺激要發怒時，以坐下來與使者閒談的方式慢慢地將一腔怒火轉移融消，這頗有些卒然臨之而不驚，無故加之而不怒的英雄本色。

諸葛亮不是神，司馬懿更不是神。雖說二人都以善於謀略著稱，但全面衡量二人短長，司馬懿就顯得遜色多了。司馬懿拖垮了諸葛亮是其勝利，但諸葛亮死了司馬懿不能及時出戰，讓蜀軍大模大樣地退走才去追，又是其敗著。然而就是這個敗著，也閃爍著這位老軍人自愧不如、敬重賢才的光輝。

諸葛亮病逝多久司馬懿才發覺，史書未作說明，但從精銳的魏軍已無法追殲到在撤退中內訌的蜀軍來判斷，時間是不短的。錯過了良機，全軍上下有埋怨情緒，連老百姓也奚落了司馬懿。《漢晉春秋》曰：「楊儀等整軍而去，百姓奔告宣王，宣王追……百姓爲之諺曰死諸葛走生仲達」。這樣的嘲笑，實在是有傷司馬懿的面子。照常理推斷，司馬懿不是生悶氣，就是要遷怒他人，抓幾個老百姓鎮唬一下。可司馬懿呢，既不跟自己過不去，又不跟別人爲難，他坦然地說：「吾能料生，不能料死也」。這就等於對部下申明：諸葛亮活著時我很怕他，但我不能判斷其死呀！作爲一個高級將領，在知道自己決策失誤後，能這樣坦率地承認自己的不行，實在是難能可貴。

更值得一提的是，司馬懿不僅公開承認自己的過失，而且由衷地讚歎故去的勁敵。他來到諸葛亮生前安營紮寨、指揮作戰的地方，看了人家的營壘佈局，對比自己的陣地，深深地爲諸葛亮的軍事才幹所折服，連聲誇獎諸葛亮說：「天下奇才也」。陳壽將司馬懿讚頌諸葛亮的話，寫在了《諸葛亮傳》上，目的是爲諸葛亮增光添輝，殊不料，這光輝返照得司馬懿也更高大了。

拋開司馬懿玩弄手段不講，只就曹氏三代對司馬懿的考察失真來看，教訓是深刻的。司馬懿所以瞞過了曹操，因利用了曹操的兒子；瞞過了曹爽是因曹爽選用的考察人素質不高。雖沒有瞞過曹睿，但曹睿又發覺得太晚，已無力採取措施。

從司馬懿被曹操所逼走上仕途，到他去世，在魏國從事政治活動整整半個世紀又一年。內防曹操，如履薄冰；三次顧命，操縱朝綱；外拒蜀吳，連年征戰，馬不下鞍，戰果累累。可謂機關算盡，終成大業。但他的一些所作所爲總是不那麼光彩。據說他的孫子晉明帝，在聽了王導講司馬懿的「創業」經歷時，竟羞愧地以面覆床曰：「若如公言，晉祚復安得長久。」

選拔可靠接班人是發展事業之最基本。人總是要死的，無論其事業多麼偉大壯闊、轟轟烈烈，身後能否鞏固與發展，關係于繼任者。曹操爲使曹丕接好班，殺掉了楊修等一大批人傑，還從其他方面，抑制反曹丕的人物活動，可謂煞費苦心，代價沈重。在曹操活著的時候，曹丕對司馬懿的看法就與其父大不相同。曹操越是對司馬懿有疑慮，司馬懿越是百般討曹丕的喜歡，直至成了曹丕的第一心腹。要不是曹丕死死保護司馬懿，司馬懿恐怕早被曹操弄掉了。那樣，後來全國的統一，恐怕就不是司馬氏的統一了。司馬懿把代魏的希望深深寄託在曹丕身上；曹丕通過司馬懿獲得了士族的擁護，登上了皇位。曹操播下的是龍種，收穫的是跳蚤。歷史無情地捉弄了曹操。

司馬懿也眞是曹操的對手，怪不得曹操打了幾十年的江山，都是爲司馬家墊了底子，司馬懿出山就像已有兆頭。好像歷史或者說天意在暗示，曹操的對手不是袁紹，不是孫權，不是劉備，而眞正的對手是司馬懿。而史家說魏晉兩代是個出陰謀家的時代，曹家謀了劉家的天下，司馬家又謀了曹家的社稷。一個個引狼入室，終於被狼吃了心肺。

但所謂陰謀家，也無非指曹操、司馬懿二人。但老實地說，曹操卻是比司馬懿光明正大得多。因爲曹操的江山是他自己打出來的，他挾持天子，畢竟不時還有人臣之相。司馬家自曹操父子一死，就硬是從曹操孫子輩手中搶天下了。到後來，「司馬昭之心，路人皆知」，其實也是司馬懿陰險一生的最後圖窮匕首見。

主要參考書目

一、《後漢書》，范曄撰，中華書局一九八六年版。
二、《三國志》，陳壽撰、裴松之注，中華書局一九八二年版。
三、《資治通鑑》，司馬光撰，中華書局一九八七年版。
四、《三國志集解》，盧弼撰，古籍出版社一九五七年版。
五、《讀通鑑論》，王夫之撰，中華書局一九九八年版。
六、《人物志》，劉邵撰，紅旗出版社一九九七年版。
七、《曹操集》，時代文藝出版社一九九五年版。
八、《曹操全書》，張海雨主編，金城出版社一九九五年版。
九、《魏武帝曹操傳》，柳春藩著，吉林人民出版社一九九七年版。
十、《三國史研究》，張大可著，甘肅人民出版社一九九四年版。
十一、《曹操全傳》，張濟生著，四川大學出版社一九九八年版。

珍・奧斯汀　小說選
Jane Austen

創造雋永而機智的對白，串聯起古典與現代的愛情元素，
最能改變女性對自己評價的作家，在傲慢與偏見、
理性與感性之間，細細品味珍・奧斯汀。

01

傲慢與偏見
Pride and Prejudice

珍・奧斯汀／著　劉珮芳、鄧盛銘／譯
定價:250元

最愛小說票選中永遠高居榜首的愛情經典

BBC票選對女性影響最大的文學作品榜首／英國圖書館員最愛的百大小說榜首／超級暢銷書《BJ的單身日記》寫作範本

一個富有而驕傲的英俊先生，一位任性而懷有偏見的聰穎小姐，當傲慢碰到偏見，激出的火花豈是精采可形容！！

02

理性與感性
Sense and Sensibility

珍・奧斯汀／著　劉珮芳／譯
定價:250元

珍・奧斯汀最峰迴路轉的作品

珍・奧斯汀的小說處女作／英國票選最不可錯過的百大經典小說之一／李安導演金熊獎電影名作《理性與感性》原著

穩重而不善表達感情，她的名字叫「理性」；天真而滿懷熱情，她的名字叫「感性」。當「理性」被感性衝破，「感性」讓理性喚回時，擺盪的情節絕對不容錯過！

03

勸服
Persuasion

珍・奧斯汀／著　簡伊婕／譯

珍・奧斯汀最真摯感人的告別佳作

評價更勝《理性與感性》的愛情小說／BBC 2007年新影集《勸服》原著

一段因被勸服而放棄的舊情，一段因忠於自我而獲得的真愛，迂迴的女性心路肯定值得再三回味！！

神話誌系列

1.《希臘羅馬神話故事》

黃晨淳◎編著　定價 **230**元

歐洲藝術的源泉．史詩電影的寶庫

收錄西洋史上**80**幅呈現希臘羅馬神話故事情節的大師畫作，潘朵拉的盒子、伊底帕斯情結、普羅米修斯的懲罰……希臘羅馬神話裡頭每篇精采的故事，皆是不可錯過的西洋文學典故。

2.《埃及神話故事》

黃晨淳◎編著　定價 **299**元

聆聽尼羅河畔的亙古呢喃，呈現古埃及的神祕傳說

蒐集埃及的創世神話和流傳已久的眾神故事，並介紹著名遺跡的興建由來，豐富的民間傳說故事，更特別收錄具有道德啟示的智慧文學等。點綴以埃及壁畫、照片與十幅新繪故事插圖。

3.《北歐神話故事》（收錄居爾特神話）

白蓮欣、凱特琳 ◎著　定價 **200**元

從遺忘中塵封的神話——冰與火的宇宙觀

主要記載日耳曼和斯堪地那維亞民族的傳奇故事，整個神話的主題圍繞著諸神和巨人之間的正邪不兩立而衍發的不斷爭鬥，並在其中穿插了英雄傳奇沉痛和悲愴的世界形象，描述宇宙毀滅的到來。每一則故事敘述諸神的有趣又豐富傳說。

本書第一部份主要以天地開創和人類起源為主，並且敘述諸神傳奇，第二部分則描寫費爾森家族傳說，另還有附錄，闡述北歐神話的特色為何，並附上名詞解釋－針對諸神名字和地名加以敘述。

4.《印度神話故事》

黃晨淳◎編著　定價 **249**元

與宗教密不可分的神祕傳說．古印度的神佛傳奇史詩

有系統的介紹印度古代的傳說神話，並搭配印度各種神明的圖像及相關圖片。內容包括：遠古諸神神話、佛祖的故事、英雄史詩神話三大部分。

5.《中國神話故事》

黃晨淳◎編著　定價 **199**元

對天地人無解現象的浪漫解讀．古中國的超自然幻想大誌

種種中國經典神話，從女媧補天到夸父追日、天上帝王的超自然神話、麒麟花神的玄妙傳說到英雄力士的特異怪談……等，將中國古代的傳說神話做有系統的介紹，並搭配近百張相關主題的圖片同時更希望把乾澀的文字通俗化，使更多的人都能欣賞並了解中國神話的美妙與精采。

國家圖書館出版品預行編目資料

雄霸天下的大謀略家　曹操／史林編著 .—— 二版 .——臺中市　：好讀 , 2010.02
面：　公分，——（九九方略；01）

ISBN 978-986-178-147-1（平裝）

1.（三國）曹操 2. 傳記 3. 謀略

782.824　　98025468

好讀出版

九九方略 01

雄霸天下的大謀略家　曹操

編　　著／史林
總 編 輯／鄧茵茵
文字編輯／石良德、莊銘桓
美術編輯／王宜容
內頁設計／鄭年亨
發 行 所／好讀出版有限公司
台中市 407 西屯區何厝里 19 鄰大有街 13 號
TEL:04-23157795　FAX:04-23144188
http://howdo.morningstar.com.tw
（如對本書編輯或內容有意見，請來電或上網告訴我們）
法律顧問／甘龍強律師

戶名：知己圖書股份有限公司
劃撥專線：15060393
服務專線：04-23595819 轉 230
傳眞專線：04-23597123
E-mail：service@morningstar.com.tw
如需詳細出版書目、訂書、歡迎洽詢
晨星網路書店 http://www.morningstar.com.tw

印刷／上好印刷股份有限公司 TEL:04-23150280
二版／西元 2010 年 2 月 15 日
二版四刷／西元 2014 年 3 月 15 日
定價／200 元
如有破損或裝訂錯誤，請寄回台中市 407 工業區 30 路 1 號更換（好讀倉儲部收）

Published by How-Do Publishing Co., Ltd.
2010 Printed in Taiwan

ISBN 978-986-178-147-1

讀者回函

只要寄回本回函，就能不定時收到晨星出版集團最新電子報及相關優惠活動訊息，並有機會參加抽獎，獲得贈書。因此有電子信箱的讀者，千萬別吝於寫上你的信箱地址

書名：雄霸天下的大謀略家　曹操

姓名：______________ 性別：□男 □女　生日：____年____月____日

教育程度：________________________

職業：□學生 □教師 □一般職員 □企業主管

□家庭主婦 □自由業 □醫護 □軍警 □其他______________________

電子郵件信箱（e-mail）：________________________ 電話：________________

聯絡地址：□□□ ____

你怎麼發現這本書的？

□書店 □網路書店（哪一個？）__________________ □朋友推薦 □學校選書

□報章雜誌報導 □其他____

買這本書的原因是：____

□內容題材深得我心 □價格便宜 □封面與內頁設計很優 □其他_____________

你對這本書還有其他意見嗎？請通通告訴我們：

____

你買過幾本好讀的書？（不包括現在這一本）

□沒買過 □ 1 ～ 5 本 □ 6 ～ 10 本 □ 11 ～ 20 本 □太多了

你希望能如何得到更多好讀的出版訊息？

□常寄電子報 □網站常常更新 □常在報章雜誌上看到好讀新書消息

□我有更棒的想法____

最後請推薦五個閱讀同好的姓名與 E-mail，讓他們也能收到好讀的近期書訊：

1. ____

2. ____

3. ____

4. ____

5. ____

我們確實接收到你對好讀的心意了，再次感謝你抽空填寫這份回函

請有空時上網或來信與我們交換意見，好讀出版有限公司編輯部同仁感謝你！

好讀的部落格：http://howdo.morningstar.com.tw/

請填妥後對折黏貼，直接投郵即可，無須貼郵票。

廣告回函
台灣中區郵政管理局
登記證第 3877 號
免貼郵票

好讀出版有限公司　編輯部收

407 台中市西屯區何厝里大有街 13 號
電話：04-23157795-6　傳眞：04-23144188

沿虛線對折

購買好讀出版書籍的方法：

一、先請你上晨星網路書店http://www.morningstar.com.tw檢索書目
　　或直接在網上購買

二、以郵政劃撥購書：帳號15060393 戶名：知己圖書股份有限公司
　　並在通信欄中註明你想買的書名與數量

三、大量訂購者可直接以客服專線洽詢，有專人爲您服務：
　　客服專線：04-23595819轉230 傳眞：04-23597123

四、客服信箱：service@morningstar.com.tw